AF627208
Mit der Fähre nach
Frau Scherer fährt mit dem Containerschiff nach Hamburg
Berit, Heppo und Sidi fliegen nach Paris
Westafrika
Tanger
Rabat
Marokko
Algerien
Guelmim
Laayoune
Westsahara
Boujdour
Dahkla
Mauretanien
Nouadhibou
Atar
Chinguetti
Nuakschott
Kiffa
Niger
Mali
Nioro du Sahel
Senegal
Gambia
Bamako
Guinea-Bissau
Guinea
Missiokoro
Burkina-Faso
Pendjari
Natitingou
Kota
Mango
Fazao
Pogo
Ferke
Ghana
Nigeria
Buaké
Soko
Kpalimé
Abomey
Possotome
Adanwomase
Bosumtwi
Porto Novo
Ganvié
Sierra Leone
Kumasi
Kakum
Abidjan
Ouidah
Gran Popo
Liberia
Lomé
Grand Bassam
Accra
Elmina
Brenu
Busua
Sekondi
Takoradi
Elfenbeinküste
Togo
Benin
Äquator

Mit dem *Oldtimer* durch Westafrika

Wüste. Voodoo. Viren. Federbruch.

Berit Hüttinger
Andreas Helmberger

ISBN 978-3-613-50927-6

Copyright by Verlag Pietsch, Postfach 103743,
70032 Stuttgart
Ein Unternehmen der Paul Pietsch Verlage GmbH
& Co. KG

1. Auflage 2022

Sie finden uns im Internet unter
www.pietsch-verlag.de

Abbildungsnachweis:
Alle Fotos sind von Berit Hüttinger und Andreas Helmberger. Ausnahmen sind das Foto auf S. 301 oben (Fotograf unbekannt) und das Bild der Inneneinrichtung von S. 304 von Matthias Feicht. Ganz herzlichen Dank dafür.
Illustration der Karte und Reiseroute: Berit Hüttinger unter Bearbeitung von Kornelia Erlewein.

Lektorat: Niko Schmidt
Cover und Layout: Kornelia Erlewein
Druck und Bindung: Graspo CZ, 76302 Zlin
Printed in Czech Republic

Dieses Buch gäbe es nicht ohne die Mithilfe vieler lieber Menschen.

Unser Dank geht an unsere Mitbewohner Kathi, Haio und Robi, die unverdrossen die Stellung am Hof gehalten haben, an unsere Eltern Marga und Paul und Karin und Uli, letztere sind uns vor allem in botanischen Fragen immer wieder eine riesige Hilfe. Danke an Wolfgang alias Braisl, der uns per Ferndiagnose wertvolle Tipps rund ums Autoschrauben gab und an Holger Thome von Trialsports aus Regensburg mit Freundin Rita, beide retteten uns aus einer prekären Situation. Danke auch an die lieben Menschen, mit denen wir unterwegs Zeit verbringen durften und die uns Einblicke in ihre Leben gewährten, insbesondere Cony-Punk et amis, Fränky, Monsieur Abdoullah und Familie in Marokko, Keltoum, Alassane und Adama in Mali, Apollo, Leo und Polly in Ghana, Alfred im Benin sowie Thomas und die wunderbare Ital-Crew samt Rasta-Family in Togo. Unvergessen und für immer in unseren Herzen sind auch Frau Scherers Retter in der Not, Chloe und Jason, sowie Nadine und Adrian mit Schraubfreund Max. Zuletzt geht unser Dank an Lektor Niko Schmidt, den wir schon vom Vorgängerbuch kannten und an Mitch von workandtravel20.de für seinen guten Tipp, unser Manuskript dem pietsch Verlag vorzustellen!

hin

BIRTHDAY

zurück

Mit QR-Codes zu Musik aus Westafrika

Bab L'Bluz **– Ila Mata**

Die Gruppe Bab L'Bluz *wurde 2018 in Marrakesch gegründet. Die beiden Musiker Yousra Mansour, Frontfrau und Awisha-Spielerin aus El Jadida, und Guembri-Spieler Brice Bottin aus Lyon schlagen eine Brücke zwischen Nordafrika und Frankreich, zwischen Gnawa, Blues und psychedelischer Rockmusik.*

One Love

Prolog

Zufall oder Schicksal? Nächste Woche soll unsere große Reise losgehen, diesmal nach Westafrika. Da flattert ein Brief zu uns ins Haus. Er ist in Casablanca abgestempelt. Wie seltsam!

Monsieur Abdoullah schreibt uns: »Wenn ihr wieder in Marokko seid, meldet euch bei uns. Wir wohnen nun in Casablanca (…).«

Verblüfft wenden wir das Stück Papier in unseren Händen hin und her. Doch dann müssen wir schmunzeln. Das ist einfach typisch für die Marokkaner. Sie spüren immer, wenn sich Besuch ankündigt.

Wir alle kennen doch diese Geschichten von Menschen, die auch ohne Handy und Internet immer ganz genau wissen, wann Gäste eintreffen werden. Und wirklich, wir haben das in Marokko selbst oft erlebt. Unsere marokkanischen Bekannten schienen immer schon auf uns gewartet zu haben, auch ohne dass wir uns angekündigt hatten. Es war, als hätten wir vereinbart, uns mit ihnen an eben jenem Ort zu eben dieser Uhrzeit zu treffen. Bis heute können wir uns das nicht recht erklären. Eine Deutung, die wir uns zurechtgelegt haben, geht so: Informationen reisen einfach schnell in diesem Land. Sie bedeuten Macht und unter Umständen sogar bares Geld. Eine Händlernation wie Marokko hat über die Jahrhunderte wahrscheinlich einen siebten Sinn für derartige Dinge entwickelt.

Kein Wunder also, dass Monsieur Abdoullah unsere Vorbereitungen erahnt. Schließlich schicken auch wir gerade Unmengen von Gedanken, Gefühlen und Energien in Richtung Afrika. So muss es sein! Wir interpretieren den Brief als gutes Omen für unsere Reise!

Afrika: Neben der tollen Musik (Afrobeat, Highlife, Maliblues und Gnawa) erwarte ich, dort auch eine wundersame Welt der Magie und Mystik vorzufinden, mit einem Zugang zur Welt der Geister und Ahnen, die uns in Europa schon längst unwiederbringlich verloren gegangen ist.

Genau aus diesem Grund möchte ich nach Afrika. Deswegen setzte ich mich gegenüber meinem Mann Heppo durch, der eigentlich viel lieber nach Amerika oder Asien reisen wollte. Afrika schien ihm zu gefährlich, auch beschwerlich zu bereisen.

»Krieg! Korruption! Krankheiten!«, zählte er mir die negativen Seiten auf.

»Musik! Mode! Mystik!«, konterte ich.

So ging dieser Schlagabtausch eine Weile zwischen uns hin und her und wurde mehr amüsiert als erbittert geführt. Irgendwann gab sich Heppo geschlagen. Ich hatte gewonnen.

»Na gut, dann eben Westafrika!«, seufzte mein Liebster.

Noch immer halte ich Monsieur Abdoullahs Brief in Händen. Obwohl ich mich sehr über die Einladung freue, habe ich auch gemischte Gefühle. Auch wenn ich es ungern zugebe, aber dieser Mann ging uns damals ziemlich auf die Nerven. Wir waren zum ersten Mal auf einer längeren Reise mit unserem historischen Rundhauber namens Frau Scherer unterwegs und hatten gerade einen Welpen aufgelesen. Dieser war gerade so groß, dass er auf meine Hand passte, war noch sehr jung, klein und etwas schwächlich. Sidi – so nannten wir unser Adoptivkind bald – sollte mit nach Deutschland kommen. Dafür musste es aber so gut wie möglich auf diese Reise vorbereitet werden und gültige Ausweispapiere erhalten. Die Europäer haben zu Recht Angst vor eingeschleppten Krankheiten, insbesondere Tollwut. Bei der Einfuhr von nicht registrierten und ungeimpften Tieren sind sie daher sehr pingelig.

Sidi haben wir im Jahr 2011 in der Westsahara in einer Tonne gefunden.

Verzweifelt suchten wir nach einem Tierarzt im Stadtteil Talborjt von Agadir, Marokko. Wir waren so sehr mit unserem Neuzugang beschäftigt, dass wir nur wenig Lust auf andere Menschen hatten. Doch Monsieur Abdoullah, den wir kurz zuvor an einem Strand südlich von Agadir mitten im Sturm zu uns an den Tisch zu einer Tajine[1] gebeten hatten, hatte es sich daraufhin in den Kopf gesetzt, uns wiederzusehen.

Mit einem von seiner Frau zubereiteten Couscous, angeblich dem besten der Welt, wollte er sich bei uns für unsere Gastfreundschaft revanchieren. Eine Einladung zu sich nach Hause lehnten wir so höflich wie möglich ab und dachten irrtümlicherweise, die Sache hätte sich damit erledigt. Hatte sie aber nicht. Hartnäckig verfolgte uns unser neuer Bekannter mit seinem Pkw mit einer fertig gekochten und komplett überdimensionierten Platte Couscous durch die ganze Stadt, Frau und Kind im Schlepptau. Erst versuchten wir ihn zu vertrösten, dann probierten wir ihn abzuschütteln, aber Monsieur Abdoullah, Polizist von Beruf, wusste stets, wo wir zu finden waren.

Wir waren damals nicht allein unterwegs, sondern mit Freunden in einem baugleichen Lkw. Auch für sie wäre die Mahlzeit gedacht gewesen. Sie hatten allerdings gar keine Lust, »den Bullen« näher kennenzulernen. Deshalb waren sie auch schon ein paar Kilometer voraus an den Strand gefahren. Nun zogen sie einen strikten Bannkreis um sich. Auf keinen Fall sollten wir uns ihnen mit Monsieur Abdoullah im Schlepptau nähern. Diese komplett absurde Situation führte dazu, dass wir also zeitgleich …
… auf der Flucht vor Monsieur Abdoullah waren,
… den Tierarzt finden und einen Termin vereinbaren mussten
und nicht mehr zu unseren Freunden fahren konnten.

Letztendlich kapitulierten wir dann doch vor Monsieur Abdoullah, seinem Couscous und seiner Familie. Um die Sache irgendwie hinter uns zu bringen, willigten wir schließlich ein, uns mit ihm zu treffen. Den wundersamer Weise immer noch warmen Couscous nahmen wir schließlich in einem sehr üblen Viertel am Hafen von Agadir, inmitten von Huren und Drogendealern, in unserem Lastwagen ein. Madame war pikiert, denn die Gegend war alles andere als vertrauenserweckend und unser Verhalten mehr als seltsam. Die kleine Tochter war todmüde und fürchtete sich vor unserem winzigen Hund. Monsieur Abdoullah aber war glücklich. Seine Ehre war mit diesem Essen, seiner Gegeneinladung, endlich wieder hergestellt.

Abschied von Zuhause

Der Abschied von Zuhause ist aufregend: Freunde und Familie lassen es sich nicht nehmen, in den Tagen vor unserer Abreise noch einmal vorbeizukommen, um uns »Alles Gute!« zu wünschen. Das ist lieb, und wir wären sicherlich sehr enttäuscht, wenn niemand an uns denken würde, aber emotional nimmt uns die Situation dann doch ziemlich mit.

Unsere Eltern wischen sich die Tränen aus dem Gesicht, die Freunde haben nasse Augen, und wir schnäuzen auch das ein oder andere Taschentuch voll.

[1] Name eines typischen marokkanischen Gerichts und zugleich der Name des Tongefäßes, in dem es gekocht wird.

Nervlich bin ich angeschlagen. Bis Ende August muss ich noch bei der Sprachreiseagentur arbeiten, für die ich bereits seit vielen Jahren als Webdesignerin und Kundenberaterin tätig bin. Und auch unsere eigene Reise muss organisiert und geplant werden. Doch für Durchhänger ist keine Zeit. Da sind noch so viele Dinge, die erledigt werden müssen. Wir schreiben Pack- und To-do-Listen, streichen durch und fügen Neues hinzu.

Immer wieder fällt uns noch etwas ein, das wir mitnehmen oder besorgen müssen. Eilig bringt Heppo, der als Werklehrer immerhin schon seit Ende Juli in den Genuss der bayerischen Schulferien gekommen ist, noch Rollos und Mückengitter vor den Fenstern unseres Wohnmobils an.

Denkt man nämlich an Afrika, so ist man bald bei den vielen schrecklichen Krankheiten angelangt, die auf diesem Kontinent lauern. Malaria zum Beispiel ist eine Tropenkrankheit, die durch einzellige Parasiten, sogenannte Plasmodien, ausgelöst wird. Übertragen werden diese durch die Anopheles-Mücke, und zwar ausschließlich durch die weiblichen Exemplare. Je mehr wir darüber lesen, desto gruseliger wird es.

Drei verschiedene Malaria-Arten gibt es:

1. Malaria tropica (Plasmodium falciparum)
2. Malaria tertiana (Plasmodium vivax und ovale)
3. Malaria quartana (Plasmodium malariae)

Am meisten gefürchtet ist die erste Variante. Diese zieht nämlich die schwersten Krankheitsverläufe nach sich. Die Tropenärztin rät uns zu einer Langzeitprophylaxe mit dem relativ günstigen, aber stark umstrittenen Medikament Lariam. Da dieses Mittel irreversible Psychosen auslösen kann, einigen wir uns letztendlich darauf, es nicht zu nehmen. Doch vorher zerbrechen wir uns den Kopf. Aus den Unterhaltungen in den einschlägigen Reiseforen werden wir leider auch nicht schlau(er). Die Meinungen gehen stark auseinander. In manchen sind Beiträge dieser Art sogar nicht einmal zugelassen. Die Betreiber blocken Fragen nach einer Prophylaxe mit folgendem Argument ab: »Diskussionen dieser Art führen regelmäßig zu einem Hauen und Stechen.«

Auf eines können sich aber alle einigen: Der beste Schutz vor Malaria ist, nicht gestochen zu werden. Neben langer, lockerer und heller Kleidung wird der Gebrauch eines Moskitonetzes empfohlen. Während ich mich also über Mindestmaschenweiten, im Fachjargon Mesh-Zahl genannt, Kastenformen und das Für und Wider von Vorabimprägnierungen informiere, installiert Heppo in Frau Scherers Dachluken kleine Lüfter, die für etwas Kühle im Lkw sorgen sollen. Klimaanlage für Arme nennen wir das. Gegen eine richtige spricht leider so einiges, z. B. die hohen Anschaffungskosten, aber auch, dass wir einen Benzingenerator mitführen müssten. Der Teufel steckt wie immer im Detail. Es gibt so viele Dinge, die wir an unserem Fahrzeug verbessern könnten, zum Beispiel einen leistungsfähigeren Motor einbauen. Doch wenn wir eines gelernt haben, dann, dass an dem Grundsatz »Never change a running system!« viel Wahres dran ist.

So kurz vor der Reise wollen wir lieber keine unnötigen Experimente wagen. Frau Scherer ist eben, was sie ist: ein alter, langsamer 7,5-Tonner mit zuschaltbarem Allrad, nicht mehr, aber auch nicht weniger. An Durchschnittsreisegeschwindigkeiten von unter 30 Kilometern pro Stunde sind wir schließlich längst gewöhnt.

Frau Scherer bekommt vor der Reise neue Reifen spendiert.

Die Langsamkeit hat auch etwas Gutes: Wir sehen mehr als manch anderer und nehmen dadurch die Veränderungen der Landschaften bewusster wahr.

Ach, wenn wir schon endlich losfahren könnten. Doch noch immer rennen wir wie kopflose Hühner zwischen Lkw, Haus und unserem Zirkuswagen hin und her und versuchen, alles Wichtige zu erledigen. Stress pur! Als Abfahrtstermin wird der 1. September festgelegt. Der Tag vergeht, und wir sind immer noch nicht mit allen Vorbereitungen fertig. Nun legen wir bereits Nachtschichten ein. Wie von Sinnen packen wir unseren Lastwagen bis obenhin voll mit (scheinbar) wichtigen Dingen.

»Schluss!«, spreche ich endlich ein Machtwort. »Was es bis jetzt nicht in unser Reisemobil geschafft hat, muss einfach zurückbleiben!«

Vor einer großen Reise investieren wir immer viel Geld und Zeit in unser Reisemobil. Unser Zirkuswagen muss aber zuhause bleiben.

Es geht los!

***Karel Gott* – Úterý**

Was hat der tschechische Schnulzensänger Karel Gott *nur in einem Buch über Westafrika verloren? Sollte hier nicht besser ein Song von* Fela Kuti *verlinkt sein? Sicherlich, aber Gott(e)s Wege sind bekanntlich unergründlich …*

Zwei Tage später ist es soweit. Am Dienstag, den 3. September, starten wir den Motor und fahren zusammen mit unserem Hund Sidi los. Unser hellblaues Ungetüm, Frau Scherer, rumpelt vom Hof, eine große schwarze Rauchwolke hinter sich herziehend. Das Haus, die Zirkuswagen, das kleine Wäldchen und die Felder werden im Seitenspiegel immer kleiner und kleiner. Wir weinen und lachen gleichzeitig, als wir auf die Landstraße einbiegen. Jetzt beginnt das Abenteuer: Afrika, wir kommen!

Mit Frau Scherer in unserer Scheune zu Hause in Bayern.

Kaum auf der Autobahn, erhalten wir eine nette Abschiedsmail von einem Bekannten aus Tschechien. Er schickt uns den Link zu einem Lied von *Karel Gott*. »Utery tretiho zari!«, singt der damals noch blutjunge Sänger erst schmalzig, um dann plötzlich loszurocken. Unser Freund liefert die Übersetzung gleich mit: »Dienstag, der dritte September« heißt der Song, den wir ebenfalls als gutes Omen deuten! Jetzt kann wirklich nichts mehr schiefgehen, nun, da wir sozusagen sogar mit Gott(e)s Segen unterwegs sind. Die Sterne stehen offenbar günstig. Trotzdem grüble ich tatsächlich noch längere Zeit darüber nach, warum eine Reise nach Westafrika ausgerechnet mit dem tschechischen Schnulzensänger *Karel Gott* beginnen muss? *Fela Kuti*, den nigerianischen »Gott« des Afrobeats, hätte ich persönlich passender gefunden. Die Wege des Allmächtigen sind unergründlich!

Am Hafen von Barcelona heißt es erst mal warten.

Der Verdacht

Natürlich treten wir nicht den langen Weg nach Barcelona und weiter nach Marokko an, ohne uns den Kühlschrank voller französischer Spezialitäten zu packen. Vor allem Käse ist in unsere Kühlbox gewandert. Diesen gibt es nämlich auf dem afrikanischen Kontinent nicht zu kaufen.

Unsere Fähre, die Splendid von GNV, hat deutlich Verspätung. Statt um 10 Uhr morgens läuft das Schiff erst gegen 17 Uhr aus. Heppo packt eine Stofftasche voll mit Käse und Baguette, denn wir werden lange 31 Stunden an Bord verbringen müssen. Aus Gründen der Kostenersparnis haben wir weder eine Kajüte noch Verpflegung gebucht. Wir haben fest vor, Sidi mit zu uns aufs Boot nehmen. In einen dieser schrecklichen Käfige an Deck neben dem Motorraum stecken wir ihn auf keinen Fall.

Doch an Bord merken wir schnell, jetzt rächt es sich, dass wir so knauserig waren. Bei den Pullmansesseln, den einzigen Plätzen, auf die wir ein offizielles Anrecht haben, herrscht absolutes Hundeverbot. Möglichst unauffällig drücken wir uns nun mit unserem Vierbeiner durch die Gänge, auf der Suche nach einem guten Hundeversteck. Im hintersten Teil des Schiffes werden wir schließlich fündig. Dort gibt es einen großen Ruheraum, in dem sich nur wenige marokkanische Männer aufhalten. Schnell entscheiden wir uns für einen bescheidenen Zweiersitz in einer uneinsichtigen Ecke. Obwohl Marokkaner bekanntlich nicht gerade begeistert von Hunden sind, sehen die Anwesenden netterweise über die Präsenz unseres Lieblings hinweg. Sidi verhält sich auch tadellos, also absolut unauffällig. Ohne einen Mucks von sich zu geben, macht er es sich zwischen den Sitzen bequem und schläft. Auch wir versuchen es ihm gleichzutun. Erst jetzt verstehen wir, warum die Männer sich alle einzeln auf die mehrsitzigen Reihen in der Mitte des Raumes verteilt haben. Sie waren schlauer und erfahrener als wir. So haben alle nämlich einen Schlafplatz ergattert, auf dem sie ausgestreckt liegen können. Wir drehen unsere Sitze zurück – das Maximale an Bequemlichkeit herausholend –, seufzen ein wenig voller Selbstmitleid und versuchen, trotz allem die Augen zuzumachen.

Doch etwas stört gewaltig! Der ganze Raum stinkt! Erst habe ich die Männerfüße in Verdacht, bis ich merke, dass der unangenehme Geruch von uns ausgeht, genauer gesagt, von unserer Provianttasche mit den französischen Käsespezialitäten. Wie peinlich! Und das Schlimmste ist: Plötzlich haben weder Heppo noch ich Appetit auf Käse. Gerade eben erschien uns dieser noch wie ein himmlischer Hochgenuss, doch jetzt finden wir nur noch, dass er höllisch nach Verwesung riecht.

Ein paar Tage später wird der letzte französische Weichkäse in der Mülltonne der omanischen Botschaft in Rabat landen. Das Gefühl der Erleichterung, das sich bei uns einstellt, als wir das stinkige Ding endlich loswerden, wird allerdings bald von einer schrecklichen Angst abgelöst. Hoffentlich geraten wir nicht unter Terrorverdacht! Stichwort: Stinkbombenattentat!

Marokko

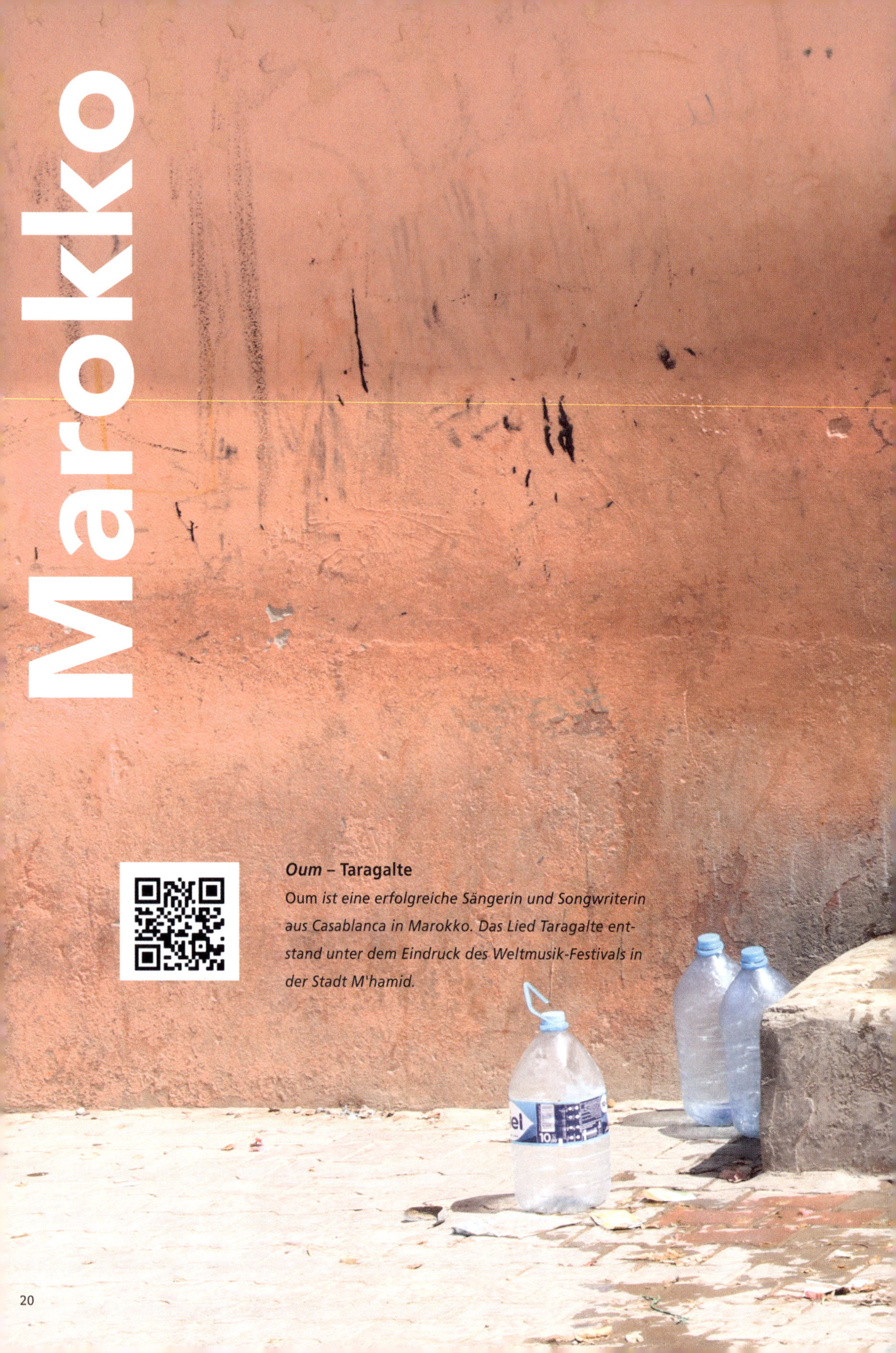

Oum – Taragalte

Oum ist eine erfolgreiche Sängerin und Songwriterin aus Casablanca in Marokko. Das Lied Taragalte entstand unter dem Eindruck des Weltmusik-Festivals in der Stadt M'hamid.

Der Norden! Der Süden!

In Rabat waren wir zuvor noch nie. Überhaupt haben wir bei unseren bisherigen Marokkoreisen die Atlantikküste weitgehend gemieden. Zu touristisch erschien es uns dort. Nun aber haben wir in der marokkanischen Hauptstadt etwas Wichtiges zu erledigen. Wir möchten möglichst viele Visa für unsere Weiterreise ergattern.

Unsere geplante Reiseroute sieht ungefähr so aus: Über Marokko und Mauretanien wollen wir weiter nach Mali, um anschließend in die Republik Côte d'Ivoire (Elfenbeinküste) einzureisen. Von dort möchten wir weiter nach Ghana und Togo bis in den Benin fahren. Erst auf der Rückreise wollen wir die Route an der Küste entlang nehmen, also vom Benin zurück nach Togo, weiter durch Ghana und die Elfenbeinküste über Guinea in den Senegal. Genau zu planen ist die Strecke jedoch nicht. In Westafrika ändern sich die politischen Verhältnisse sehr schnell, Straßen sind manchmal unpassierbar, und auch die Regenzeit ist ein wichtiger Faktor, der bedacht werden muss.

Die Gegensätze in Rabat sind groß: Der Südwesten der Stadt besteht aus Königspalast, großzügigen Parks, Golfanlagen und einem noblen Viertel für die Diplomaten. Im restlichen Teil hingegen befinden sich die Slums, eine Müllkippe, Fischfabriken und Industrieanlagen. Beide Stadthälften sind säuberlich voneinander getrennt. Kurioserweise haben die Armen aber wohl eher Zugang zur Welt der Reichen als umgekehrt, arbeiten sie doch bei diesen als Hausangestellte, Putzfrauen oder Gärtner.

Obwohl wir selbst auf der Sonnenseite des Lebens geboren worden sind, staunen wir nicht schlecht, als wir in das Botschaftsviertel fahren. Es erinnert uns an die Emirate und den Oman: Protzige Villen stehen da vor gepflegten Grünflächen und üppigen Blumenrabatten. Die Damen und Herren Diplomaten fahren in klimatisierten Wagen bis vor die Gourmetläden und luxuriösen Shoppingmalls. In dieser marokkanischen Parallelwelt werden wir also unsere nächsten beiden Tage verbringen.

In der mauretanischen Botschaft herrscht eine erhabene Ernsthaftigkeit. Der Beamte guckt streng und lässt sich ständig Tee von einem Bediensteten nachschenken. Skeptisch betrachtet er die Fotos in unseren Pässen. Er runzelt die Stirne und nippt wieder an seinem Tee. Schließlich seufzt er und nickt.

Dann gibt er uns Anweisungen: »Zahlen Sie bei der Bank den Betrag von 690 MAD (Marokkanischer Dirham) ein. Anschließend werden Sie fotografiert und müssen ihre Fingerabdrücke abgeben. Auch benötige ich zwei Passbilder und eine Kopie Ihrer Ausweise. Morgen können Sie Ihre Visa abholen!«

Direkt nebenan befindet sich die Botschaft von Mali. Die Stimmung ist dort deutlich lockerer. Die Sekretärin trägt ein gemustertes, pinkfarbenes Kleid mit großer Schleife auf dem Rücken. Ihre Kollegin im gleichen Zimmer hört laut Musik, während sie geräuschvoll den Takt dazu auf ihrer Schreibmaschine schlägt. In der Botschaft gibt es offenes WLAN, das alle Wartenden ausgiebig nutzen. Als nun auch noch Monsieur l'Ambassadeur mit großen Schritten herbeieilt, um seine deutschen Gäste persönlich zu begrüßen, sind wir freudig eingestimmt auf

ein Land, das gerade eher negative Schlagzeilen produziert. Seit dem Putsch 2012 sind die politischen Verhältnisse in dem ehemaligen westafrikanischen Musterland instabil. Im Norden Malis herrscht Krieg und Anarchie.

Wir sind uns nach wie vor nicht sicher, ob wir wirklich durch Mali fahren wollen. Großspurig erteilt der kleine Mann im Designeranzug nun seinen Angestellten eine Lektion in Sachen Landespolitik: »Die Deutschen muss man gut behandeln. Sie waren nämlich die ersten, die am 20. Juni 1960, nach der kurzlebigen Konföderation mit Senegal Mali als eigenständigen Staat anerkannten.«

Genaugenommen war es zwar kein Vertreter der BRD, der damals ein Glückwunschschreiben an den malischen Ministerpräsidenten Mobido Keita schickte, sondern der DDR-Ministerpräsident Otto Grotewohl, aber ich vermeide es tunlichst, auf diesen kleinen aber feinen Unterschied hinzuweisen.

Da ich nun schon mal den Botschafter höchstpersönlich vor mir habe, versuche ich, ihn zu einer Aussage zur Sicherheitslage in seinem Land zu bewegen. Eilig breite ich meine mitgebrachte Mali-Karte vor ihm aus. Er zögert kurz, doch dann deutet er mit großer Geste auf den dreieckigen Nordteil des Landes: »Das ist der Norden!«, sagt er ernst. Gleich danach zeigt er auf den halbrunden Teil im Süden. Seine Stimme – so bilde ich mir ein – klingt nun etwas beschwingter: »Und das ist der Süden!«

Ich grübele kurz über diese Aussage nach und suche nach dem versteckten Sinn. Aber bevor ich genauer nachfragen kann und ihn drängen möchte, doch bitte etwas konkreter zu werden, ist er auch schon wieder verschwunden. Das Visum mit »Multiple Entry« und drei Monaten Aufenthaltsdauer erhalten wir aber sofort, innerhalb von nur einer Stunde. Dieser Rekord wird auf dieser Reise ungebrochen bleiben!

Am Stausee Barrage Mohamed Ben Abdellah bekommen wir nette Gesellschaft.

Hassan, der Lustige

Zum Übernachten fahren wir an den Stausee Barrage Mohamed Ben Abdellah, der via Autobahn bestens an das Verkehrsnetz der Hauptstadt angebunden ist. Am Ufer des Sees errichten reiche Kuwaitis und Saudis prunkvolle Anwesen, die sie allerdings selten bis nie bewohnen.

Dazwischen steht aber das schlichte Steinhaus des Bauern Hassan, der dort mit Frau und Sohn lebt. Die Familie hat ein paar Kühe, Esel, Schafe, Ziegen und Hühner. Auch einen kleinen, kargen Garten nennt sie ihr Eigen. Viel ist das nicht, die Verhältnisse sind ärmlich. Immerhin der Sohn hat Arbeit im Hafen von Casablanca. Hassan hätte allen Grund verbittert zu sein, weil er es nicht so gut getroffen hat wie die Diplomaten in Rabat oder wie seine unvorstellbar reichen Nachbarn aus den Ölländern – oder wie eben jetzt die zwei Deutschen, die mit ihrem Wohnmobil einfach so die Welt bereisen können. Aber Hassan ist gut drauf. Zwei Stunden Zeit nimmt er sich für einen Plausch mit uns. Obwohl er selbst noch nie eine Schule von innen gesehen hat, ist er der geborene Lehrer. Mit großer Hingabe bringt er uns einige arabische Wörter bei. Wir haben unglaublich viel Spaß miteinander und lachen, bis uns alles wehtut. Hassan hat nämlich auch noch ein großes komödiantisches Talent. Was wir nicht verstehen, spielt er uns einfach vor. Als wir ihm etwas später ein ausgedrucktes Foto vorbeibringen, das ihn zusammen mit Heppo zeigt, bekommen wir zwei Eier von seiner ebenso liebenswürdigen Frau geschenkt. Wir sind sehr gerührt. Materielle Güter sind eben nicht immer der Schlüssel zum Glück. Auf das Herz kommt es an.

Wiedersehen mit Monsieur Abdoullah

Unser Bekannter Monsieur Abdoullah scheint sich kein bisschen zu wundern, als wir uns bei ihm melden. Wir würden schon erwartet, reagiert er erfreut auf unseren Telefonanruf. Als Treffpunkt nennt er uns Ain Harrouda, einen Vorort von Casablanca.

Sofort nach dem Ende unseres Gespräches brechen wir jedoch in eine mittlere Panik aus. Was, um Himmels willen, bringt man einer marokkanischen Familie als Gastgeschenk mit?

Bisher waren wir immer nur spontan eingeladen und haben uns dann entweder am Gemüseeinkauf beteiligt, etwas aus unseren Vorräten beigesteuert oder eine Kleinigkeit aus unserem Fundus hergegeben. Aber eine richtige, hochoffizielle Einladung hatten wir in Marokko bisher noch nie.

Ein Souvenir aus Deutschland wäre in diesem Fall wahrscheinlich angebracht. Aber leider blieb der Punkt Geschenke bei unseren Vorbereitungen ziemlich auf der Strecke. Was ist überhaupt typisch für uns und unser Land? Ein Hut in Deutschlandfarben? Ein Bayern-München-Fan-Trikot? Eine Kuckucksuhr? Ein Flakon mit Kölnisch Wasser? Eine Flasche Bocksbeutel? Wurst im Glas? Ein Charivari? Schloss Neuschwanstein in der Schneekugel? Eine schwierige Frage!

Meine ehemalige Kollegin Sabine, die einige Monate in Gambia verbracht hatte, meinte auf die Frage nach einem passenden Geschenk: »Einen Sack Reis für die Familie und Fußbälle für die Kinder.«

Aber bei einer marokkanischen Mittelstandsfamilie mit einem Sack Reis daherzukommen, wäre sicherlich eher eine Beleidigung als eine Freude. Und an Fußbällen herrscht in Marokko auch kein Mangel.

Heppo hat die zündende Idee: Beim Carrefour Gourmet in Casablanca finden wir sicherlich ein passendes Mitbringsel. Vor dem Süßigkeitenregal des piekfeinen Supermarktes bleiben wir hängen. Dort liegen sogar Lindt-Schokoladen, Milka und Ferrero Rocher, zu horrenden Preisen allerdings. Wir schlendern weiter zur Pâtisserie. Was da in der Vitrine präsentiert wird, gibt preisleistungsmäßig deutlich mehr her. Wir erstehen eine große Pappschachtel handgemachter Pralinen, fast zu schön, um verspeist zu werden. Dazu packen wir noch ein selbst designtes T-Shirt, eine handgeschöpfte Seife aus Deutschland und ein Notizbuch ein. Fertig ist das Gastgeschenk.

Eine Weile überlegen wir, ob wir noch eine Flasche Wein opfern sollen, entscheiden uns aber schließlich dagegen. Unser Gastgeber, ein ehemaliger Polizist, ist uns nämlich als gottesfürchtiger Mann in Erinnerung geblieben.

Zu dumm, dass Heppo – kaum angekommen in unserem Reisemobil – die Pralinenschachtel fallen lässt, sodass die süßen Kunstwerke wild durcheinander purzeln. Ein Fiasko! So können wir die Teile unmöglich herschenken. Die ganze Pracht sieht nun reichlich derangiert aus. Ein Schelm, wer hinter Heppos Unfall Böses vermutet! Ebenso verzweifelt wie amüsiert kratzen und löffeln wir – am Fußboden unseres mobilen Heims sitzend – die verunglückten Süßigkeiten direkt aus der Schachtel. Zur Strafe schicke ich meinen Mann allein zurück in den Gourmet-Markt, von wo er mit einer großen Packung golden verpackter Schokoladenkugeln zurückkehrt.

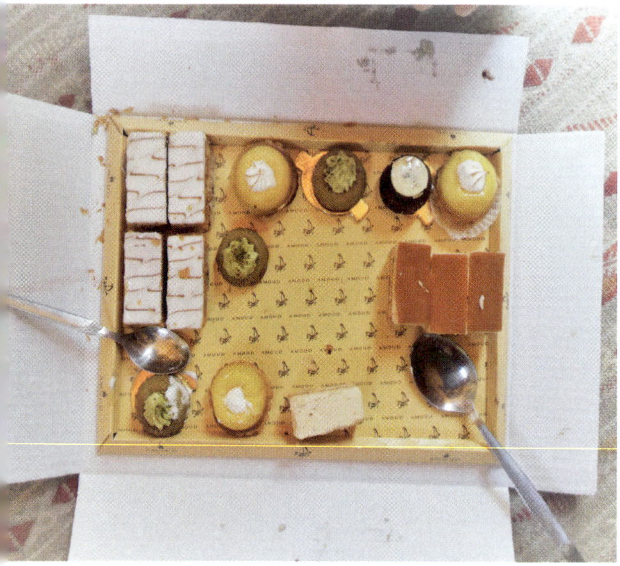

So schön sahen die Leckereien vor Heppos kleinem Missgeschick aus.

Genauso hatten wir Monsieur Abdoullah in Erinnerung: ein kleiner Mann mit amüsiertem Blick und freundlich lächelnden Augen.

»Bonsoir, Madame Berit! Bonsoir, Monsieur Andreas!«, begrüßt er uns strahlend. »Ich habe für euren Lkw einen guten Stellplatz in der Nähe meiner Wohnung gefunden.«

Dieser liegt, nur ein paar hundert Meter von seinem Apartment entfernt, direkt an einer Tankstelle. Eine blitzsaubere Toilette gibt es dort, auch ein Café und Rund-um-die-Uhr-Security. Tankstellenstellplätze in der Stadt gehören zwar nicht zu unseren Lieblingsorten, aber wir finden es doch sehr nett, dass sich Monsieur Abdoullah so viele Gedanken um unsere sichere Unterbringung macht. Selbstverständlich könnten wir auch bei ihm schlafen, beeilt sich unser zuvorkommender Gastgeber zu erklären, nur bei unserem Hund habe Madame so einige Bedenken.

In der Wohnung treffen wir auf Abdoullahs Frau Majda und Tochter Moussa. Letztere haben wir noch als kleines Mädchen in Erinnerung. Sie ist mittlerweile 18 Jahre alt und zu einer sehr hübschen, jungen Dame herangewachsen. Auch zwei der drei Söhne, Amine und Jouseff, lernen wir kennen. Auf dem Tisch steht eine dampfende Tajine. Natürlich bekommen wir die besten Stücke, nämlich Hühnchen. Um unsere Gastgeber nicht vor den Kopf zu stoßen, essen wir brav davon, ohne uns als Vegetarier erkennen zu geben. Es schmeckt nicht schlecht. Dennoch schwören wir uns beide, dass wir heute zum ersten und letzten Mal auf dieser Reise aus purer Höflichkeit Fleisch essen werden. Kultureller Austausch muss schließlich in beide Richtungen funktionieren. Was hilft es, dem Gegenüber immer nur das zu zeigen, was er oder sie vermeintlich sehen will?

Im Fernsehen läuft eine marokkanische Soap. Schreiend liegt dort eine Frau in den Wehen. Das geht tatsächlich über 20 Minuten so. Ich frage mich, ob die Geburt in Echtzeit übertragen wird. Alle amüsieren sich über das Brüllen, Jammern und Klagen. Irgendwann wechselt Monsieur Abdoullah das Programm. In der nächsten halben Stunde werden wir frommen, muslimischen Pilgern beim Umrunden der Kaaba in Mekka zusehen. »Morgen dürft ihr auf keinen Fall weiterfahren!«, verkündet Monsieur Abdoullah nun feierlich. »Dann ist nämlich Freitag, da wird nicht verreist! An Freitagen wird zu Allah gebetet und Couscous gegessen!« Schelmisch fährt er fort: »Ihr erinnert euch doch? Den Couscous meiner Madame könnt ihr euch doch beim besten Willen nicht entgehen lassen!«

Wir nicken eifrig und kapitulieren bereits innerlich. Eine Widerrede wagen wir nicht, denn so viel wissen wir bereits: Beim Couscous versteht Monsieur Abdoullah keinen Spaß!

Die Sahara zeigt ihre Zähne

Uns zieht es weiter Richtung Süden und in die Westsahara. So biegen wir auf die Straße in Richtung Guelmim ins Landesinnere ab. Dort wollen wir noch einmal unsere Trinkwasservorräte auffüllen.

Wegen des kalten Kanarenstroms hält sich an der Küste hartnäckig der Nebel, aber im Landesinneren lichtet er sich plötzlich. Schlagartig wird es heiß; unerträglich heiß. Leider haben wir kein Thermometer an Bord, doch wir schätzen, dass es weit über 40 Grad Celsius haben muss. Als wir in Guelmim ankommen, sind wir total ausgetrocknet. Der Schweiß läuft uns in Strömen über den Körper. Salziges Wasser tropft von unseren Stirnen, verfängt sich in den Wimpern und brennt in den Augen. Auch der arme Sidi kommt gar nicht mehr aus dem Hecheln heraus und weiß nicht, wohin er sich flüchten soll.

Wir erinnern uns an einen Wasserhahn, der am Stadtrand aus einer rostroten Mauer herausragt. Ganz Guelmim holt dort sein Trinkwasser, denn es ist von ausgezeichneter Qualität.

Wasser holen wir nur aus öffentlichen Quellen.

Unser Ehrgeiz unterwegs ist es stets, so wenig Wasser wie möglich zu kaufen, denn der entstehende Berg an Plastikmüll wäre enorm. Teuer ist es auch. Fünf Liter kosten etwa elf Dirham, also einen Euro. Für uns und unseren Hund brauchen wir pro Tag fast 10 Liter. Über das Jahr gerechnet kommt da eine recht große Summe zusammen. Wir versuchen daher, wenn irgendwie möglich, unseren Bedarf aus öffentlich zugänglichen Quellen und Brunnen zu decken. Um Erkrankungen vorzubeugen, filtern wir aber konsequent jeden einzelnen Tropfen. Auch wenn es uns gerade sehr schwerfällt, so beherrschen wir unseren Durst. Bevor wir trinken, pumpen wir zuerst die benötigte Menge durch den Katadyn.

Hinter Guelmim zeigt uns die Wüste ihre Zähne. Staub steht plötzlich vor uns in der flirrenden Luft, geisterhafte Gebilde formend. Sandhosen tänzeln erst auf uns zu, um dann, gerade als ich sie fotografieren möchte, vor der Kamera zu fliehen. Es scheint fast so, als ob sich diese wirbelnden, kleinen Derwische einen Spaß daraus machen würden, mich zu ärgern. Wie tausend kleine Schlangenwesen huscht der gelbe Sand nun über den schwarz glänzenden und spiegelnden Asphalt. Die Wüste führt ein Eigenleben mit Regeln und Gesetzen, die wir nicht kennen.

Doch die Warnung ist klar und unmissverständlich: »Gebt acht, ihr Bleichgesichter! Unterschätzt mich nicht!«

Wir haben verstanden und plötzlich mächtig Respekt vor der Sahara, deren größter Teil noch vor uns liegt.

Westsahara

***Fadoul* – Bsslama Habiti**

Fadoul Fadoul *übersetzte in den 1970er-Jahren zusammen mit seiner Band* Les Priviliges *englischsprachige Rocksongs ins Arabische. Vor allem Künstler wie* James Brown *und* Free *hatten es dem Sänger angetan. Der große Erfolg der Gruppe blieb allerdings aus. Erst Jannis Stürtz vom Label Jakarta Records grub im Jahr 2011 einige alte Singles des Quartetts aus und veröffentlichte sie neu.*

Wind in der Westsahara

Wind, Wind, Wind; seit wir in der Westsahara sind, pfeift er uns um die Ohren und gebärdet sich dabei wie ein Wahnsinniger. Er spuckt uns mit Sand an, bis es zwischen unseren Zähnen knirscht und bis unsere Körper komplett von einer feinen Staubschicht bedeckt sind. Sachte rüttelt er erst an unserem Lastwagen, um dann mit bösartiger Aggressivität auf Frau Scherers Flanken einzuschlagen. In seinen guten Momenten benutzt er unseren Dachständer als Blasinstrument und bringt ihn auf diese Weise sogar recht melodiös zum Singen. In seinen weniger guten brüllt er ohne Unterlass in einer unverständlichen Sprache auf uns ein. Der Geräuschpegel ist enorm und allgegenwärtig. Ich kann mir schon kaum mehr vorstellen, wie unser Leben ohne ihn war. Ist dies etwa schon der berüchtigte *Harmattan*, der große Mengen Sand aus Sahara weiter in den Süden trägt, Nasen und Ohren verstopft und die Sicht verschleiert?

Jetzt reißt mir dieser personifizierte Irrsinn mit einer fiesen Bö die Fahrertür des Lastwagens aus der Hand. Die Halterung wird dabei durchtrennt, sodass sich die Tür über den eigentlich vorgesehenen 90-Grad-Winkel hinaus nun zu 180 Grad öffnen lässt. Unser linker Blinker fliegt in tausend Stücke zerschlagen davon.

Abgesehen von dieser Herausforderung finden wir unsere Reise durch die Westsahara bisher aber sehr spannend. Diese Gegend wird von vielen Overlandern oft wenig beachtet und nur als Transit genutzt. Uns gefällt die stark von der Sahara geprägte Landschaft aber sehr. Da ist die schroffe Steilküste zum Atlantik hin. Was für ein Kontrast! So viel Wasser direkt neben der Wüste. Immer wieder tauchen wunderbare, weiße Dünenfelder auf, die wie große Schneehaufen aussehen.

Manchmal ist die Strecke aber auch schrecklich eintönig. Über viele Kilometer ist die steinige Wüste links und rechts der nagelneuen und schnurgeraden Straße einfach nur flach und schmuddelig braun. Allein die vielen leerstehenden Geisterdörfer sorgen für etwas Abwechslung. Sie wurden einst in der Hoffnung gebaut, das besetzte, unwirtliche Gebiet zu besiedeln. Bewohner dafür müssen offenbar aber erst noch gefunden werden. Mehr Leben haben die Ansiedlungen, die sich rund um die Militärposten, Garnisonen und Kasernen zu kleinen Städten entwickelt haben.

Die Westsahara ist seit 1976 von Marokko besetzt. Zuvor war sie im Zuge der Kolonialherrschaft französisches und spanisches Gebiet. 1975 war das Territorium bereits dem Volk der Sahrauis zugesprochen worden. König Hassan II. wollte dies aber nicht hinnehmen und organisierte den sogenannten Grünen Marsch, bei dem 350.000 Teilnehmer in die Sahara vordrangen. Die Befreiungsorganisation Frente Polisario der Sahrauis wehrte sich gegen die Besetzung und rief die Demokratische Arabische Republik Sahara (DARS) aus. Marokko annektierte daraufhin den nördlichen Teil, während Mauretanien das südliche Drittel zugesprochen wurde. Im folgenden Widerstandskampf, der finanziell von Algerien unterstützt wurde, hatten die Polisario trotzdem das Nachsehen. Mauretanien zog sich zwar 1979 aus dem Konflikt zurück und trat seine Gebietsansprüche an die DARS ab, aber Marokko besetzte schnell auch diesen Teil der Sahara. Die Militärpräsenz ist seither in dieser Region besonders groß.

Wüste, Meer und Wind: So zeigt sich uns die Westsahara.

Sieht aus wie Schnee, ist aber Sand.

Die Westsahara ist lang und weilig, aber eben nicht nur …

Marokkanische Siedler werden seither mit hohen Gehältern und allerlei Vergünstigungen in diese eher unwirtliche und dünn besiedelte Region gelockt.

Boujdour, zum Beispiel, ist so ein Ort. Ein Hauch von Wilden Westen weht hier durch die Straßen. Heppo hat ein Faible für solche Unorte. Sie wecken bei ihm direkt die Lust auf das Cowboygericht Bohnen. Nachdem wir ein paar Einkäufe erledigt haben, macht sich mein Mann sofort auf die Suche nach der Bohnenborze[2] von Boujdour, wie er verschmitzt sagt. Diese zu finden, ist allerdings gar nicht so einfach, da die Kleinstadt gerade großen Hunger auf Pizza zu haben scheint. An allen Ecken und Enden wird ausschließlich das italienische Nationalgericht angeboten. Seltsam ist das, weil man Pizza sonst eher selten in Marokko angeboten bekommt. Aber wie immer in diesem Land gilt: Hat es einer, haben es eben alle!

Dennoch ist die Bohnenkaschemme fester Bestandteil fast aller marokkanischen Städte. Sie ist nämlich der bevorzugte Aufenthaltsort älterer, marokkanischer Männer. Hier finden sie sich zusammen, um zu plaudern, um Tee zu trinken und das billigste aller Gerichte zu essen: Liubia (ايبول). So heißen Bohnen auf Arabisch. Zusammen mit etwas Brot werden sie für einen unschlagbar günstigen Preis – meist nur wenige Eurocents – serviert. Frauen und auch Touristen verirren sich aber selten an diesen Ort. Nach anfänglicher Skepsis ernten wir jedoch bald anerkennende Blicke, denn wir essen beide mit gutem Appetit. Als Nachschlag bekommen wir noch einen großen Teller Linsen spendiert. Beim Teetrinken und -zubereiten haben

[2] *Borze (f.) ist ein süddeutscher Ausdruck für eine Kaschemme, ein schmuddeliges Restaurant oder eine schummrige Kneipe.*

wir allerdings Nachholbedarf. Zwar versenken wir mutig den faustgroßen Brocken Zucker in der kleinen Teekanne, beim Versuch aber, das Gemisch fachmännisch zwischen den Gläsern hin und her zu schütten, um die schaumige Krone zu erzeugen, geht die Hälfte daneben.

Derart frisch gestärkt und mit unseren Bäuchen voller Linsen und Bohnen, machen wir uns schließlich weiter auf den Weg durch die Westsahara. Ab jetzt gilt folgender Wahlspruch: »Harmattan, trau dich nur her! Mit fiesen Winden können wir nun kontern.«

Kampf ums Wasser

In der Wüste macht es Sinn, sich ein paar neue Gewohnheiten zuzulegen, denn jeder Tropfen Wasser ist kostbar. Ab sofort wird streng mit der überlebenswichtigen Flüssigkeit gehaushaltet.

In der weltbekannten Windsurferstadt Dakhla möchten wir vor dem Grenzübertritt nach Mauretanien noch einmal unsere Wasservorräte auffüllen. Im Gegensatz zu vielen anderen Wohnmobilreisenden haben wir auf einen fest verbauten Wassertank verzichtet. Nachteil: Stets müssen wir mühsam unsere 14 Kanister à zehn Liter von Hand auffüllen.

Die Kanistermethode ist vielleicht etwas umständlich, aber wir haben uns daran gewöhnt.

Vorteil: So können wir besser zwischen gutem und schlechtem Wasser unterscheiden. Unser System ist denkbar einfach. Ein blaues Bändchen am Henkel zeigt an, dass der Inhalt aus einer guten Quelle stammt. Ein gelbes Bändchen lässt erkennen, dass der Inhalt besser nur zum Waschen verwendet werden sollte.

Am schönsten Strandabschnitt der Lagune, in der Nähe des Windsurfer-Hotels PK 25, haben sich seit vielen Jahren Wohnmobilrentner aus Frankreich niedergelassen. Eigentlich liebe ich Franzosen, aber diese Leute sind wirklich unsympathisch.

Mit Zäunen, Plastikteppichen und Satellitenschüsseln haben sie das Terrain um ihre fahrbaren Eigenheime abgesteckt. Es ist öffentliches Gelände, das diese Dauercamper wie ihren Privatbesitz verteidigen. Sogar fließendes Wasser haben sie hier. Es kommt aus einer schwefelhaltigen Quelle. Wir stoppen, und ich mache mich an das Auffüllen unserer Brauchwasserkanister. Da der Druck aus der Leitung sehr stark ist, drehe ich das Ventil nur halb auf. Einem älteren, braungebrannten Franzosen in schwarzem T-Shirt und kurzer Militärhose, geht das aber offenbar nicht schnell genug. Ohne mich zu fragen dreht er den Wasserhahn weiter auf, sodass ein riesiger Schwefelwasserschwall auf mein Kleid und meine Schuhe niedergeht. Was für ein Rüpel! Ein Gentleman der guten alten Schule ist das sicherlich nicht! Sollen diese griesgrämigen Franzosen doch in ihrer kleinen, spießigen Welt mit ihrem Stinkewasser vor sich hin müffeln.

»Adieu, mon vieux!«

Besseres Wasser soll es sowieso im Chateau d'eau, also im Wasserschloss, am Rande der Innenstadt geben. Von anderen Reisenden haben wir erfahren, dass das Prozedere, um an das kostbare Gut gelangen, nicht einer gewissen Komik entbehrt. So sind wir also vorgewarnt und wissen bereits, dass wir uns durch ein winziges Loch in einer Mauer ankündigen müssen. Ein junger, lustiger Mann streckt sogleich seinen Kopf hervor. Leider kann er aber nur wenig Französisch. Schnell wird aber klar: Wir benötigen einen Bezugsschein. Wo es diesen allerdings gibt, kann er mir nicht erklären. Vage deutet er nach links, entlang der Hauptstraße.

Nach über einem Monat unterwegs sind unsere Sinne geschärft, und so gehe ich daher zielsicher auf ein Gebäude zu, auf dem die Miniaturausgabe einer marokkanischen Flagge

flattert. Ich bin richtig. Im zweiten Stock sitzt in einem kleinen, dunklen Raum Monsieur Rachid an einem großen Schreibtisch.

»Bonjour.«

»Salam.«

»Lebes?«

»Becher.«

»Alhamdulillah!«

So geht unsere Begrüßung nach Landessitte hin und her.

»Wir brauchen etwa 80 Liter Wasser!«, sage ich.

1000 Liter – weniger gibt es nicht!«, antwortet der Herr freundlich und fährt im Plauderton fort: »Die Deutschen und Engländer sind immer sehr angenehme Menschen. Aber diese Franzosen sind einfach nur schrecklich! Wegen 1,50 Euro für 1000 Liter machen die stets einen Aufstand. Es ist nicht zum Aushalten!«

Nach meinem Erlebnis mit dem Rüpel vom PK25 bin ich sofort auf Monsieur Rachids Seite und schimpfe ein bisschen mit! Dass wir einer Meinung sind, freut den Beamten. Als ich dann nämlich nach Kleingeld krame, um unsere Zuteilung zu bezahlen, winkt er ab: »Geschenkt!«

Mauretanien

***Noura Mint Seymali* – El Mougelman**

Noura Mint Seymali *stammt aus einer bekannten* Griot-Familie. *Ihre Stiefmutter ist keine geringere als die in Mauretanien hochverehrte* Dimi Mint Abba. *Zusammen mit ihrem Ehemann Jeich Ould Chighaly lotet* Noura *seit 2004 aus, wie sich Psychedelic Rock in Kombination mit traditioneller maurischer Musik anhören könnte.*

Wir hatten keine Ahnung, wie abenteuerlich der Grenzübergang nach Mauretanien werden würde ... eine Straße gibt es nicht.

Im Niemandsland

Was nur wenige wissen: Marokko hat mittlerweile eine etwa 2.500 Kilometer lange Mauer in Form eines verminten Sandwalls mitten durch die Wüste gebaut. Offiziell, um den von Marokko verwalteten und kontrollierten Teil von der sogenannten Freien Zone der Polisario-Rebellen sowie der Demokratischen Arabischen Republik Sahara (DARS) abzutrennen. Ein »willkommener« Nebeneffekt, nicht zuletzt für Europa, dürfte es aber auch sein, dass auf diese Weise unliebsame Einwanderer aus den Ländern südlich der Sahara von der Weiterreise in den Norden abgehalten werden. Als privilegierter Weißer bekommt man normalerweise von dieser Grenze nicht viel mit. Vielleicht kann man sich diese aber so vorstellen wie das mehrere Kilometer lange Niemandsland zwischen Marokko und Mauretanien. Hier herrscht Endzeitstimmung. Die Polisario streiken und blockieren eine komplette Spur der holperigen Piste. Der Weg wird immer schlechter. Verbeulte und vom Wüstenwind sandgestrahlte Autowracks liegen zu Hunderten am Straßenrand.

Die Schlepper lotsen ihre Kundschaft durch das unübersichtliche und potenziell gefährliche Gelände. Die Strecke ist vermint! Viele der heillos überladenen Autos quälen sich mit platten Reifen über große Steine. Gefährlich schwanken sie hin und her. Ein Wunder, dass keines von ihnen umkippt. Doch erste Schäden am Material werden bereits sichtbar. Die in die Jahre gekommene Mercedes-Limousine vor uns verliert plötzlich große Mengen an Flüssigkeit. Der Fahrer ist verzweifelt. Auch wenn Heppo sich schon mehrfach erfolgreich als Pannenhelfer betätigt hat, so fahren wir dieses Mal mit starrem Blick an dem Gestrandeten vorüber, ohne unsere Hilfe anzubieten. An diesem Ort möchte niemand stehen bleiben. Hier ist sich jeder selbst der Nächste!

Die Grenzhelfer auf mauretanischer Seite bedrängen uns, dass wir ihre Dienste in Anspruch nehmen sollen. Für ein paar Ouguiya, so heißt die Landeswährung, könnten wir uns viel Zeit und noch mehr Ärger sparen.

»Europe is I love you!«, sagt ein kleiner, unsympathischer Typ auf Englisch zu mir. »And Africa is business! That's the way it goes!«

»Wenn es nur so wäre!«, denke ich mir im Stillen und lehne dankend seine Dienste ab.

»Good luck!«, wünscht er uns zynisch.

Ich lasse mich nicht einschüchtern; das Visum haben wir bereits seit Marokko in der Tasche, den Rest bekommen wir sicherlich auch noch hin. Schon aus Prinzip bezahlen wir nie Bestechungsgelder. Lieber laufe ich alle Stationen persönlich ab und diskutiere mit den Zuständigen.

Obwohl wir uns immer gern als Pannenhelfer betätigen, gucken wir im Grenzgebiet zwischen Marokko und Mauretanien lieber weg. Hier ist sich jeder selbst der Nächste!

Auch das zählt zu den Erfahrungen auf Reisen und ermöglicht es, erste Rückschlüsse auf Land und Leute zu ziehen.

An dieser Grenze erhalte ich die Einsicht, dass die mauretanischen Beamten ziemlich damit beschäftigt sind, viele kleine und große Geldscheine aus den Pässen zu pflücken und in ihren Schubladen verschwinden zu lassen. Die auf diese Weise für gut befundenen Dokumente wandern auf einen Stapel, der darauf wartet abgestempelt zu werden. Frech schiebe ich unsere Reisepässe dazwischen. Mein Plan geht auf! Wir erhalten einen Stempel und dürfen bald darauf einreisen.

Der stumme Wächter

Heppo und ich sind eher konservativ, was die Nutzung neuer Medien angeht. Sozialen Netzwerken und diversen Messenger-Diensten haben wir uns bisher weitgehend verweigert. Dass heutzutage mit Handys navigiert wird statt mit Faltkarten aus Papier, haben wir erst im Jahr 2014 bei unserer letzten großen Reise durch Zentralasien mitbekommen, damals kauften wir unser erstes Smartphone mit GPS im Iran.

Mittlerweile ist die Welt noch besser vernetzt als damals, und die Overlander-Szene hat nachgerüstet. Notgedrungen haben auch wir einen Technologieschub hingelegt: Auf unseren Handys befinden sich nun diverse Apps wie *Duolingo* zum Französisch lernen, *Instagram* zum Teilen von Fotos und Videos, *Mapsme* und *Osmand+* zum Navigieren oder *IOverlander* für die Stellplatzsuche. Besonders letztere ziehen wir gerade relativ oft zu Rate, um zu sehen, wo andere vor uns wild gecampt, halboffiziell geparkt oder einen Campingplatz aufgesucht haben. Das ist praktisch, aber die Welt wird dadurch auch deutlich kleiner und weniger abenteuerlich.

»Werden wir alle irgendwann dieselben Reisen machen, dieselben Plätze ansteuern, dieselben Dinge erleben?«, fragen wir uns wehmütig wie alte Leute mit ihrem »Früher-war-alles-besser!«. In Mauretanien kommen wir aber erst gar nicht in die Verlegenheit, das World Wide Web zu befragen. Die an der Grenze erworbene SIM-Karte funktioniert nicht, und Internet scheint es abseits der größeren Städte sowieso nicht zu geben.

Fast freuen wir uns, für eine Weile von den Verpflichtungen der Dauerkommunikation entbunden zu sein. Frei wie wir nun sind, dürfen wir übernachten, wo wir wollen und wohin es hoffentlich vor uns noch niemanden verschlagen hat.

Unser Spürsinn/Entdeckergeist/der Zufall oder gar das Schicksal führen uns in eine stillgelegte Kiesgrube, wo alte Lastwagen, Bagger, Rüttler und Siebmaschinen – sauber abgestellt in Reih und Glied – etwas ratlos auf eine neue Aufgabe warten. Sie wirken wie Dinosaurier, wie aus der Zeit gefallen. Aus deren Schatten löst sich eine lange, dünne Gestalt. Es ist ein Mann mit Stock, Turban und Gesichtsschleier. Sein Alter ist schwer zu schätzen. Höflich ist er, und er nähert sich uns zurückhaltend. Französisch kann er nicht, aber dass er hier über diesen vergessenen und abgestellten Maschinenpark wacht, wird doch schnell klar. Er ist ratlos. Eigentlich, so dachte er bestimmt, wird dieser Abend ebenso ereignislos verlaufen wie alle anderen zuvor.

Der einsame Wächter in der Sandgrube winkt uns zum Abschied.

Wir standen bis eben noch nicht in seinem Drehbuch, waren so nicht vorgesehen. Nun sind wir aber schon mal da, und wir verstehen, dass er uns später zum Tee erwartet.

Sein Zuhause ist ein Frachtcontainer, der normalerweise auf Züge oder Schiffe verladen wird und Waren durch die Welt transportiert. Genau wie der Mann und seine Maschinen ist er an diesem Ort gestrandet. Eine Lkw-Kabine wurde auf ihn gehievt. Dorthin führt eine wackelige Metallleiter. Darin steht ein breites Bett, das uns der Mann sogleich mit bescheidenem Stolz zeigt. Auf drei Seiten kann er von hier aus das Gelände überblicken. Der Container unten ist spärlich eingerichtet. An der Wand hängen Säcke mit Bohnen, Kartoffeln und Zwiebeln. Das ist sein Vorrat für die nächsten Tage. Auf zwei Matten sitzen wir uns an der Längsseite des Containers gegenüber auf dem Boden, immer bemüht, die Fußsohlen nicht dem andern hinzustrecken. Das wäre nämlich eine grobe Unhöflichkeit. Wir versuchen uns in einfacher Konversation, eine gemeinsame Sprache haben wir nicht. Er lebt allein, ohne Familie, ohne eigenes Haus. Das hier sei der Ort, wo er wohne, das Wachen seine Arbeit. Wie er heißt, mag er uns nicht sagen. Dafür lehrt er uns ein paar Worte Hassaniya: »Burú« ist das Brot, »Girté« sind die Erdnüsse.

»Atai« sagt man für Tee und »Leviens« für Wasser. Das einzige Licht stammt vom Gaskocher und von einer Taschenlampe, die er nur ab und zu einschaltet, um die Batterien zu schonen. Drei Gläser zuckersüßen und schaumigen Tees schenkt er uns ein. Nach dem dritten Glas ist es Zeit zu gehen. So ist das in Mauretanien. Auch das verstehen wir ohne Worte, nur durch Gesten und das pantomimische Geschick unseres Gegenübers.

Am folgenden Morgen sehen wir ihn wieder. Mit ihm zusammen kommt eine Stimmung von Einsamkeit und Melancholie in diesen sonnigen Morgen. Wir schenken ihm zum Abschied eine Kerze und Streichhölzer. Ein Streichholz zündet er an, sieht zu, wie es abbrennt. Dann nickt er bedächtig. Fast möchte ich ihn für diesen unnötigen kleinen Luxus schelten. Dann schäme ich mich für diesen Gedanken und bin froh, dass ich nichts dergleichen gesagt habe. Auch über die Kekse und die Dose Fisch scheint sich der zurückhaltende Mann zu freuen. Für ein Foto nimmt er seinen Turban ab. Er sieht nun älter aus, vielleicht wie 60. Wir hatten ihn jünger geschätzt.

Dann ist es wirklich an der Zeit, weiterzuziehen. Im Gehen windet sich der Herr der Kiesgrube wieder sein Tuch um Gesicht und Kopf. Er erklimmt einen kleinen Hügel, dann dreht er sich noch einmal um. Seine einsame Gestalt bleibt uns in Erinnerung – und eine Hand, die ernst und feierlich zum Gruß erhoben wird.

Kurz überlegen wir, ob wir diesen Ort später, wenn das Internet wieder funktioniert, auf *iOverlander* teilen und diesem Mann auf diese Weise ein kleines Zusatzeinkommen ermöglichen sollen. Aber irgendetwas hält uns davon ab, in sein Leben einzugreifen. Wer weiß, was wir alles verändern würden? Vielleicht würde er mit Touristen etwas Geld verdienen, aber vielleicht würde ein plötzlicher (auch noch so kleiner) Geldsegen auch Neider auf den Plan rufen? Der Mann könnte seine Arbeit als Wächter verlieren und damit sein kleines Zuhause, seine Würde, seinen Stolz. Wenn wir nur immer abschätzen könnten, welche Folgen unsere Handlungen haben …

Die erste Krise

In Bou Lenoir beginnt der Offroad-Track, der uns fast 400 Kilometer durch die Wüste, entlang der berühmten Erzeisenbahnstrecke, führen wird. Die einzige Bahnlinie Mauretaniens stellt eine Verbindung zwischen dem Eisenerzbergwerk bei Zouerate und der zweitgrößten Stadt Mauretaniens, dem Atlantikhafen Nouadibhou, her. Die Strecke verläuft durch das extrem dünn besiedelte Gebiet der westlichen Sahara. Bis zu 14 Millionen Tonnen Erz werden auf den Schienen jährlich transportiert. Auch Personenwagen werden dem Zug angehängt. Wer es will, darf kostenlos auf den offenen Erzwagen mitfahren. Der *Lonely Planet* schreibt über diesen ungewöhnlichen Transport: »Impossibly dusty. This is only for the hardcore«.

Allerdings werden wir etwas später eine hübsche, junge Deutsche aus Landsberg am Lech treffen, die die Fahrt als »romantisch, wegen des wunderbaren Sternenhimmels« und obendrein mit dem lakonischen Satz »Hätte ich mir schlimmer vorgestellt!« beschreibt. Die Zwanzigjährige im Blümchenkleid ist vermutlich härter im Nehmen als sie aussieht. Ganz allein möchte sie bis nach Ostafrika trampen!

Ich hingegen bekomme es bereits mit der Angst zu tun, als wir das extrem ärmliche Dorf Bou Lenoir passieren. Die Leute leben in Blechverschlägen, die notdürftig aus alten Eisenbahnschienen und plattgeklopften Ölfässern zusammengebaut wurden. Auch ein paar einfache Lehm- und Steinhäuser gibt es. Worte wie »Endzeit« und »Apokalypse« kommen uns in den Sinn.

Einige zerlumpte Kinder stürmen auf uns zu. »Cadeau, cadeau!«, also »Geschenk, Geschenk!«, schreien sie aus vollem Hals.

Wirklich faszinierend ist die berühmte Erzeisenbahn durch die Sahara.

Mauretanische Häuser sind ein Anblick, an den wir uns erst gewöhnen müssen. Die Armut ist groß.

Wie können diese Leute nur so leben? Hier, mitten im Nichts, wo keine Pflanze wächst, wo Hitze, Staub und der unerbittliche Wind ein derart hartes Regiment führen? Ich folge dem Impuls aller Reichen, die mit Armut konfrontiert werden und verschanze mich hinter Mauern, in unserem Fall also im Inneren unseres Lastwagens. Kein schöner Charakterzug von mir. Ich wünschte, ich würde eine andere Seite an mir entdecken und offen und freundlich auf die Leute zugehen. Aber erst einmal bin ich einfach nur überfordert. Ich ahne Schreckliches: Wenn uns die Apokalypse eines Tages heimsuchen wird, werde ich wohl nicht zu den Samaritern zählen … Ich schäme mich, fühle mich dekadent, weiß, reich und schäbig.

Alle Kinder lieben Geschenke, auch die aus Mauretanien.

Zum ersten Mal dämmert es mir, dass eine Reise durch Westafrika keine einfache Erfahrung werden wird.

Natürlich wusste ich das bereits vorher, hatte ich mich doch intensiv mit den einzelnen Ländern beschäftigt, hatte akribisch Zeitungsartikel gesammelt und zahlreiche Bücher gelesen. Dennoch ist es ein Unterschied, sich über Sachverhalte theoretisch zu informieren oder sie praktisch zu erfahren.

Wir stehen vor einem riesigen Dilemma: Was sollen wir wem, wann und wofür geben? Wir möchten nicht geizig sein, aber auch kein Faschingswagen, aus dem es permanent Bonbons, Kugelschreiber und Bälle regnet. Dieses Problem wird uns auf dieser Reise noch lange beschäftigen.

Beim Offroad-Fahren muss der Reifendruck reduziert werden. Hier hat man es wohl ein wenig übertrieben.

Nachdem wir etwas Reifendruck abgelassen haben, können wir endlich vom Dorf in den Offroad-Track einbiegen. Frau Scherer pflügt schwer durch den heißen Wüstensand. Grund zu jubeln haben wir jedoch keinen, denn schon bald bleibt unser Mobil stecken. Draußen hat es 40 Grad. Obwohl jede noch so winzige Bewegung bei dieser Hitze unglaublich anstrengend ist, holen wir Sandbleche und Schaufeln vom Dach und beginnen zu buddeln. Doch kein Erfolg! Fast scheint es, als machten wir mit unserem Aktionismus alles nur noch schlimmer. Frau Scherer versinkt immer weiter im Sand.

Frustriert beschließen wir, die frühen Morgenstunden abzuwarten. Wir hoffen, dass es dann deutlich kühler sein wird und der Sand noch eine gewisse Restfeuchtigkeit hat. Den Nachmittag verbringen wir im Schatten unseres Wohnmobils. Doch auch dort darben und schwitzen wir. Und unser armer Hund leidet sehr. Ich würde am liebsten sofort umkehren und auf die sichere Teerstraße zurückkehren.

»Wenn wir bereits nach drei Kilometern einsanden, dann schaffen wir doch niemals eine 400 Kilometer lange Offroad-Strecke!«, jammere ich.

»Stell dich nicht so an!«, reagiert mein Mann genervt. »Schließlich haben wir ein Allrad-Fahrzeug!«

»Auf so eine Tortur habe ich keine Lust!«, reagiere ich trotzig.

»Sei doch nicht so uncool!«, versucht mich Heppo an meiner Ehre zu packen.

»Wir werden elendig sterben! Vielleicht wird man eines Tages unsere ausgebleichten Knochen finden!«, versuche ich es mit Tragikomik.

Heppo ist abenteuerlustig und denkt nicht ans Aufgeben. Unbedingt will er den berühmten Offroad-Track entlang der Eisenbahn fahren. Egal, was ich vorbringe, dieses Mal beiße ich auf Granit, oder – besser gesagt – auf Eisenerz!

Unser Offroad-Abenteuer beginnt sogleich mit Sandblechen.

Offroad durch die Wüste

Frühaufsteher sind wir eigentlich nicht. Gern schlafen wir bis 8 Uhr oder länger. Nun klingelt unser Wecker aber schon um 4.30 Uhr. Spätestens um 6 Uhr wird es hell. Wertvolle Stunden also, um Strecke zu machen, denn am Morgen sind die Temperaturen noch sehr angenehm. Der kühle und feuchte Sand ist um diese Uhrzeit härter und belastbarer. Für Frau Scherer ist die Fahrt durch die Wüste so weniger beschwerlich. Ihr Motor überhitzt dann nicht so leicht wie während der heißen Stunden des Tages.

Erstaunlich einfach können wir uns auf einmal aus unserer verfahrenen Situation befreien. Vormittags kommen wir gut voran. Frau Scherer schlägt sich tapfer im Weichsand. Wir sind überrascht, was unsere alte und behäbige Dame zu leisten vermag.

Wir haben dazugelernt und legen nun mittags eine längere Pause ein. Der Ort, den wir uns dafür ausgesucht haben, ist allerdings makaber. Mindestens fünf verbeulte und auseinandergerissene Eisenbahnwaggons liegen im Wüstensand. Ein schrecklicher Unfall hat sich hier zugetragen. Die von unbeschreiblichen Kräften zerdrückten und zerfetzten Stahlteile üben dennoch eine starke Faszination auf uns aus.

Abends, als es wieder etwas kühler wird, fahren wir ohne neue Probleme weiter – meinen Unkenrufen zum Trotz. Als wir an schwarzen, wie verbrannt daliegenden Felsen unser Lager aufschlagen, fällt mir zum ersten Mal auf, wie still es in der Wüste ist. Und erst jetzt merke ich, dass der extreme Wind, der uns seit geraumer Zeit das Leben so schwer machte, uns heute zum ersten Mal eine kleine Verschnaufpause gönnt. So können wir abends draußen sitzen und die vorbeihuschenden Eidechsen und Agamen beobachten. Sie nützen die abstrahlende Wärme der dunklen Steine zu einem letzten Spaziergang, bevor ihnen die nächtliche Kälte der Wüste die Glieder lähmen wird.

Ich befürchte das Schlimmste: »Wir werden elendig sterben!«

Am nächsten Tag steht »Fahren im Weichsand« auf dem Lehrplan. Hier eine kleine Theorie-Lektion:

Tipps für Fahrten durch Sand und Wüste:

1. Das Allerwichtigste ist: Reduziere den Reifendruck! Bis zu 50 % werden empfohlen! In unserem Fall hat sich sogar eine Reduzierung von 7 Bar auf 3 Bar bewährt.
2. Lege den zuschaltbaren Allrad ein!
3. Halte das Lenkrad nicht zu fest, sondern eher locker! Im Sand kann nicht so gut gelenkt werden. Steine oder andere Hindernisse verreißen sonst leicht das Steuer.
4. Fahre bei mehr als 25 Grad Gefälle immer in direkter Fallrichtung, nie schräg!
5. Sei vorsichtig mit der Kupplung! Benutze diese nur zum Anfahren und zum Wechseln des Gangs. Trittst du beim Fahren auf die Kupplung steht der Wagen still, so als hättest du die Bremse betätigt.
6. Zum Anhalten: Lass dein Fahrzeug ausrollen! Nicht auf die Bremse treten. Sonst entsteht ein kleiner Sandwall vor den Reifen, der später das Anfahren unnötig erschwert.
7. Erkunde schwierige und uneinsichtige Passagen vorher zu Fuß. Nimm dich in Acht vor Dünentrichtern!
8. Nutze die Morgenstunden, wenn der Sand kühl und noch etwas feucht ist.
9. Sorge für genügend Treibstoff an Bord! Rechne mindestens mit dem doppelten Verbrauch!

Nachtrag: Hast du dich bereits festgefahren, dann kann dir vielleicht das Zurücksetzen in deiner eigenen Spur helfen. Ansonsten musst du Sandbleche und Schaufeln benutzen. Besonders letztere solltest du aber sparsam einsetzen, denn es kann leicht passieren, dass dein Fahrzeug bei zu vielem Wühlen und Graben immer weiter im Sand verschwindet!

Die verbeulten Waggons mitten in der Wüste geben ein malerisches Bild ab, täuschen aber nicht darüber hinweg, dass hier ein schrecklicher Unfall geschah.

Der vierzigste Tag unserer Reise kostet uns Nerven: Wir fahren hart entlang der Grenze zur Demokratischen Arabischen Republik Sahara (kurz: DARS), dem Gebiet der Polisario-Kämpfer. Es verläuft auf der anderen Seite der Eisenbahnlinie. Als wir kurz anhalten, um einen stillstehenden Eisenerzzug zu fotografieren, aus dem gerade mitten in der Wüste diverse Güter entladen werden, höre ich Panik in Heppos Stimme: »Berit, komm schnell wieder in den Lkw!« Erst jetzt sehe ich, wie ein Mann mit einer Kalaschnikow auf uns zugerannt kommt.

Sofort rast mein Herz wie wild. Er sagt, er sei Polizist. Nur komisch, dass der Typ so ganz anders aussieht als die Gesetzeshüter, mit denen wir bisher zu tun hatten.

»Weiterfahren!«, befiehlt der Schwerbewaffnete nun.

Meine Hände schwitzen. Und natürlich leisten wir seinem Befehl sofort folge. Schon sind wir weg. Wir wollen schließlich keinen Ärger bekommen.

Was sind wir froh, dass es wenig später nur wieder die landschaftlichen Gegebenheiten sind, die unseren Herzschlag beschleunigen: Diesmal ein Dünenfeld mit großen Grasbüscheln. Was derart harmlos klingt, entpuppt sich bald als echte Herausforderung. Vor uns liegt eine mehrere Kilometer große Fläche, auf der dicht an dicht kleine Hügel stehen, zwischen 50 Zentimeter und einem Meter hoch. Diese sind mit einem zähen, langstieligen Gras bewachsen. Es ist ratsam, den Lkw in einem irren Slalom hindurchzumanövrieren. Fährt man nämlich direkt darüber, ist dies eine arge Belastung für Stoßdämpfer, Achse, Federn und selbst für den Rahmen unseres Fahrzeugs. Wenn wir hier eine Panne hätten, könnte uns wahrscheinlich so schnell niemand helfen. Fast ebenso gefährlich ist es, sich in eine Pattsituation zu manövrieren. Fährt man nämlich ein Dünental hinab und landet dummerweise direkt vor einem dieser Büschel, so ist es fast unmöglich, danach wieder zurückzusetzen. Nun also besser keinen Fehler machen!

Beim Fahren im Weichsand gibt es einiges zu beachten, zum Beispiel, sparsam beim Gebrauch der Kupplung zu sein.

Nach dem Weltuntergang zur Polizei

In dem kleinen Ort Tmeimichat müssen wir bei der Polizei vorstellig werden, um dort ein sogenanntes Fiche abzugeben. Darunter versteht man einen Zettel, auf dem personen- und fahrzeugbezogene Daten erfasst sind. Diesen haben wir schon vorbereitet und entsprechend vervielfältigt. In den drei Wochen, die wir in Mauretanien verbringen, werden wir über 50 Stück benötigen.

Den Weg zur Polizeistation hätte sich kein der Dystopie zugewandter Romanautor oder Filmemacher besser ausdenken können. So sieht es also aus, das Leben nach dem Weltuntergang. Die letzten Überlebenden sind Frauen und Kinder. Schon von weitem laufen sie uns entgegen. Von ihren nackten Füßen wirbeln große Staubwolken auf. So schnell wie sie bei uns sind, so fordernd sind sie auch: »Gebt uns Geld!«, brüllen sie uns an.

Ihre Hütten sind Wellblechverschläge. Das Wetter ist trübe. Der gelbe Himmel hängt schwer über uns, ist voll von Staub und Dreck. Zwei Krähen ziehen krächzend ihre Kreise durch die Luft. Unsere Stimmung ist bedrückt. In der Wachstube können es die beiden Polizisten kaum fassen, dass wir ohne Guide angekommen sind. Mehrmals fragen sie ungläubig nach.

»Ja, wirklich, nur wir zwei!«, antworte ich. Beunruhigt beäuge ich unterdessen die fünf Pistolen, die lose auf dem Schreibtisch liegen. Wenn ich irre genug wäre, könnte ich mir eine davon schnappen. Die Jungs sind allesamt unbewaffnet. Zum Glück tue ich nichts dergleichen, ich bin harmlos und habe nur eine überbordende Fantasie.

In dieser halte ich gerade bedrohlich knurrend die Ordnungshüter in Schach, denn nach dem Weltuntergang ist sich jeder selbst der Nächste. Die Burschen von der Polizei sind in Wirklichkeit nämlich Schurken, die uns das letzte Hemd rauben wollen. Langsam gehe ich rückwärts zur Tür hinaus und springe in das wartende Fluchtauto.

Das Fahren durch die Grasbüscheldünen erfordert höchste Konzentration.

»Gib Gas!«, brülle ich Heppo an. »Nun kommt es auf jede Minute an!« Mein Mann lässt sich das nicht zweimal sagen, er drückt das Pedal bis zum Bodenblech durch. Und Frau Scherer – die in meinem persönlichen Actionfilm natürlich nicht auffallend hellblau, sondern saharabeige lackiert ist – hat nun plötzlich die Spritzigkeit eines kleinen und leichten Geländewagens. Mit ihr brettern wir durch die Wüste. Ein plötzlich aufkommender Wind – vielleicht ein Vorbote eines Sandsturms – verweht unsere Spuren, sodass unsere Verfolger keine Chance haben, uns in den unendlichen Weiten der Sahara ausfindig zu machen …

Als wir endlich einen sicheren Übernachtungsplatz hinter einer bizarren, elefantenförmigen Felsengruppe gefunden haben, löst sich die Anspannung des Tages mit einem Regenschauer. Wir duschen unter der Regenrinne unseres Lkw. Ein Segen mitten in der Wüste: Wasser im Überfluss!

Nicht jugendfrei!

Es gibt einfach Plätze, die magisch sind und heilig. Etwas Altes, Urzeitliches herrscht dort; etwas, das größer ist als wir selbst. Diese vibrierende Energie muss die Menschen schon immer angezogen haben. Und nun stehen wir an einem solchen Ort und sind tief beeindruckt. Mitten in der Wüste Mauretaniens befindet sich mit 633 Metern der zweitgrößte Monolith der Erde: Ben Amira. Der größere befindet sich in Australien, es ist der Mount Augustus, der bekannte Ayers Rock oder Uluru folgt erst an dritter Stelle. Die Legende zu der beeindruckenden mauretanischen Felsformation geht etwa so: Herr Ben Amira hatte einst eine sehr schöne Frau namens Aischa. Mit ihr bekam er zwei Söhne. Um Geld zu verdienen, ging Ben Amira mit diesen in den Süden des Landes. Als er jedoch wieder nach Hause zurückkehrte, hatte seine Gemahlin einen Geliebten. Ihr Ehemann war darüber sehr erbost. Seinem Nebenbuhler Veleklek gab er einen gewaltigen Kopfstoß, sodass der dreiste Kerl über 50 Kilometer weit davongeschleudert wurde. Seine untreue Gefährtin ließ er mit ihrem Dienstmädchen stehen. Ein paar Kilometer entfernt findet wir dann tatsächlich den Berg Ben Aischa samt ihrer Dienerin.

Die Menschen brüllen uns an: »Gebt uns Geld!«

Im Schatten dieser Berge gedeiht eine zaghafte Vegetation aus Tamarisken und der gelb blühenden Senna holosericea mit ihren erbsenähnlichen Schoten. Zahlreiche Schmetterlinge schwirren um die Blüten des Hülsenfrüchtlers. Wo wir hinsehen, huschen Eidechsen und Agamen davon. Bei einem Spaziergang rund um den Berg zeigen sich uns bizarre Felsformationen, die aussehen wie Tisch- und Stuhlgruppen, wie Elefanten oder gar wie Ein-Mann-Raumkapseln. Und schließlich erwartet uns noch eine besondere Überraschung: In den Jahren

1999 und 2000 fand am Fuße der Ben Aischa ein internationales Bildhauer-Symposium statt. Künstler aus aller Welt haben hier Skulpturen zum Thema Frieden hinterlassen. Viele sind sehr schön, auch wenn der Zahn der Zeit bereits einige der Kunstwerke zerstört hat. Was für ein fantastischer Ort!

Als wir noch ein Stückchen weiter gehen, brechen wir beide etwa zeitgleich in schallendes Gelächter aus. So erklärt sich also die Geschichte von der untreuen Ehefrau? Die Westseite des Berges zeigt sich schamlos. Wie eine Frau mit weit gespreizten Beinen liegt sie da, bereit für ihren Liebhaber. Auch mit wenig Fantasie ist da sehr deutlich ein weibliches Geschlechtsteil zu erkennen.

Magisch angezogen beginnt Heppo nun über loses Geröll und große Felsbrocken in Richtung Spalt zu klettern. Bald verschwindet er zwischen den Felsen und taucht lange nicht mehr auf. Plötzlich habe ich Angst, dass er dem Bann der Aischa erlegen ist. Doch dann erspähe ich ihn wieder. Von ganz oben winkt er herab. Ein Foto solle ich von ihm und der Sittenlosen machen. Mein Objektiv überschätzt er zwar damit gewaltig, doch tue ich ihm den Gefallen. Bald kehrt er atemlos zurück. »Aischa ist wie ein Jungbrunnen!«, ärgert er mich. Meinen säuerlichen Gesichtsausdruck richtig deutend fügt er schnell hinzu: »War nur Spaß!« Schnell schlage ich mir alle Bedenken wieder aus dem Kopf. Wer wird denn eifersüchtig auf einen Berg sein?

Berg Ben Aischa hat wohl schon immer die Fantasien angeregt.

Nachts erwacht die Sahara zum Leben. Erstaunlich, wie viele Tiere dann unterwegs sind.

Tierbeobachtungen

Auch beim Ben Amira wollen wir ein paar Tage verbringen. Dort stehen wir auf seiner Südseite in einem steinigen Halbrund inmitten schattiger Bäume. Der Ausläufer des Berges umschließt uns sanft und schafft ein Mikroklima für eine spezielle Flora und Fauna, die es in der offenen Wüste sonst eher schwer haben dürfte.

Zur Dämmerung kommen große Scharen Fledermäuse aus ihren Felsritzen hervor. So tief kreisen sie über unseren Köpfen, dass wir die Blutgefäße in ihren zarten und durchscheinenden Flügeln erkennen können. Große, gelbe und unglaublich flinke Spinnen flitzen über den steinigen Boden. Die sogenannten Kamelspinnen können bis zu 15 Zentimeter groß werden und sich mit bis zu 16 Stundenkilometer fortbewegen. Gefährlich oder giftig für den Menschen sind diese zwar nicht, trotzdem können Bisse ihrer Kieferklauen schmerzhafte Wunden verursachen. Besser ist es auf jeden Fall, ihnen nicht zu nahe zu kommen. Niedlicher sind da schon die kleinen Echsen mit Klettergeschick. Wie Äffchen springen sie durch das Gebüsch und hangeln sich behände von Ast zu Ast.

Seit ich gelesen habe, dass viele gefährliche Schlangen eher nachtaktiv sind, ziehe ich abends feste Schuhe an. Tagsüber ist es den wärmeliebenden Reptilien nämlich tatsächlich viel zu heiß. Trotzdem begeben wir uns auch gerade nachts zwischen stacheligen Büschen und Bäumen auf kleine Minisafaris und beobachten fasziniert, was hier alles so kreucht und fleucht.

Während wir entspannen,

Doch es kommt noch besser: Wir bekommen ein Schauspiel in fünf Akten zu sehen, in dem ebenfalls Tiere eine tragende Rolle spielen werden.

1. Akt: Am Morgen versuchen wir den Gipfel des Ben Amira zu erklimmen. Dies ist einzig auf der Südseite möglich. Eine arge Kraxelei über große Felsen und Geröllbrocken steht uns bevor. Ich gebe nach gut einem Drittel der Strecke auf, Heppo etwa nach der Hälfte. Der blanke Fels ist viel zu steil und glatt, um Weiterzugehen. Mission gescheitert!

2. Akt: Die Ziegen aus dem einige Kilometer entfernten Dorf scheint aber gerade dieses unwegsame Terrain zu reizen. Sehr zum Leidwesen des Hütehundes, der verzweifelt der immer höher und höher hinaufsteigenden Herde hinterherbellt. Nun hat der Ärmste ein Problem: Allein kann er unmöglich zum Dorf zurückkommen. Er verzieht sich in den Schatten und wartet ab. Doch die Ziegen denken nicht ans Umkehren. Sie haben Spaß in der Steilwand.

3. Akt: Die Besitzer der Ziegenherde bemerken am späten Nachmittag den Verlust ihrer Tiere. Eine ältere, dicke Frau und ein älterer, dünner Mann kommen mit einem klapprigen Toyota Land Cruiser zum Berg gefahren. Nach einigem Suchen erspähen sie die Ziegen in der steilen Bergflanke. Die Frau schimpft und lamentiert hinauf in die Höhe. Der Mann lümmelt eher unbeteiligt auf der Motorhaube seines Wagens herum und zuckt mit den Schultern. Auch die Ziegen geben sich ungerührt. Sie steigen noch weiter den Berg hinauf. Das Paar fährt fluchend davon.

4. Akt: Rückkehr der Frau zusammen mit einer größeren Delegation (jüngere Brüder oder Söhne?). Sie haben einen großen Sack Futter als Lockmittel dabei. Mit diesem raschelt die Frau, so laut wie man eben rascheln kann. Auch einen Topf aus Metall hat sie mitgebracht, mit dem sie nun herumklappert. Ihre Bemühungen bleiben aber wirkungslos. Nun verdammt sie den Tag, an dem sie sich diese schrecklichen Ziegen angeschafft hat.

... entspinnt sich neben uns ein Drama mit einer kleinen Ziegenherde.

Anmerkung: Weil wir ihre Sprache nicht können, verstehen wir zwar den genauen Wortlaut nicht, aber singemäß ist doch absolut klar, was sie sagt! Den Ziegen ist sowieso alles schnurzegal. Sie zeigen ihr den symbolischen Stinkefinger und steigen noch etwas weiter den Berg hinauf. Nur aufmerksame Beobachter (wir zum Beispiel) nehmen unterdessen den Hund wahr: Mit gesenktem Kopf und eingezogenem Schwanz schleicht er hinter uns durch die Szenerie.

Nun wird der letzte Trumpf gezogen: Die jungen Brüder oder Söhne müssen ausrücken. In Windeseile erklimmen sie den Berg und passieren dabei auch die Stellen problemlos, an denen wir am Morgen noch gescheitert sind. Wohlgemerkt, sie klettern in Flipflops durch die aalglatte Felswand. Von zwei Seiten nähern sie sich nun den widerspenstigen Tieren. Fast sieht es so aus, als ob die Ziegen nun klein beigeben würden. Aber diese Punker unter den Tieren haben nun einmal ihren eigenen Kopf. Über eine absolut unpassierbar aussehende Felsrinne steigen sie noch weiter den Berg hinauf und sind bald aus unserem Sichtfeld verschwunden.

Die Nacht bricht an. Unverrichteter Dinge zieht die Familie wieder ab. Die deutschen Zuschauer haben ein etwas schlechtes Gewissen, weil sie das ganze Spektakel bequem von der Hängematte aus beobachteten.

5. Akt: Die Familie scheint kapituliert zu haben. Motto: »Sollen diese doofen Viecher doch Bergziegen bleiben. Uns doch egal!«

Doch dann geschieht etwas, was keiner mehr erwartet hatte. Plötzlich und unerwartet findet das Drama zu einem guten Ende. Am nächsten Abend steigen die Tiere nämlich ganz von selbst wieder ab. Offenbar haben sie genug vom Bergziegendasein und möchten zurück ins Dorf.

Auftritt Hund: Den Kopf trägt er hoch, die Ohren sind gespitzt, sein Gang ist tänzelnd, federnd und weich. Freudig und selbstbewusst wedelt er mit seiner Rute. Er ist wieder Herr der Lage. Stolz führt er die Herde zurück nach Hause!

Mauretanisches Brot, im Sand gebacken

- Aus etwa 4 kg (!) Mehl, Wasser, Olivenöl und Salz einen festen Teig herstellen. Gut kneten und noch mal gut kneten. Bei Wind: Unter einer Decke kneten.
- Kleines Feuer in einer Sandkuhle machen.
- Asche wegräumen.
- Den Teigling in die heiße Kuhle legen und mit Sand bedecken.
- Auf dem mit Sand bedeckten Teigling wieder ein Feuer machen. Dieses ca. zehn bis 15 Minuten brennen lassen.
- Asche und Sand wegräumen; den Teigling umdrehen.
- Teigling wieder mit Sand bedecken. Darauf noch mal für etwa fünf Minuten ein Feuer machen.
- Brot ausgraben, gut abklopfen und vom Sand befreien. Fertig!

Das Ergebnis ist ein sehr festes Brot, das gar nicht so schlecht schmeckt und erstaunlich wenig Sandanteil hat. Wir staunen nicht schlecht, als dessen Reste, gleich nach dem Ende unserer Mahlzeit in Stücke gerupft und mit Zucker und Wasser vermischt werden. Den süßen Brei gibt es als Nachspeise!

Das Sandbrot

Obwohl das gleichnamige Dorf Ben Amira etwa sechs Kilometer entfernt ist, ist doch so einiges los am Berg. Achmed, ein 14-Jähriger – wir hätten ihn eher auf zehn Jahre geschätzt – kommt nun täglich vorbei und unterhält sich mit uns. Er kann relativ gut Französisch, ist charmant und wortgewandt. Da wir ihn sympathisch finden, haben auch seine Bettelversuche Erfolg. Kekse, Kugelschreiber und eine Packung Reis wechseln den Besitzer.

Bald darauf kommt er wieder und stellt uns ein paar Männer seiner Familie vor. Fast reagiere ich genervt, als er uns erneut um etwas bittet. Nun hätte er nämlich gern Mehl, Öl und eine Schüssel von uns. Aber Achmed und seine Onkel möchten nur Brot für uns backen – echtes, mauretanisches Brot. Wie das gehen soll, mitten in der Wüste, können wir uns nicht vorstellen. Für die Leute ist dies jedoch eine leichte Übung, die allerdings wegen des starken Windes geheimnisvoll unter einer Wolldecke ausgeführt wird.

Fast eine Weihnachtsgeschichte

Es ist Ende Oktober. Während zuhause in den Läden wohl bald die ersten Lebkuchen und Schokonikoläuse in die Regale wandern werden, schwitzen wir bei hochsommerlichen Temperaturen. Bald werden wir die 400 Offroad-Kilometer durch die Wüste gefahren sein. Auf dieser letzten Etappe ist die Landschaft mit den schwarz glänzenden Bergen noch einmal besonders bezaubernd. Es ist so viel Sand und Staub in der Luft, dass alle meine Fotos wie Aquarellbilder aussehen. Eine feine Unschärfe liegt auf ihnen, ein Weichzeichner, der die extreme Landschaft ins Unwirkliche rückt. Uns beschleicht ein komisches Gefühl: Wahrscheinlich sah es hier vor 2000 Jahren bereits genauso aus. Für eine Weile erliegen wir der schönen Illusion in einem fernen Land vor unserer Zeit zu weilen.

Und dann sind da die Wüstenwanderer. Diese dünnen, zähen, meist alten Männer laufen mit weit ausholenden Schritten durch diese unwirtliche Gegend. Kein unnötiges Gewicht belastet sie. Haben sie viel dabei, dann ist dies nur eine kleine Flasche Wasser. Sie beachten uns kaum. Selbst wenn wir mit Frau Scherer neben ihnen durch den Sand pflügen, scheinen wir unsichtbar für sie zu sein. Zwei von ihnen stehen plötzlich neben der Piste. Diese beiden wollen Kontakt aufnehmen. Sie winken uns und bedeuten uns anzuhalten. Besonders kurios sehen sie aus, etwa so, wie man sich die Weisen aus dem Morgenland vorstellen würde. Ihre schimmernden blauen und grünen Bubus, die landestypischen Umhänge, wehen im Wind. Nur die eckige Sonnenbrille des einen, im Stil der 1970er-Jahre, passt nicht recht ins Bild.

»Sucht ihr auch den Stern, der vom Himmel gefallen ist?«, fragt uns der Mann nun auf Französisch.

Ich glaube, mich verhört zu haben, doch der Greis wiederholt seinen Satz. Seltsam, in dieser biblischen Landschaft wundert es mich kein bisschen, dass nach einem vom Himmel gefallenen Stern Ausschau gehalten wird.

»Nein, den suchen wir nicht!«, antworte ich wahrheitsgemäß.

Ende der Unterhaltung. Als wir schon längst weiterfahren und ich Heppo unseren kleinen Dialog übersetze, kassiere ich einen Rüffel: »Warum hast du nicht einfach Ja gesagt. Wer weiß, was sie uns dann gezeigt hätten?«

Im Wüstensand Mauretaniens wurde 2017 ein Meteorit vom Mond gefunden.

Auch ich könnte mich ohrfeigen! Zu gern würde ich wissen, was uns wohl entgangen ist. Etwa ein jüngst auf die Erde niedergegangener Meteorit? Ein Raumschiff mit Außerirdischen? Vielleicht sogar das Jesuskind, ein Messias 2.0 in einer Krippe aus Eisenbahnschwellen? Ich halte an diesem Ort mittlerweile alles für möglich. Chance verpasst: So werden wir sicher nicht als die zwei Weisen aus dem Abendland in die Geschichte eingehen! Nachtrag: Da mich die Sache nicht loslässt, habe ich recherchiert. Ein Artikel auf *N-TV*[3] bringt vielleicht etwas Licht ins Dunkel. Seit in Mauretanien 2017 ein Meteorit vom Mond gefunden wurde, der bei einer Auktion sagenhafte 600.000 US-Dollar einbrachte, verschlägt es wohl immer wieder Menschen in Goldgräberstimmung nach Mauretanien. Nun ärgere ich mich doppelt. Wenn wir das gewusst hätten, dann wären wir heute vielleicht steinreich …

[3] *Quelle: www.n-tv.de/panorama/Meteorit-bringt-mehr-als-600-000-Dollar-ein-article20680186.html*

Ein Flugzeug wird kommen

Die Stadt Atar, immerhin die drittgrößte Stadt des Landes trägt nicht dazu bei, unseren Kulturschock zu verringern. Die Autos, die durch die staubigen Straßen fahren, sind Schrott. Die Häuser kann man nur als winzig bezeichnen, und doch wohnen mehrköpfige Familien darin. Jede dieser Hütten, die direkt an der Straße liegen, ist zugleich auch ein Laden, mit dem immer gleichen, dürftigen Angebot aus Keksen und Dosenfisch. Erwachsene und Kinder lagern darin auf dünnen Matten. Um die Waren herauszugeben oder die entgegengestreckten Geldscheine anzunehmen, erheben sie sich nur mühsam von ihren Lagern. Wechselgeld ist Mangelware. Keiner hat es – und wenn, dann gibt er es nicht her.

Für alles, was wir kaufen wollen, werden uns Fantasiepreise genannt. Oft fühlen wir uns wie ein wandelnder Geldbeutel auf zwei Beinen. An uns scheint wirklich keiner interessiert zu sein, an unseren mitgeführten Dollars, Euros und Ouguiyas aber umso mehr. Auf dem Campingplatz Bab Sahara müssen wir uns erst einmal stundenlang gegen fliegende Händler und Touren-Guides erwehren, die vor uns Schmuck, Kleidung und Karten ausbreiten. Eigentlich wollen wir nur duschen, kochen und uns ein bisschen ausruhen, stattdessen hören wir nur:

»Buche!«

»Kaufe!«

»Gib mir!«

»Miete!«

»Tausche!«

»Handle!«

Das ist anstrengend.

Auf allen meinen Fotos liegt ein natürlicher Weichzeichner.

Auf dem Markt müssen wir jeden Tag aufs Neue den Preis für Obst und Gemüse aushandeln. Ich schicke Heppo vor; der kann das besser und bewahrt beim Einkaufen Fassung und Humor. Wenn wenigstens die dauerbettelnden Kinder nicht wären! Mit etwas Wehmut denke ich an meine Nichten und den Neffen, auch an Töchter und Söhne unserer Freunde, die höflich und zurückhaltend sind. Doch, so spinne ich den Gedanken weiter, vielleicht zeigen diese auch nur die Bescheidenheit derjenigen, die genau wissen, dass sie sowieso alles bekommen, was sie wollen, am Ende meist sogar viel mehr, als vielleicht gut für sie ist. Ihre Zimmer sind übervoll mit bunten Spielsachen, Büchern und Stofftieren. Die mauretanischen Kinder hingegen haben nichts und noch weniger zu verlieren. Sie können nur gewinnen. Aufmerksamkeit ist das Mittel zum Ziel. Das stört uns in unserer Komfortzone und hinterlässt ein schales Gefühl. Wir wissen, dass es uns um Längen besser geht, doch selten werden wir so direkt mit dieser Diskrepanz konfrontiert wie hier.

Spätestens als ich zum wiederholten Male die Geschichte von dem Flugzeug höre, bekomme ich echtes Mitleid mit der Bevölkerung von Atar. Seit ein paar Jahren gibt es wohl zwei direkte Flugverbindungen pro Woche aus Frankreich: Paris–Atar und Marseille–Atar. Die etwa 25 Touristen, die in den sehr kleinen Maschinen sitzen, werden voller Sehnsucht erwartet. Die Hoffnung der gesamten Adrar-Region, dem Herzstück Mauretaniens mit seinen Hochplateaus und Oasen, hängt an diesen paar Abenteuerlustigen, die sich nicht von der seit Jahren angespannten Sicherheitslage abschrecken lassen.

Als im Jahr 2007 nämlich vier französische Touristen durch die Terrororganisation Al Kaida getötet wurden, brach durch das Ausbleiben weiterer Urlauber die Versorgungsgrundlage einer ganzen Region zusammen. Nun – fast zwölf Jahre später – gibt es einen zaghaften Aufwärtstrend zu verzeichnen. Jeder im Adrar hofft und betet nun also, dass im nächsten Flugzeug doch jemand für ihn dabei sein wird, der bucht, kauft, gibt, mietet, tauscht und handelt. Wenigstens ein kleiner Teil vom Kuchen, ein noch so winziger, muss abfallen. Und so sitzen, liegen und lagern sie vor ihren leeren Hotels und Campingplätzen, Schmuckständen und Stoffläden. Dabei sehen sie in den Himmel und wiederholen, wie ein Mantra, immer wieder diesen einen Satz: »Ein Flugzeug wird kommen! Ein Flugzeug wird kommen! Ein Flugzeug wird kommen!

Das Minarett der Freitagsmoschee in Chinguetti ist ein wichtiges Nationalsymbol Mauretaniens.

Chinguetti klingt wie Spaghetti

Stolz zeigt uns der Bibliotheksbesitzer Saif al Islam seine Schätze.

Ehrfürchtig blicken wir auf den steilen Ebroupass, der über malerische Tafelberge auf das Adrar-Plateau hinaufführt. Sogar die Teilnehmer der Rallye Paris–Dakar kurvten einst diese halsbrecherische Abfahrt hinab. Dieses Event fand übrigens ebenfalls zum letzten Mal 2007 in Afrika statt. Wegen Anschlagsdrohungen wurde es nach Südamerika verlegt und heißt mittlerweile nur noch Rallye Dakar.

Der gefürchtete Pass ist zum Glück weit weniger dramatisch als erwartet. Steil ist er schon, aber die Herausforderung für unsere Frau Scherer besteht hauptsächlich darin, im Berggang den Motor nicht zu überhitzen. Kleine, ebene Absätze in der Steigung, die eigentlich dazu gedacht sind, Regenwasser über Rinnen gezielt abzuleiten, bieten unserer alten Dame immer wieder willkommene Stellen, um sich auszuruhen, das heißt, auf Betriebstemperatur abzukühlen. Immerhin vier Male müssen wir ihr eine solche Pause gönnen. Bei über 40 Grad Celsius kommen wir schließlich alle ins Schwitzen. Und Frau Scherer muss in diesem Fall die ganze Arbeit leisten.

Unser eigentliches Ziel heißt Chinguetti. Der Ort, dessen Name an ein italienisches Nudelgericht erinnert, ist seit 1996 Weltkulturerbestätte.

Einst bedeutendes Handelszentrum für durchziehende Karawanen, reisen die Menschen heute vor allem wegen der berühmten, spätmittelalterlichen Textsammlungen an. Hier gibt es viele Schriftstücke mit religiösem Bezug, daher wird Chinguetti auch oft die »siebtheiligste Stadt des Islams« genannt. Diesen Rang mag dem Ort wohl niemand absprechen, streiten sich die meisten wohl eher um die ersten drei Plätze.

Die sogenannten Bibliotheken befinden sich in der Altstadt. Alle sind in Privatbesitz, aber gegen eine kleine Gebühr können sie dennoch besichtigt werden. Zusammen mit unserem Guide Bi landen wir bei Saif al Islam. Stolz erklärt uns der pensionierte Grundschullehrer in bestem Französisch sein Familienerbe. Er zeigt uns ein Werk über Astronomie, eines über die Poesie, in dem sich zwei Dichter unterhalten – »ganz wie in einem Chat« – und einen winzigen Koran, gerade mal so groß wie eine Visitenkarte. Vorsichtig öffnet er die Schriftstücke mit seiner grün behandschuhten Hand, deutet auf fein getuschte Zeichnungen, Miniaturen, Tabellen und lange Zahlenkolonnen. Wir nicken und blicken ehrfürchtig auf die wertvollen Schriftstücke, die eines Tages wohl unter Sand begraben liegen werden, so wie alles in Mauretanien.

»Le sable, il mange tout!« – »Der Sand frisst alles auf!«, liest Monsieur al Islam unsere Gedanken.

Die Geschäfte laufen nur schleppend in Atar. Es fehlen die Touristen.

In Formel-1-Geschwindigkeit wechseln wir den schweren Reifen bei der Panne am Guelb Aouelloul.

Pünktlich zum Sonnenuntergang schaffen wir es, am Kraterrand zu stehen. Das geblümte Kleid ist marokkanischer Chic, in Mauretanien ist es allerdings fast schon gewagt.

Reifenpanne am Krater

Heppo hat Lust auf ein weiteres Offroad-Abenteuer. Der Guelb Aouelloul hat es ihm angetan, ein Meteoritenkrater, der vor etwa drei Millionen Jahren entstanden ist. Wir fahren eine Kombination aus verschiedenen Tracks der deutschen Profireisenden Sabine und Burkhard alias Lila Pistenkuh. Die Strecke ist dieses Mal gar nicht so einfach zu bewältigen; die Weichsandfelder haben es nämlich in sich. Einige Hügel sind so hoch, dass wir nur mit größter Not rauf- und wieder runterkommen. Gut, dass wir nun schon etwas Erfahrung haben. Schlimm sind allerdings die scharfkantigen Steine und Felsstufen, die unseren Reifen arg zusetzen.

Kein Wunder also, dass wir kurz vor unserem Ziel eine Reifenpanne haben. Die Luft ist raus. Das bringt uns jedoch nicht aus der Ruhe. Bei der Formel-1 könnten wir uns direkt als Monteure bewerben. Der Wechsel des schweren Teils geht uns nämlich erstaunlich schnell von der Hand.

Mit den letzten Sonnenstrahlen schaffen wir es, am Kraterrand zu stehen und über den Kessel von fast 400 m Durchmesser zu blicken. Rosa, blau und gelb verglüht der Tag ins Nachtblaue und Schwarze, während sich die Fledermäuse, aufgeregt hin und her flatternd, über unseren Köpfen auf Nahrungssuche begeben. Als wir den Rückweg antreten, ist es bereits dunkel. Tausende Insekten – darunter richtig große Brummer und lästige Heuschrecken – springen uns mitten ins Gesicht, angelockt vom Schein unserer Stirnlampen. Das ist unangenehm, und so flüchten wir uns schnell in unseren Lkw. Schade, denn der Sternenhimmel glitzert gerade so wunderbar, und die Milchstraße schlägt eine Brücke bis zur Erde. In dieser Nacht kühlt es ab. Die etwa 700 Höhenmeter machen sich positiv bemerkbar. Oh, wie wir diesen Moment genießen! Bewusst liegen wir fröstelnd im Bett, ohne uns zuzudecken, um uns erst nach einer Weile eine leichte Decke über unsere Körper zu ziehen. Nie hätte ich es für möglich gehalten, dass ich einmal mit Freude frieren würde!

Die Sufis von Maden

Fällt der Blick von der Bergkuppe herab auf das Dorf Maden, so sieht man eine Art Schichtkuchen. Im Vordergrund liegen schwarze und graue Felsblöcke. Unten im Tal kuscheln sich weiß die kleinen, verschachtelten Häuser aneinander, nur ab und zu überragt von dem Minarett einer Moschee. Dahinter erstreckt sich das grüne, fruchtbare Band der Oase. Im Hintergrund verwandeln sich die gelben Dünen der Sahara zu immer größer und größer werdenden Haufen, Hügeln und schließlich zu recht ansehnlichen Sandbergen. Dann erst kommt der Himmel, der je nach Tageszeit mal blau oder grau über allem schwebt.

Ähnlich beeindruckt wie wir muss einst der Dorfgründer gewesen sein, ein Marabut, der im Jahr 1970 die Vision hatte, an dieser Stelle ein Dorf zu gründen. Der Anhänger einer Sufi-Gemeinschaft war ein weiser und wahrscheinlich ausgesprochen charismatischer Mann. Denn schnell fanden sich weitere Bewohner ein, die mit ihm zusammenleben und gemeinsam etwas

Blick von oben auf eine gelebte Utopie: Das Ökodorf Maden.

Blick von oben auf eine gelebte Utopie: Das Ökodorf Maden.

Neues schaffen wollten: Humanitäre Werte sollten groß geschrieben werden, die Hautfarbe keine Rolle spielen, auch Standesunterschiede nicht mehr wichtig sein. Sogar die Frauen sollten als gleichwertige Mitglieder der Gemeinschaft akzeptiert werden. Das alles erklärt mir der Imam, Sohn des 2003 verstorbenen Marabouts, nachdem er mir die Hand zum Gruß gereicht hatte – eine außergewöhnliche Geste in diesem streng islamischen und patriarchalisch geprägten Land.

Was sich für uns wenig spektakulär anhört, ist in Mauretanien eine Besonderheit. Zumindest nach unserem Verständnis liegt hier noch vieles im Argen: Frauen werden gemästet und zwangsverheiratet, Menschen anderer Religionen verachtet, und die Sklaverei, bereits 2003 unter Strafe gestellt, existiert in der Realität leider noch immer.

Die *taz*[4] schreibt dazu: »Menschenrechtler schätzen die Zahl der Menschen in Leibeigen-

[4] *Quelle: www.taz.de/Menschenhandel/!5196812/*

Einfach, aber gemütlich wirkt der Schlafsaal des Gästehauses in Maden.

schaft in dem Land auf rund 100.000 – bei einer Bevölkerung von gut 3 Millionen Menschen.«

Reiche und hellhäutige Mauretanier, die sogenannten Mauren, halten sich vielfach dunkelhäutige Hausangestellte mit wenig Rechten, die sogenannten Haratin.

Der ruhig und besonnen wirkende Imam erzählt weiter: »Mein Vater verbot der Dorfgemeinschaft, zu betteln und neidisch auf den Besitz der anderen zu blicken. Stattdessen gab er jeder Familie ein Stück Land und erließ das Gebot, dass die Bewohner nur von den Früchten ihrer Arbeit leben sollen.«

Erst jetzt fällt mir auf: Obwohl uns eine große Schar Kinder umringt, ist dies das erste Dorf in Mauretanien, wo uns keine Rufe nach Geschenken, Bonbons, Bällen oder Kugelschreibern entgegenschallen.

Auch Pierre Rabhi, ein französischer Schriftsteller algerischer Abstammung, wurde vor ein

Zur Gastfreundschaft in Mauretanien gehören immer mindestens drei Tassen Tee.

paar Jahren auf das Dorf aufmerksam. Er gilt als Vordenker und Pionier der ökologischen Landwirtschaft.

Seit den 1980er-Jahren verbreitet der Visionär in Form diverser Stiftungen seine Gedanken zu einem respektvollen Umgang mit Mensch und Natur in Europa und Afrika.

Stolz zeigen uns die zwei Dorfbewohner Lemi und Jibrel die neuen landwirtschaftlichen Maschinen, Geschenke der Stiftung. Ein Vertikutierer ist dabei, ein Steinschneider, aber auch eine Tiefkühltruhe und diverse Spaten, Rechen und Hacken. Allerdings hat man den Eindruck, als seien nur die Henna-Mühle und der Traktor in regelmäßigem Gebrauch, der Rest setzt in einem Abstellraum Staub an.

»Arbeitshandschuhe könnten wir brauchen!«, bitten ein paar Damen von der Frauenkooperative dann doch schüchtern, als wir ihr mit zarten Keimlingen bestücktes Beet bewundern.

»In Maden werden nämlich die Karotten für ganz Nuakschott produziert!«, erklärt uns Lemi und kann kaum verbergen, wie stolz er über diese Tatsache ist.

Sogar ein Gästehaus gibt es im Zentrum des Dorfes. Es ist ein Ort für alle, die länger bleiben und mithelfen möchten. Direkt vor dem Eingang werden wir mit unserem Wohnmobil platziert, sollen uns ausruhen und auf das Essen warten, das uns demnächst serviert werden wird. Entspannt blicken wir in die immer dunkler werdende Nacht.

Der Imam entschuldigt sich. Er muss zum Gebet. Doch auch das läuft hier viel unkonventioneller ab als anderswo. Nur wenige Meter von uns entfernt gesellt er sich zu einer Gruppe Erwachsener, die sich, bunt gemischt, Frauen und Männer, im Kreis auf dem Boden niedergelassen haben. Es wird gemurmelt, rezitiert und gesungen. Beruhigend klingt das und auch ein wenig hypnotisch. Süßer Tee materialisiert sich vor uns, kurz darauf sogar ein vegetarisches Nudelgericht. Über Geld wird nicht gesprochen, aber dennoch ist klar, dass wir dieser sympathischen Gemeinschaft vor unserer Abreise eine kleine Unterstützung dalassen werden.

Später werden wir es sehr schade finden, dass wir nur eine Nacht in Maden geblieben sind. Es wäre reizvoll gewesen, noch mehr über das Dorf und seine entspannten Bewohner zu erfahren. Doch Heppo fürchtet sich vor der schrecklichen, steilen und stufigen Auffahrt, dem einzigen Weg zurück zur Hauptstraße. Ich hatte nämlich eingangs vergessen, zu erwähnen, dass die Strecke hinunter ins Dorf ein wahrer Graus ist! Über große, schräge Steinplatten und Stufen rumpelte Frau Scherer ins Tal. Ganz blass waren wir um die Nase, als wir ausstiegen. Wir konnen uns, ehrlich gesagt, kaum vorstellen, wie es der Karotten-Laster hin und her schafft, der zur Erntezeit wöchentlich die Hauptstadt mit Vitaminen versorgen soll.

»Was?«, kommentiert Lemi ungläubig Heppos Sorgen. »Die Straße ist doch in einem ganz ausgezeichneten Zustand!«

Nichts ist neu in Nuakschott

Wirklich perfekt geteert ist hingegen die Straße in Richtung Osten, die uns in die Hauptstadt Nuakschott bringen wird.

Mehrmals wechselt die uns umgebende Wüstenlandschaft auf dieser Fahrt ihre Farbe: Rotbraun und Beige ist sie im Adrar, dann – innerhalb von nur 100 Kilometern – schafft sie einen Übergang zu sanftem Grün. Dort, wo offenbar ein Quäntchen Regen fiel, ist der Sand nun von feinen Stängeln und Halmen durchzogen. Und plötzlich gibt es eine richtige Grasdecke. Kuh-, Ziegen- und Schafherden freuen sich über das reichhaltige Nahrungsangebot. Nur 150 Kilometer weiter sehen wir wieder das absolute Gegenteil. Unwirtlich ist es nun da draußen. Keinen Fuß wollen wir hier vor die Tür setzen. Die vorherrschende Farbe nenne ich »Knochenbleich«. Vor Nuakschott leuchtet der Sand dann plötzlich wieder in Goldgelb. Die Todesplanetenstimmung weicht, und das Gemüt stimmt sich auf positivere Gefühle ein.

Moment! Soll dies ein Witz sein? Sieht so etwa die Hauptstadt Mauretaniens aus? Hinter dem Ortsschild stemmen sich nur ein paar Zelte und wackelige Hütten tapfer gegen den Wind. Zum Zentrum hin gewinnt Nuakschott jedoch an Größe, Dichte und Präsenz. Nun kann man das Stadt nennen. Schön ist sie nicht, aber alles ist da: Botschaften, Banken und sogar Supermärkte!

Die Landschaft wechselt mehrmals die Farbe, von Rot über Grün und Gelb zu Knochenbleich!

So trostlos sieht tatsächlich der Ortseingang der Hauptstadt Nuakschott aus.

Und trotzdem, die Endzeitstimmung, die wir im ganzen Land feststellen konnten, hat auch die Kapitale fest im Griff. Nichts ist neu, nichts glänzt, alles sieht gebraucht und verbraucht aus. Die Straßen, die Geschäfte und sogar die Menschen befinden sich in einem ewigen Zustand der Improvisation.

Sieht so die Welt nach dem Atomkrieg aus? Szenario: Der Super-Gau liegt bereits ein paar Jahre zurück. Die Menschheit hat sich arrangiert. Man nutzt, was da ist und solange es eben noch geht. Schrottautos klappern vor uns durch die Straßen und blasen schwarzen und weißen Qualm in die Luft. Es fährt, was eigentlich nicht mehr fahren kann/darf/muss. Was abfällt, fällt eben ab: Keine Autotüren mehr? Wer braucht schon Autotüren? Motorhaube fort? Es geht auch ohne! Blinker weg? Dann ist er eben weg! Und so weiter und so fort …

Ich denke an die deutsche Abwrackprämie. All die Fahrzeuge, die damals entsorgt und verschrottet wurden, würden hier noch locker weitere zehn oder 20 Jahre lang gute Dienste tun. Mittlerweile haben wir uns aber schon an den Anblick gewöhnt; wir sind weniger schockiert als fasziniert. Das Kaputte hat auch Charme, und es ist verdammt fotogen!

Wir, die einzigen Weißen

Nuakschott befindet sich am Meer. Doch das Mondäne, Schöne und Leichte, das Flair, das viele Küstenstädte auszeichnet, fehlt völlig in dieser Stadt. Der Atlantik liegt hinter einer großen Düne verborgen. Nicht einmal eine kleine Promenade zum Flanieren gibt es, nichts dergleichen.

Einzig die *Auberge Terjit Vacances* verfügt über ein kleines Stückchen Sandstrand, das zur Erholung dient. An den Wochenenden drängen sich deshalb mauretanische Familien und Jugendliche an diesem Ort auf nur wenigen Quadratmetern zusammen. Dann wird sittenkon-

In Mauretanien fährt, was anderswo nicht mehr fahren darf.

form in voller Montur gebadet, gepicknickt, gebetet und zum Zeitvertreib mit dem Luftgewehr auf Getränkedosen geschossen.

Und mitten in diesem wilden Trubel sind auch wir zu finden, haben wir doch mit Frau Scherer an der *Auberge* einen günstigen und recht schönen Stellplatz gefunden. Fast schlagartig wird uns nun bewusst, dass wir ab sofort für lange Zeit die einzigen Weißen sein werden. Entsprechend viel Aufmerksamkeit konzentriert sich plötzlich auf uns. Sofort werden wir umringt von zahlreichen Gruppen: Kindern, jungen Leuten und Familien. Ein jeder möchte ein Foto mit uns machen, und nach einigem Zögern kommt es zur Sprache, eigentlich noch viel lieber mit unserem Hund. Die Shootings sind anfangs lustig, zunehmend aber anstrengend. Die kulturellen Unterschiede sind groß.

»Nein, wir werden unseren Hund weder verschenken noch verkaufen!«, erklären wir gefühlt zum hundertsten Mal. Damit stoßen wir auf Unverständnis, was wir wiederum nicht verstehen können. Leicht genervt und überfordert versuchen wir uns nun aus dem Getümmel zu lösen, um kurz durchzuatmen und über den Strand zu schlendern, wie jeder andere auch. Wie schön wäre es, nicht aufzufallen!

Doch nicht nur wir sind exotisch für unser Umfeld, auch für uns ist alles neu und spannend. Es gibt ja so viel zu sehen und zu entdecken. So wird unsere Aufmerksamkeit bald von einem Wurfspiel und von der nächsten Menschenansammlung angezogen. Kekspackungen, Cola-Dosen und kleinere und größere Geldbeträge liegen im Sand. Wer will und ein paar Ouguiyas über hat, darf mit einem verrosteten Metallring auf die Dinge zielen. Wer es schafft, diesen um die Objekte zu werfen, darf sie als Gewinn mit nach Hause nehmen. Wir sind abgelenkt – und somit leichte Beute für den Dieb, der es auf unsere kleine Kamera abgesehen hat. Nur lose habe ich mir diese unter den Arm geklemmt. Ich fühle einen schnellen Ruck, drehe mich um, bin aber zu langsam und sehe nur noch zwei kleine Jungen auseinanderstieben und in der Menge verschwinden. Unmöglich zu sagen wie sie ausgesehen haben. Immerhin reagiere ich gut: Statt den Skandal zu scheuen, stimme ich sogleich ein lautes Gezeter an, in das auch Heppo sofort mit einstimmt: »Voleur! Dieb! Jemand hat unsere Kamera geklaut!«

Noch mehr Aufmerksamkeit konzentriert sich nun auf uns.

Ein kleiner Junge wird mir vorgeführt. »Erkennen Sie den Dieb wieder?«, werden wir gefragt. »Nein, keine Chance! Wir möchten auch niemanden zu Unrecht beschuldigen! Lasst ihn laufen!«

Ein anderer Junge mit Rotznase reicht mir auf einmal die Kameratasche. »Gerade gefunden!«, sagt er und grinst dabei frech.

Erst freue ich mich, dann bin ich enttäuscht, als ich merke, dass die Hülle leer ist. Mit unverhohlener Neugier nehmen die Umstehenden an unserem Ärger und Frust teil. Die Menge fühlt mit uns, ein frustriertes Brummen und Seufzen macht sich breit! Einer erwähnt die Polizei. Das Zauberwort scheint zu wirken. Plötzlich liegt die kleine Kamera vor mir im nassen Sand. Wer hat sie fallen lassen? Keiner weiß es. Niemand hat etwas gesehen. Aber der Bengel steht schon wieder vor uns. Mit schiefem Grinsen fragt er nach einem Finderlohn …

Am Strand von Nuakschott bekommen wir mehr Aufmerksamkeit als uns lieb ist.

Die Abendstunde wird von den Fischern genutzt, um mit ihren Booten auszulaufen. Gefischt wird nachts. Eine gefährliche Arbeit!

Der Botschafter

Zusammen mit einer deutschen Delegation eines Geflügelzüchterverbandes aus Hamburg sitze ich in dem gemütlich altmodisch eingerichteten Büro von Monsieur Tidiane Diagana in Nuakschott. Er ist Botschafter der Elfenbeinküste. Ein kreatives Chaos aus Büchern, Fotos, gerahmten Bildern, Bleistiftskizzen und Tuschezeichnungen hat in diesem Raum die Herrschaft über Schreibtisch, Stühle und das Sofa übernommen.

»Ich bin Hannoveraner!«, sagt Diagana und sonnt sich im Zentrum unserer Bewunderung und Aufmerksamkeit. Sein Deutsch klingt nur wenig eingerostet.

»Ah!« und »Oh!« machen wir Anwesende brav im Chor, wenn dieser auf seltsame Weise zugleich rüstig und tattrig wirkende Herr – ich schätze ihn auf etwa 80 Jahre – wieder ein weiteres Schwarz-Weiß-Foto aus seinem offenbar sehr erfolgreichen Leben herumgehen lässt. Wir sehen ihn als jungen Mann beim Hürdenlauf, etwas später erleben wir ihn als einzigen schwarzen Spieler bei einem hannoverischen Fußballverein, und in der Blüte seiner Jahre zeigen ihn die Bilder als berühmten Architekten. Auf vielen dieser Abzüge ist er zusammen mit ehemaligen mauretanischen Präsidenten abgelichtet. Für die Regierung entwickelte er zahlreiche Konzepte, um das Vordringen der Wüste in die Hauptstadt zu stoppen. Baumpflanzungen sollten unter anderem eine natürliche Barriere gegen den Sand bilden. Aber es ist nicht nur die Sahara, die Nuakschott bedroht, sondern auch der Atlantik.

Die Kapitale liegt nämlich unter dem Meeresspiegel. Immer wieder wurden ganze Stadtteile vom Ozean verschluckt. Doch auch zu diesem Problem hatte Tidiane kluge Gedanken: Insbesondere warnte er davor, zu nahe an das Meer zu bauen. Viele seiner Ideen verschwanden jedoch in der Schublade, wurden nie in die Tat umgesetzt, denn die Stadt wuchs viel zu schnell. Ursprünglich war sie konzipiert für ein paar tausend Menschen, heute ist Nuakschott eine Millionenmetropole.

Fazit der deutschen Geflügelzüchter: Keine Hühnerrasse kommt mit den schwierigen Bedingungen der Wüste zurecht.

Trotz diverser Rückschläge scheint Monsieur sehr stolz auf sein Lebenswerk zu sein und genießt es heute besonders, ein interessiertes Publikum vor sich zu haben. Ich jedoch bin verwirrt …

Am Vormittag hatte ich ihn noch als Konsul der Elfenbeinküste kennengelernt. Dass er ein kultivierter Gentleman war, fiel mir natürlich auf und auch seine wunderschönen Zeichnungen, mit denen die Wände seines Büros dekoriert waren. Sie ließen bereits vermuten, dass ich es mit einem vielfach talentierten Mann zu tun habe. Dass er aber offenbar auch noch in Deutschland studiert hatte und dort ein erfolgreicher Sportler gewesen war und später ein wichtiger Architekt für die erst 1959 gegründete Hauptstadt Mauretaniens, das muss ich mir bei unserer zweiten Begegnung am Nachmittag erst einmal zusammenreimen. Nun unterhält er offensichtlich auch Kontakte zu deutschen Geflügelzüchtern?

Die anwesenden Hühnerexperten, alle im Rentenalter, haben vor, ihr Wissen gewinnbringend für Afrika einzusetzen. Sie suchen nach einer Geflügelrasse, die mit den schwierigen Bedingungen des Wüstenklimas zurechtkommt. Nach einigen Tagen im Land ist ihr Fazit allerdings ernüchternd: Solche Hühner gibt es nicht! Nun nutzen sie die verbleibenden Tage zum Sightseeing. Da Diagana ein Verwandter ihres Stadtführers ist, wurden sie zu dieser Audienz geladen. Monsieur wurde ihnen als berühmter Architekt vorgestellt. Als ich also nun in einer Gesprächspause mein Visumanliegen vorbringe, sind die Herrschaften ebenso verblüfft wie ich zuvor.

»Was? Monsieur ist auch noch Konsul der Elfenbeinküste? Welche Ehre!«, staunen die Hamburger ehrfürchtig.

»Ach ja, das Visum!«, meint der Botschafter, so als ob es ihm gerade erst wieder einfallen würde. Beiläufig zieht er unsere Reisepässe aus der Schublade und blättert in diesen. Er genießt die Aufmerksamkeit und die Verblüffung der Geflügelzüchter.

»Ein bisschen wie Angela Merkel!«, meint er nun mit Blick auf mein Passfoto von 2013, das mich mit einem runden Topfdeckelhaarschnitt zeigt, tatsächlich nicht unähnlich dem der deutschen Kanzlerin.

»Sie und ihr Mann sehen sich außerdem ähnlich!«, lacht er und zeigt nun unsere Papiere herum. Die Scherze auf unsere Kosten finde ich gemein und außerdem komplett aus der Luft gegriffen. Die Besucher denken wohl wie ich; es ist ihnen offensichtlich peinlich. Verlegen hüsteln sie. Ganz Zauberkünstler zieht der Botschafter nun eine Münze hervor und legt sie auf seinem Handrücken ab.

»Soll ich sie werfen?«, fragt er. »Bekommt sie das Visum? Ja oder nein?«, dabei grinst er schelmisch. Doch mit der anderen Hand kramt er bereits nach dem Stempel. Eine Hamburgerin möchte fotografieren.

»Lass das!«, zischt ihr Mann sie an. »Das ist eine Amtshandlung!«

Schnell zieht sie ihre Hand aus ihrer Tasche zurück und blickt schuldbewusst.

Alle Augen ruhen nun auf unseren aufgeschlagenen Pässen. Aufreizend langsam drückt Monsieur Diagana den Stempel ins Kissen, lässt diesen sekundenlang über dem Büchlein schweben, um endlich den ersehnten Eintrag in unsere Reisedokumente zu machen.

Erdburzeldorn und Saharakrokodile

Die Hamburger Nadine und Adrian hatten wir in Marokko am Strand kennengelernt und mit ihnen gemeinsam ein paar schöne Tage verbracht. Damals vereinbarten wir lose, uns im Osten von Mauretanien wieder zu treffen, um zusammen einen kurzen Pistenabschnitt zu fahren, der uns zu einer kleinen, fast ausgestorbenen Population von Saharakrokodilen führen würde. Nachdem wir die beiden zufällig auf der Strecke zwischen Adrar und Nuakschott wiedergetroffen hatten und Adrian großzügig seine vegane Schokomilch mit uns teilte, wurden unsere Pläne konkreter. Wir vereinbarten einen Treffpunkt im Süden des Landes, den wir nun, nach unseren Erledigungen in der Hauptstadt, zügig ansteuern.

Wieder einmal verändert sich die Vegetation deutlich. Mittlerweile entdecken wir sogar wieder Bäume, meistens Palmen. Sahelzone nennt sich dieser Übergang von der Wüste Sahara im Norden zur Feuchtsavanne im Süden. Wir freuen uns über die lang vermisste und wunderschöne Farbe Grün.

Der Erd-Burzeldorn kommt, wie der »Krähenfuß«, immer mit der Spitze nach oben zum Liegen. Er sticht durch unsere Flip-Flops und quält unseren Hund.

Doch die Natur hat in dieser langsam wieder freundlicher werdenden Gegend, immer noch ein paar richtig fiese Tricks auf Lager. Kaum halten wir an und setzen einen Schritt vor die Tür, heften sich stachelige und langdornige Kletten an unsere Flip-Flops und an Sidis Pfoten. Bald haben wir die Dinger überall. Unser Hund traut sich kaum mehr hinaus. Cram-Cram nennt man hier das Gras, das botanisch Cenchrus biflorus heißt. Die Samen dieser gemeinen Pflanze tragen winzige spitze Widerhaken, die auf besonders schmerzhafte Art und Weise in die Haut eindringen. Eine andere, die sich eine Methode des Guerilla-Straßenkampfs zu Eigen gemacht hat, nenne ich, weil ich es nicht besser weiß, Modell »Krähenfuß«. Alle drei Seiten sind mit Spitzen besetzt, sodass der Same immer mit einem Stachel nach oben zum Liegen kommt. Später erfahre ich, dass sie im Deutschen niedlich verharmlosend Erdburzeldorn genannt wird, botanisch Tribulus terrestris. Dürften wir diesen Dingern einen Namen geben, würde er sicherlich deutlich unfeiner ausfallen, denn Sidi kommt jetzt nur noch humpelnd voran. Spazieren gehen ist für ihn zur Tortur geworden. Wir finden das gar nicht lustig!

Schon mehr amüsieren wir uns da über die Namen der Städte und Dörfer, die wir durchfahren: Achweibir heißt da eine Siedlung, und wir fragen uns, was die Frauen hier wohl an-

Die Namen der Orte im Süden Mauretaniens sind so lustig, dass wir ein bisschen albern werden …

gestellt haben könnten? »Aleg« erinnert uns hingegen an den bayrischen Ausdruck der Überraschung »Oh leck!«. Eine andere wird Endewfekt genannt. Die Krönung ist schließlich das Ortsschild von Kiffa, wo wir uns – zugegeben etwas kindisch – ein gestelltes Kifferbild nicht verkneifen können.

In diesem Ort treffen wir auf unsere Hamburger Bekannten. Im Konvoi geht es weiter. Etwa 30 Kilometer später biegen wir auf die Piste ein, die uns ein kurzes Stück durch ein Dorf hindurchführt. Der Mercedes-Benz 508 von Nadine und Adrian behauptet sich nach Ablassen des Reifendrucks erstaunlich gut im Sand und bewältigt auch längere, weiche Passagen relativ mühelos. Wir gelangen an ein ausgetrocknetes Flussbett, das hierzulande Oued genannt wird. Hier beschließen wir unser Lager aufzuschlagen. Viel weiter könnten wir sowieso nicht fahren. Ein felsiges Plateau, das über dem ausgetrockneten Flussbett thront, stellt eine natürliche Barriere dar.

Am nächsten Morgen werden wir von einem wunderbaren Sing- und Pfeifkonzert geweckt. Gerade am Morgen ist einiges los in den Palmkronen und Baumwipfeln. Bunte Vögel schnarren, krächzen und pfeifen ganz unerhört. Manche schreien wie kleine Affen, andere keckern oder geben metallische, sehr regelmäßige Töne von sich. Wir sind fasziniert.

Die Hamburger brechen gemeinsam mit Heppo zu den Krokodilen auf, während ich mit Sidi zurück im Lager bleibe. Bei dieser Affenhitze wollen wir unseren Hund nicht im Auto einsperren. Mitnehmen ist leider keine Option, denn seine Reaktion auf die Reptilien möchten wir lieber nicht erleben – und auch nicht deren eventuelle Retourkutsche.

Ein paar Stunden später, zum Sonnenuntergang, kommen die drei sehr glücklich zurück. Etwa zwölf Krokodile waren in dem Tümpel am Ende der Schlucht auszumachen. Ein erhöhter Felsen diente den Ausflüglern als halbwegs sicherer Beobachtungsplatz. Bis auf etwa 15 Meter konnten sie sich den Tieren sogar nähern. Weil Einheimische die Reste eines Schafes ans Ufer legten, kamen diese sogar zum Fressen aus dem Wasser.

Womit keiner gerechnet hatte: Kurz vor Sonnenuntergang bevölkern sich die umliegenden Felsen mit mehreren hundert Pavianen, die zu den Menschen allerdings einigen Abstand halten.

Als wir uns nachts beim Licht unserer Taschenlampen zusammensetzen, gibt es noch eine weitere Tierbeobachtung, auf die wir aber wohl alle ganz gern verzichtet hätten. Wie mit einem siebten Sinn ausgestattet, leuchtet Heppo statt auf seinen Teller plötzlich unter den Tisch. Wir entdecken einen riesigen Skorpion, der mit aufgestelltem Stachel zwischen unseren nackten Füßen hindurch wandert. Heppo, der als einziger von uns feste Schuhe anhat, fühlt sich bestätigt. Wir tun es ihm augenblicklich gleich, Wanderstiefel und Turnschuhe werden ausgepackt. Der weitere Abend am Lagerfeuer vergeht nicht, ohne dass abwechselnd einer von uns immer wieder mal im Lichtschein nervös den Boden nach gefährlichen Tieren absucht. Natürlich möchte auch ich die Exkursion nachholen. Heppo und ich stellen uns den Wecker, und gemeinsam beobachten wir bei Sonnenaufgang die Affen, die von den Wasserlöchern zurückkehren.

Als ich etwas später mit Nadine und Adrian zu den Krokodilen gehe – dieses Mal bleibt Heppo mit Sidi zurück – habe ich leider nicht ganz so viel Glück wie die anderen am Tag zu-

vor. Die Krokodile dümpeln etwas träge in ihrem Teich, nur ab und zu ist ein Auge oder ein Nasenloch zu sehen. Nur einmal hebt eines von ihnen seinen Kopf über das Wasser und lässt ein beeindruckendes Brüllen und Schnauben hören.

Dafür können wir einen lebensmüden Klippschliefer beobachten, der sich gefährlich nah am Ufer bewegt. Die Tiere mit dem eigentümlichen Namen sehen aus wie kaninchengroße Hamster; unglaublicher Weise sind sie aber mit dem Elefanten verwandt. Diese Tatsache erklärt wahrscheinlich auch die maßlose Selbstüberschätzung der Kleinen, sodass sie auch in Schnappweite eines Krokodilmauls seelenruhig ihrem Tagesgeschäft nachgehen.

»Alter, ich bin mit dem Elefanten verwandt!«, scheinen sie zu sagen und fühlen sich damit weit stärker, als sie eigentlich sind. Ob sich die Reptilien aber von dieser großspurigen Haltung beeindrucken lassen? Ich wage es zu bezweifeln. Der niedliche Klippschliefer kommt an diesem Tag zum Glück übrigens ungeschoren davon.

Die seltenen Saharakrokodile aus nächster Nähe beobachten zu können, ist wirklich etwas Besonderes. Die Tiere wirken zum Glück ziemlich entspannt.

Esel sind zwar ein vergleichsweise gewöhnlicher Anblick in Mauretanien, aber als Trio machen die Tiere trotzdem Eindruck.

Mali

Fatoumata Diawara **– Kanou**

Fatoumata Diawara *wurde zwar in der Elfenbeinküste geboren, verbrachte aber den größten Teil ihres Lebens in Mali und Paris. Im Musik- und Showgeschäft ist sie schon lange keine Unbekannte mehr. Sie spielte an der Seite bekannter Künstler wie* Oumou Sangaré *oder* Herbie Hancock *und kann mittlerweile auf ein beachtliches eigenes Werk zurückblicken.*

Mali, der erste Eindruck

Nun also Mali, das Land, vor dem uns alle warnten. Mali, das Land, in dem Krieg herrscht. Mali, das Land, in dem die Franzosen unter François Hollande vor ein paar Jahren interveniert haben. Mali, das Land, in dem die Dschihadisten den Norden kontrollieren. Mali, das Land, in dem das Chaos herrscht …

Das ist die eine Seite der Medaille, und von der gibt es bekanntlich zwei. Denn Mali ist auch das Land, aus dem wunderschöne Musik kommt, wo vielleicht sogar der Ursprung der Musik selbst liegt. Und es ist das Land, wegen dem ich überhaupt nach Afrika wollte.

Irgendwie spukte mir Mali schon länger durch den Kopf, gefühlt eine halbe Ewigkeit. Den Anfang nahm mein Interesse aber wohl vor einigen Jahren, als Heppo und ich einen malischen Austauschschüler zu Gast hatten, der unser beschauliches Leben ziemlich gründlich auf den Kopf stellte. Ibrahim war wirklich ein Original. Eigentlich sollte er in einer Sprachschule Deutsch lernen, aber stattdessen verbrachte er mehr Zeit in Bars und Clubs als im Klassenzimmer. Er bezirzte und provozierte uns gleichermaßen mit seiner Leichtfertigkeit, die bei näherer Betrachtung auch einfach nur Lebensfreude sein konnte. Er war unglaublich charmant und kontaktfreudig. Innerhalb von nur zehn Tagen kannte er mehr Menschen in Regensburg als wir nach zehn Jahren – definitiv etwas, was uns schon ein wenig verstimmte. Er kochte oben ohne Zitronenhühnchen für uns und trommelte mit uns auf dem Balkon unserer Wohnung, bis die Nachbarn protestierten. Lose hielten wir nach seinem Aufenthalt bei uns noch eine Weile Kontakt zu ihm, doch dann verlor sich dieser im Laufe der Zeit. Was blieb, war eine große Neugier auf sein Land und seine Leute, die das Leben offenbar mit einer größeren Leichtigkeit angehen als wir.

Noch ein Argument, warum wir durch Mali fahren wollen: Der schnellste Weg in den Süden führt durch dieses Land und durch den Nachbarstaat Burkina Faso. Burkina Faso allerdings haben wir bereits definitiv für uns ausgeschlossen. Zu aktuell sind dort die Nachrichten von Entführungen, Terror und gewaltsamen Todesfällen. In Mali hingegen scheint das Risiko halbwegs kalkulierbar zu sein. Der dicht besiedelte Süden gilt als relativ sicher, der dünn besiedelte und wenig entwickelte Norden ist dagegen mittlerweile eine No-Go-Area, selbst für die Einheimischen. Räuberbanden kontrollieren die Straßen, und Islamisten regieren die Städte mittels der Scharia. In Mali ist ein halbes Land auf der Flucht.

Die Menschen gehen entweder in den Süden, in die Hauptstadt Bamako oder sie fliehen gleich ganz aus dem Land. Darunter befinden sich viele Musiker, Schriftsteller, Künstler und Denker. Es ist ein fürchterlicher Exodus!

Die, die ausharren, haben sich arrangiert, haben Arbeit und Broterwerb gefunden, oftmals auch durch den Krieg. Zurück bleiben aber auch die Schwachen und die, die keine Wahl haben. Das sind die Frauen, deren Männer im Exil versuchen, ein bisschen Geld zu verdienen. Sie führen mit ihren Kindern ein prekäres Leben in Deckung und warten auf bessere Zeiten, die vielleicht so schnell nicht kommen werden.

Westafrika allgemein ist eine schwierige Reiseregion. Nichts für Anfänger! Nicht ungefährlich!

Der erste Eindruck von Mali ist gar nicht so schlecht, freundliche Grenzbeamte und blühende Seerosen.

Als wir nun auf die Grenze von Mali zufahren, ist uns mulmig zumute. Innerlich verfluche ich unsere Abenteuerlust und Naivität. Als wir bei der Ausreise aus Mauretanien auch noch ein Dokument unterzeichnen müssen, das uns darauf hinweist, dass wir »auf eigene Gefahr nach Mali einreisen« und wir Mauretanien jeglicher Verantwortung für uns entbinden würden, verdichtet sich meine Nervosität zu echter Besorgnis.

»Eine reine Formalität«, erklärt der Beamte, als er meine Angst registriert, »auf der anderen Seite ist alles ruhig. Kein Problem!«

Es ist kurz vor 12 Uhr mittags, als wir in Mali einchecken. Wir haben mittlerweile die Erfahrung gemacht, dass diese Zeit gar nicht so schlecht für einen Grenzübertritt ist, da für die Beamten meist schon das Essen auf dem Tisch steht. Weil keiner damit warten möchte, werden alle Formalitäten möglichst schnell abgehakt.

Mit hochgelegten Beinen lümmeln die Grenzer im Schatten auf Stühlen und Liegen unter Verschlägen aus Palmwedeln herum. Alle sind sehr nett und ausgesprochen freundlich zu uns. Weil ich mir vorgenommen habe, ab sofort mehr Fragen zu stellen, fange ich gleich mal damit an, mir etwas Bambara – neben Französisch die gemeinsame Landessprache – beibringen zu lassen.

Die Volksgruppe der Bambara scheinen es mit der Begrüßung sehr genau zu nehmen.

Ein strenges Zeremoniell muss dabei eingehalten werden: »Wie geht es dir?« »Wie geht es deiner Familie?« »Wie geht es diesem?« »Und wie geht es jenem?«

Auch wird ganz genau nach der Tageszeit unterschieden: »I ni sogoma« (»Du und der Morgen«) sagt man für »Guten Morgen«, »I ni tile« (»Du und die Sonne«) am Mittag, »I ni wula« (»Du und der Nachmittag«) heißt es etwas später, und nach Sonnenuntergang wünscht man sich »I ni su« (»Du und die Nacht«). Mit kleinen Vokabelzetteln ausgestattet kehre ich fröhlich zu Heppo zurück, der im Auto auf mich wartet.

»Überhaupt kein Stress! Die sind voll nett hier. Wir dürfen direkt weiterfahren.«

Den Schlagbaum, der uns noch von Mali trennt, muss ich aber schließlich selber öffnen. Irgendwie mag niemand aufstehen. Die Jungs winken uns lässig von ihren Liegen zu.

Ehrlich gesagt, der erste Eindruck von Mali ist so ziemlich das Gegenteil von dem, wie ich mir ein Land im Ausnahmezustand vorgestellt habe. Wir haben den Eindruck: Mali ist tiefenentspannt!

Auf dem Rücksitz des Motorrads lässt es sich gut in eine saftige Melone beißen.

Mali, der zweite Eindruck

Nachdem der erste Eindruck Mali nett und gemütlich hat wirken lassen, ist der zweite Eindruck leider ein völlig anderer.

Doch von Anfang an: Eigentlich finden wir das kleine Städtchen Nioro du Sahel unweit der Grenze recht sympathisch. Hier gibt es einen lebhaften Markt, wo bunte Stoffe, Glasperlen und Schönheitsprodukte angeboten werden, und es gibt hübsche, kleine Lädchen, an deren Hauswänden witzige Bildchen über den Berufsstand des Besitzers aufklären. Stilisiert gezeichnete Schafe und ein Grill davor verkünden, dass sich hinter der Fassade eine Fleischerei befindet. Köpfe mit Haartollen und angedeutete Rasierapparate weisen auf einen Frisör hin. Hinter dem Porträt eines Mannes mit Palästinensertuch und Sonnenbrille vermute ich einen Hinweis auf einen Herrenausstatter.

Solange wir noch zu Fuß unterwegs sind, ist alles kein Problem. Wir haben jedoch vor, mit Frau Scherer vor Einbruch der Dunkelheit das Hotel Guetama anzusteuern. Vom Wildcampen wollen wir in Mali angesichts der angespannten Sicherheitslage nämlich lieber Abstand nehmen. Bei unserer Suche verfahren wir uns jedoch mehrfach, nur um immer wieder im Marktgetümmel zu landen. Auch unser Navi kann nicht helfen, es scheint ebenso überfordert mit der verwirrenden Straßenführung durch die engen und lebhaften Gassen zu sein wie wir. Es sieht so aus, als ob der einzige Weg ans andere Ende der Stadt mitten durch die Buden, Grillstände, vorbei an Obstbergen und überladenen Eselskarren führen würde. Für unser wuchtiges Fahrzeug gibt es dort aber kaum ein Durchkommen. Ungewollt halten wir so den Verkehr und den gesamten Marktbetrieb auf und ziehen den Unmut aller Passanten auf uns. Als es schließlich dunkel wird, geraten wir ein wenig in Panik. Nachts zu fahren ist in Afrika – insbesondere in Mali – keine gute Idee.

Zu allem Übel hält uns nun auch noch ein Polizist auf. Helfen will uns der großgewachsene und breitschultrige Mann aber nicht.

Mit den fantasievollen westafrikanischen Ladenschildern ließen sich hierzulande ganze Galerien füllen.

Seine Art ist herrisch und sein Auftreten alles andere als höflich.

»Behinderung des Verkehrs und orientierungsloses Verhalten«, wirft er uns vor.

»Stimmt!«, pflichte ich ihm bei. »Wir kennen uns hier schließlich nicht aus und sind gerade erst eingereist! Bitte zeigen Sie uns doch den richtigen Weg!«

Doch der Typ macht gar keine Anstalten. Stattdessen steckt er nun sogar unseren Fahrzeugschein in seine Hemdtasche, dann dreht er sich demonstrativ von uns weg und macht ein paar Schaulustige zur Minna. Grob brüllt er die Umstehenden an. Mich und Heppo lässt er links liegen und scheint uns komplett vergessen zu haben. Dabei ist er sich sehr wohl bewusst, dass wir auf glühenden Kohlen sitzen und er am längeren Hebel ist.

Spätestens jetzt wird mir klar, dass wir gar nicht für ein tatsächliches Vergehen gerügt werden sollten, sondern nur deswegen gequält werden, weil der Typ schlicht und einfach ein Sadist ist. Er weidet sich an unserer Situation und Verzweiflung, genießt die Demütigung, die er uns zufügt, und er genießt es auch sichtlich, dass ich mich nun auf Schmeicheln, Bitten und Betteln verlege.

Auch Heppo schaltet sich ein, der mich bei Kontakt mit Behörden eigentlich immer machen lässt. Meistens funktioniert unsere Taktik auch sehr gut. Aber eben nur, wenn unser Gegenüber mit Vernunft und Logik und einer gewissen Menschlichkeit agiert. Hier liegt der Fall aber eindeutig anders. Heppo versucht es zuerst mit Wut, doch schnell wird uns klar, dass er damit alles nur noch schlimmer macht. Besser wir geben diesem Unberechenbaren keinen Grund, wirklich einen Groll gegen uns zu hegen. Unser Lkw versperrt währenddessen immer noch die belebte Marktstraße. Ein Punkt für uns, denn die Menschen um uns werden angesichts des sich immer größer werdenden Staus zusehends ungeduldiger. Ihr Unmut richtet sich jetzt nicht mehr nur gegen uns, sondern auch gegen den unfähigen Polizisten, der nicht zur Lösung der Situation beiträgt. Sicherlich hofft der Sadist darauf, dass wir ihm nun Euroscheine oder Dollars zustecken, um unser beschlagnahmtes Dokument auszulösen, aber da kennt er uns schlecht. Wir sitzen das aus! Dunkel ist es mittlerweile sowieso schon. Und die Menge ist nun richtig verärgert. Stimmen werden laut, die den Polizisten auffordern, uns endlich weiterfahren zu lassen. Doch dieser Typ bleibt sturer als stur.

Endlich naht Hilfe, und zwar in Form des Polizeichefs, der wohl eher zufälligerweise des Weges kommt. Der kleine, rundliche Mann mit freundlichem Gesicht ist in Zivil. Daran, wie der Sadist aber plötzlich duckmäuserisch Haltung annimmt und freundlich grüßt, merke ich, dass hier unsere Chance liegt.

»Monsieur!«, ergreife ich das Wort, um gleich darauf – wie im Kindergarten – zu petzen: »Unsere Dokumente werden uns vorenthalten. Wir werden an der Weiterfahrt ins Hotel gehindert!«

Der Chef legt sogleich ein gutes Wort für uns ein, wirbt beim Kollegen für Verständnis für uns: »So lass sie doch weiterfahren. Das sind Touristen, die kennen sich nicht aus. Die Straßenführung ist eben verwirrend. Helfen wir ihnen, dass sie den Weg ins Hotel finden. Es ist ja schon dunkel!«

Gute Rede! In wenigen Worten hat der Chef die Situation treffend zusammengefasst. Ich ergreife meine Chance, bevor es sich das Ekel anders überlegen kann, und zupfe noch während

»Vive le Roadtrip«. In Afrika liegt das Schöne und das Hässliche oft sehr nah beieinander.

der Ansprache seines Vorgesetzten vorsichtig den Fahrzeugschein aus seiner Brusttasche. Er protestiert nur schwach und versucht sich stattdessen an einem freundlichen Lächeln, das nun ziemlich schief in seinem Gesicht hängt. Diese Muskelgruppen scheint er wohl eher selten zu beanspruchen.

»So eine falsche Socke!«, denke ich mir.

Widerlich solche Typen, die sich an ihrer winzigen, mickrigen Macht aufgeilen. Gefährlich auch, sollte es wirklich einmal um etwas anderes gehen als nur um ein kleines Bestechungsgeld. Was passiert in einem Land, in dem Krieg herrscht, wenn die Sitten komplett verrohen und Gesetz und Ordnung offenbar nicht mehr gelten? An dieser Stelle mag ich – ehrlich gesagt – gar nicht weiterdenken …

Dass im komplett ausgestorbenen Hotel neben unserem Lkw ein Fernseher steht, auf dem die vorwiegend männliche Wirtsfamilie widerliche Splatter-Filme guckt, trägt nicht gerade dazu bei, mich aus dem Schockzustand zu befreien, in dem ich mich seit der Begegnung mit dem fiesen Polizisten befinde. Einen Würgereflex unterdrückend verabschiede ich mich und ziehe mich in unseren Lkw zurück. Heppo hatte bereits weit früher bei den ebenso fürchterlichen mexikanischen Telenovelas genug. Er schläft schon tief und fest. Der Tag war wirklich sehr anstrengend. Trotz der quälenden Hitze schließe ich Türen und Fenster sorgfältig ab. Was ist nur los mit dieser Welt? Mali hat sich gerade von seiner schrecklichen Seite gezeigt. Das nervöse Gefühl in meinem Magen kehrt zurück. Ob es eine gute Idee ist, durch dieses Land zu reisen?

So sieht die Nationalstraße von Nioro du Sahel in Richtung Bamako aus.

Kaum zu glauben, dass es sich hierbei um eine wichtige Verkehrsanbindung zur Hauptstadt handelt.

Das Afrika-Klischee

Bis nach Bamako brauchen wir zwei weitere Fahrtage. Die Route Nationale in Richtung der Hauptstadt ist in einem unbeschreiblich schlechten Zustand. Sie entspricht dem Klischeebild von Afrikas Verkehrswegen: rote Erde, riesige Schlaglöcher, klapprige Busse und Lkw, auf denen winkende, junge Männer sitzen. Die Fahrzeuge ziehen gewaltige Staubwolken nach sich. Und diese wiederum bedecken alles rundherum mit einer feinen Schicht roter Erde.

Die spärliche Vegetation der Dornsavanne wird von Kilometer zu Kilometer jedoch von neuen und grüneren Pflanzen abgelöst. Wir sichten erste Mango- und Cashewbäume, sogar Baobabs, die mit ihren hängenden Kugelfrüchten aussehen wie kuriose Weihnachtsbäume von einem anderen Stern.

Kleine Teiche und Seen mit wunderschönem Seerosenbewuchs ziehen unsere Blicke auf sich. Nach unserer langen Fahrt durch die Wüste finden wir den Anblick einer Wasserfläche einfach unwiderstehlich schön. Große Viehherden stehen an den Ufern. Die Kühe fallen uns besonders auf. Edle Tiere sind das. Ihre Farbe ist weiß, und sie tragen lange, gebogene Hörner.

So spannend es ist, ein neues Land zu entdecken, so anstrengend ist es auch manchmal. Malis Straßen sind in einem katastrophalen Zustand. Für nur 50 Kilometer brauchen wir vier Stunden! Ständig leben wir in der Angst, unser Lastwagen könnte auseinanderbrechen, wenn wir wieder eines dieser gigantischen Schlaglöcher durchfahren. Oft gibt es einfach keine Alternative dazu, statt einer Straße ist da dann nur noch ein Loch.

Heppo wird nicht müde zu schimpfen: »Hier kann man eigentlich gar nicht mehr fahren!« Wie immer, wenn er sich besonders aufregt, fällt er ins Bayrische. »Da werd uns no alles hie!«[5] Erst nach Sonnenuntergang kommen wir in Bamako an. Diesmal trägt das Navi keine Schuld daran, dass wir aufs Neue mitten im Marktchaos landen. Ich habe einen groben Fehler gemacht und die Koordinaten im falschen Format eingegeben.

»Ich muss es wieder ausbaden!«, flucht mein Mann zu Recht.

Heppo schwitzt, als er unseren Lkw durch eine winzige Gasse aus wütend brüllenden Händlern lenken muss.

Eigentlich ist unser Ziel der sehr bekannte Traveller-Treffpunkt *Sleeping Camel.* Es liegt auf der südlichen Flussseite. Wir befinden uns aber gerade auf der Nordseite des Nigers, etwa sieben Kilometer entfernt davon.

Endlich ist die Engstelle geschafft, der Markt überwunden. Zurück bleibt der normale Wahnsinn einer afrikanischen Großstadt: Hektik, chaotischer Verkehr, wenig Regeln, Tiere und Menschen mitten auf der Straße.

Da fällt unser Blick auf eine hochmoderne Tankstelle, an der wir anhalten. Heppo erbittet sich eine kurze Verschnaufpause und eine kalte Cola. Natürlich erfülle ich ihm gern diesen Wunsch und spurte los.

»I ni su«, grüße ich die Gruppe gut angezogener Männer, die an einem der Tischchen in der Tanke sitzt. Sie sind erfreut und rufen fröhlich zurück.

»Wie schön, dass du versuchst, unsere Sprache zu sprechen! Lass dir von uns ein Eis spendieren!«

[5] *»Da geht uns noch alles kaputt!«*

Ich lehne ab, doch ihnen ist es ernst.

»Lass dir etwas schenken! Wir sind beleidigt, wenn du gehst, ohne etwas von uns angenommen zu haben!«

Mit einem Lächeln im Gesicht, zwei Cola-Dosen und einem sehr leckeren Milcheis kehre ich zu Heppo zurück, der sich mittlerweile von dem Großstadtschock etwas erholt zu haben scheint. Er guckt nun nicht mehr ganz so verärgert.

Das *Sleeping Camel* finden wir kurz darauf, zum Glück, ohne weitere Probleme. Was uns dort schlagartig in echte Hochstimmung versetzt, ist ein Bier an der Bar – unser erstes, seit fast zwei Monaten – und dazu eine große Portion French Fries. Die Welt ist gut, und Mali ist vielleicht auch gar nicht so übel!

Zitronenmädchen

Bamako ist eine merkwürdige Stadt, denn die Gebäude sieht man nicht. Sie verschwinden hinter einer dichten Wand aus Palmen, Bäumen und Büschen. Doch auch diese treten in den Hintergrund. Ein stetiger Verkehrsstrom lenkt die Blicke weg vom Grün. Vor allem die Mofas und Motorräder fallen auf. Die Zweiräder werden geschickt durch das allgemeine Chaos gesteuert. Männer, Frauen und sogar Kinder sind die Fahrer. Die einen tragen Anzug, Shorts oder Kaftan, die anderen wunderbare, bunte und wehende Kleider. Manche haben einen Turban auf, andere verstecken ihr Gesicht hinter einem Schleier. Nur wenige sind mit einem Helm ausgerüstet. Ihr wollt wissen, wie Bamako riecht? Die Antwort heißt ganz klar: nach Mofamischung, Öl mit Benzin.

Natürlich gibt es auch Autos und unzählige Taxis. In regelmäßigen Abständen fahren grüne Kleinbusse, Sotrama genannt, vorbei. Junge Männer hängen aus den offenen Schiebetüren dieser öffentlichen Verkehrsmittel. Sie sind es, die Zu- und Ausstiege regeln und das Fahrgeld kassieren. Der Verkehr in Bamako wird wiederum vom Smog geschluckt.

Die Augen brennen. Die Lungen pfeifen. Abends haben wir Husten.

Nein, Bamako ist nicht schön. Es ist sogar ziemlich hässlich. Selbst in den besseren Vierteln türmt sich der Abfall auf den Straßen. Da laufen Ratten, groß wie wohlgenährte Katzen, dazwischen herum, die Kloake fließt zwischen den Häusern hindurch. Wir wünschten uns, wir hätten keine Nasen.

Auch der Niger enttäuscht. Irgendwie hatte ich es mir erhebend vorgestellt, an dem Fluss zu stehen, den der Afrikaforscher Mungo Park in T. C. Boyles *Wassermusik* mit derart großer Hingabe erforschen wollte, dass er darüber den Tod fand. Grau und träge fließt dieser große Strom dahin. Selbst von den Brücken aus finde ich kein Motiv, das lohnenswert genug wäre, um fotografiert zu werden.

Die Villen der Reichen tragen Stacheldrahtkronen. Sie sollen zusammen mit scharfen Hunden, Überwachungskameras und bezahltem Wachpersonal ungebetene Eindringlinge fernhalten. Wer genau hinsieht, kann gelegentlich Soldaten mit Kalaschnikows und sogar Scharf-

Malis Hauptstadt Bamako ist erstaunlich grün. Nur hier im Regierungsviertel erheben sich ein paar Prestigebauten über den dichten Bewuchs aus tropischen Pflanzen.

schützen entdecken, die strategisch wichtige Ziele, wie zum Beispiel die Deutsche Botschaft, vor Angreifern schützen sollen. Das ist hässlich und schockierend, aber ebenso faszinierend.

Was Bamako schön macht, sind die Menschen. Unglaublich für eine Stadt mit etwa 2,5 Millionen Einwohnern: Es wird miteinander gesprochen. Wahrscheinlich fallen wir aber auch besonders auf, weil wir Toubabou sind, also Weiße. Wir sind noch keinen Tag dort und kennen schon das halbe Viertel. Zum Beispiel Housman, der nette, alte, zahnlose Mann, der stets vor seinem Haus auf einem kleinen Schemel sitzt. Er liebt es, mit uns zu plaudern und bittet uns darum, auch unsere nächste Hunderunde so zu legen, dass wir wieder bei ihm vorbeikommen.
Der junge Mann vom Kopierladen gibt mir einen Namen: »Amanita heißt du, das bedeutet Freundin!« Auch für Heppo hat er einen: Aliou, was »der Kämpfer« bedeutet, und angeblich auch ein anderer Name für den Propheten Mohammed ist.

Die Türsteher vom Camel versuchen, uns mit unendlicher Geduld mit den komplizierten Begrüßungsformeln der Bambara vertraut zu machen.

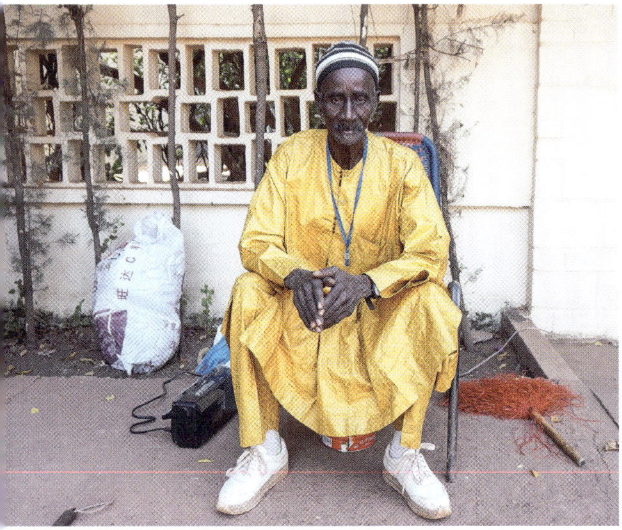

Den gesprächigen Housman haben wir schnell ins Herz geschlossen. Wir legen unsere Hunderunde extra so, dass wir mit ihm plaudern können.

Eine Gruppe Kinder kommt vorbei und erhält im Austausch gegen ein paar Stücke einer Kokosnuss einen unserer mitgebrachten Bälle.

Heppo gefallen am besten die »Mädchen mit Gebäck-Kopfschmuck«, wie er sie nennt. Täglich ziehen sie in einer nicht enden wollenden Prozession an unserem Lastwagen vorbei. Allerlei Teigwaren bieten sie auf ihren Köpfen zum Verkauf an.

»Wie bei den Elfen ist das!«, seufzt mein Mann und blickt den zugegeben sehr hübschen, langbeinigen Wesen etwas verträumt hinterher. Doch auch andere Waren schweben an unserem Fenster vorbei: Hosen, Geschirrtücher, Bücher und reich gefüllte Obstkörbe.

Vor allem die Zitronenmädchen wissen um ihre Faszination, die sie auf meinen Liebsten ausüben. Mehrmals täglich stehen sie vor Frau Scherer, versuchen sich an einem Wimpernklimpern auf Mandelaugen, Schnütchen und Schmollmund. Wenn sie mich sehen, wenden sie sich enttäuscht ab und fragen brüsk nach »Monsieur«. Der kauft mittlerweile bereits das fünfte Zehnerpack und erklärt das mit Vitaminmangel. Leicht angesäuert verarbeite ich die kleinen, harten und grünen Früchte zu Limonade.
In sein Glas gebe ich aus Rache deutlich weniger Zucker …

Musik liegt in der Luft

***Tinariwen (+IO:I)* – Sastanàqqàm**

Tinariwen *ist eine Tuareg-Band, die ihre Musik um Elemente der westlichen Rock- und Popmusik erweitert. Neben traditionellen Instrumenten verwendet sie auch elektrische Gitarren und Bässe. In Mali lernen wir* Keltoum *kennen, die – nach eigenen Aussagen – einst* Tinariwen *mitbegründete.*

Die Stadtviertel in Bamako heißen wie Tanzschritte: »Komm, tanze mit mir den Badala-Bougou, den Missabougou, den Bozola und den Faladie!«

Die Assoziation zum Tanz liegt nahe in einer Stadt, in der die Musik so präsent ist wie selten irgendwo. Zu fast jeder Tageszeit fliegen von den Dächern und aus den Innenhöfen heiße Trommelrhythmen, psychedelische Gitarrenriffs und die wehmütigen Melodielinien des Mali-Blues. Wer will, kann in dieser Metropole am Niger jeden Tag ein Live-Konzert erleben. Bamakos Musikszene ist leicht zugänglich und offen für Neues. Bereits am zweiten Tag knüpfen wir

In Bamako weht Musik durch die Straßen.

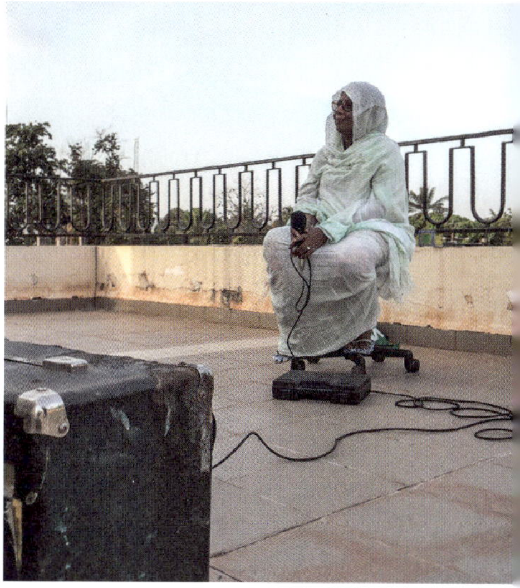

Keltoum lauscht gespannt, wie ihre Band zusammen mit Heppo improvisiert.

entsprechende Kontakte. Heppo ist nicht schüchtern, und so spaziert er einfach in eine Villa, aus der die hypnotischen Klänge einer Sahel-Band dringen. Sofort werden wir eingeladen, bei der Bandprobe zuzuhören.

Keltoum, eine der Gründerinnen der bekannten Nomadengruppe *Tinariwen*, trifft sich auf der Terrasse ihres Hauses zweimal pro Woche mit den jungen Musikern ihrer neuen Formation. Zusammen nennen sie sich so, wie sie selbst heißt: *Keltoum*. Die Dame ist aufgeschlossen und scheint sich über unser Interesse zu freuen.

»In meiner Musik geht es darum, wie es ist, in der Wüste zu überleben. Dort ist es wichtig, seine Umgebung aufmerksam zu beobachten, eine Eigenschaft, die die Menschen heutzutage fast nicht mehr besitzen«, erklärt sie bereitwillig.

Die Musikerin und Dichterin spricht klug und unaufgeregt von ihrem Einsatz für Menschenrechte, für Humanität und über ihr Engagement für Frauen. Sie erzählt von den Schwierigkeiten, denen die Menschen im Norden des Landes ausgesetzt sind, seit dort die Islamisten an der Macht sind.

»Das Mali von heute ist wie ein großer Obstsalat«, »Da gibt es die Früchte, die man gerne isst und andere, die man lieber aussortiert!«

Viele malische Musiker sind aus dem Norden in die kreative und liberale Hauptstadt geflüchtet. Auch Alassane Samaké, *Keltoums* sympathischer Kalebassenspieler, stammt eigentlich aus Gao im Norden. Um seine musikalische Karriere in Schwung zu bringen, ging er bereits vor mehr als 13 Jahren in die Hauptstadt. Dort spielte und tourte er mit Größen der malischen Musikszene wie *Baba Salah, Sidi Touré* und *Boubacar Traoré*. Seit dem Putsch im Jahr 2012 und der Besetzung des Nordens durch Islamisten und räuberische Banden ist ihm der Weg zurück in seine Heimat verwehrt. Etwas traurig erzählt er davon, wie seine Brüder gerade beim Militär Karriere machen und »gutes Geld« verdienen. Er hingegen lebt von der Hand in den Mund.

»Aber der Krieg ist nichts für mich! Ich bin ein friedliebender Mensch. Und die Musik bedeutet mir alles!«

Seinen Freund Adama Sidibé, mit dem er in einem Nebenprojekt namens *Sahel Roots* spielt, hat es noch schlimmer getroffen: Als Mitglied des Stammes der Peulh – auch Fulbe genannt – gilt er als Berufsmusiker, als sogenannter Griot, rein gar nichts bei seinen Angehörigen. Auch eine Frau kann er so nicht finden, denn bei den Peulh erlangt man sein Ansehen ausschließlich durch den Besitz möglichst vieler Kühe und Rinder. Zwangsläufig hat Adama daher sein Leben komplett der Musik verschrieben. Seine Instrumente, Erbstücke seines Großvaters, sind sein einziger Besitz – die Djourou Kelen, eine Geige mit nur einer Saite und eine kleine Gitarre, die Suku genannt wird.

Nachts erkunden wir die Clubs der Stadt. Im *Institut français* sehen wir auf großer Bühne *Cheikné Sissoko 5 Tammans et son groupe Somane*, die ihr neues Album »Anka Ben« vorstellen. Sissoko ist ein Großmeister der sogenannten Sprechenden Trommeln oder Talking drums, die unter den Arm geklemmt mit einem gebogenen Stock geschlagen werden. Wie der Name schon sagt, können diesem Instrument fast menschliche Töne entlockt werden. Richtige Zwiegespräche sind so möglich. Als Gaststar ist an diesem Abend auch *Rokia Traoré* dabei, eine berühmte französisch-malische Sängerin. Was für ein wunderbares Konzert in hochprofessionellem Ambiente!

Besonders ergiebig ist für uns der *Africa Club*, der mehr oder weniger gleich nebenan liegt. An festen Tagen spielen hier diverse Hausbands. Ein Conférencier kündigt die Künstler an und gebärdet sich dabei so reißerisch wie ein amerikanischer Prediger. Das ist anfangs etwas gewöhnungsbedürftig für uns, scheint aber so üblich zu sein.

Nabintou Diakite heißt die heutige Sängerin, die langbeinig und dürr wie ein aufgedonnerter Transvestit über die Bühne stelzt. Ihre kleine, runde Tänzerin stiehlt ihr dabei die Schau. Es ist auch für mich als Frau eine wahre Freude, ihr zuzusehen. Alles an ihr wackelt und hüpft. Sie hat eine Menge Spaß dabei und grinst über beide Ohren.

So muss Tanzen sein, so lustig, so angstfrei, so natürlich und so unverstellt.

Wir finden sie großartig. *Nabintou* hingegen wirkt etwas steif. In großer, roter und glänzender Robe balanciert die Dame auf gefährlich hohen Stöckelschuhen und gibt dabei die Diva. Für westafrikanische Verhältnisse scheint ihr Aufzug mit viel Gold und noch mehr Glitzer aber völlig normal zu sein.

Ihre Musik allerdings ist über jeden Zweifel erhaben. Die sich ständig wiederholenden, vertrackten Rhythmen sind hypnotisch und ziehen die Zuhörer in ihren Bann.

Ein bisschen enttäuscht bin ich dann aber doch. Irgendwie hatte ich mir einen afrikanischen Club so vorgestellt, dass auch die Zuschauer wild und ausgelassen tanzen. Doch das Publikum sitzt sittsam auf den roten Ledersesseln und überlässt die Show allein der Band. Nur einmal wagen sich ein paar Mutige vor die Bühne und schwingen das Tanzbein. Schon nach einer Nummer kehrt jedoch jeder wieder brav zurück zu seinem Platz. Zum Glück entspricht eben nicht alles den Klischees.

Keine zwei Tage sind wir in Bamako und werden bereits von Bamakos Musikszene mit offenen Armen empfangen. Unser neuer Freund Alassane ist ein Meister auf der Kalebasse.

Ein Paradies für Musiker

Keltoum Walet – Watcha

Keltoum Walet *ist eine der Gründerinnen der Nomadenband* Tinariwen. *Sie stammt aus der Gegend nördlich von Kidal in Mali. Wir hatten das große Glück, die Sängerin und Dichterin selbst kennenzulernen. Wir saßen auf der Dachterrasse ihres schönen großen Hauses in Bamako, und sie erzählte uns von ihrem Kampf für Frieden und Gleichberechtigung.*

Bamako ist ganz sicher ein wahres Paradies für jeden Musiker. Die Szene ist aufgeschlossen und denkt pragmatisch.

»Manchmal wird aus zufälligen Begegnungen eine Zusammenarbeit, ein Engagement oder gar eine kleine Tour durch Europa oder Amerika«, meint Alassane Samaké, den wir nun fast täglich sehen.

Auch Heppo denkt ähnlich. Er hat sich für unsere Reise durch Westafrika extra ein Reiseschlagzeug mitgenommen. Es besteht aus einer Cajon, die mit einer umgelenkten Fußmaschine als Bass Drum fungiert, dazu positioniert er ein Hi-Hat und eine kleine Snare. Gern möchte er mit malischen Musikern jammen. Auf eine entsprechende Einladung muss er nicht lange warten. Schon bald darf er Keltoum bei einer ihrer Bandproben unterstützen. Alassane zeigt ihm einen vertrackten Rhythmus, den er »Takamba« nennt. Dieser stammt aus Gao im Norden von Mali und ist ein musikalisches Symbol für Frieden und Toleranz. Heppo schlägt sich wacker auf diesem doch sehr fremden Terrain. Die Band zeigt sich begeistert von der Fusion aus afrikanischem Kalebassen-Rhythmus und europäischem Schlagzeug-Sound.

Auch weitere Musikkontakte tun sich plötzlich auf. Dazu vielleicht eine kleine Vorgeschichte: Bei ihrem wunderbaren Konzert im *Africa Club* ließ uns *Nabintou Diakite* durch ihren Manager ihre Nummer zukommen, versehen mit dem Hinweis, dass wir uns jederzeit bei ihr melden könnten. Wir wunderten uns zwar ein bisschen über die Aufmerksamkeit, die uns da zuteilwurde, vergaßen aber die Sache schnell wieder.

Als Heppo am nächsten Abend allein loszieht, um im *Africa Club* einen Kora-Spieler live performen zu sehen, bleibe ich bei unserem schrecklich kranken Hund. Sidi wirkt völlig apathisch und trinkt nicht mehr selbstständig. Seine Körpertemperatur beträgt an diesem Abend fast 41 Grad Celsius. Da die normale Körpertemperatur eines Hundes bei max. 39 Grad liegt, ist diese also viel zu hoch. Wir haben die Zeckenattacke aus Nouakschott in Mauretanien als Auslöser in Verdacht. Seit unserem Aufenthalt dort haben wir tatsächlich hunderte dieser zum Teil winzig kleinen Parasiten an seinem Körper und im Fell entdeckt. Ich verpasse ihm Wadenwickel, was zumindest dabei hilft, das hohe Fieber zu senken. Morgen müssen wir auf jeden Fall so schnell wie möglich einen Tierarzt finden! Dass Heppo trotzdem allein ausgeht, finde ich in Ordnung. Zu zweit können wir gerade sowieso nichts ausrichten.

Aufgeregt kehrt mein Liebster spätnachts zurück und erzählt mir von seinen Erlebnissen im *Africa Club*: »Wie ein VIP wurde ich behandelt. Ich durfte umsonst in den Club und wurde sogleich nach hinten an den Tisch des Musikmanagers gebeten.«

»Madame *Nabintou* ist jederzeit bereit, mit Ihnen ins Studio zu gehen«, machte ihm dieser ein verwirrend klingendes Angebot.

Auch *Nabintou* selbst versuchte mit meinem Mann, dessen Französischkenntnisse trotz aller Fortschritte immer noch relativ begrenzt sind, ins Gespräch zu kommen.

»Es kam mir vor, als ob sie sich bei mir bewerben würde!«, meint Heppo gleichermaßen belustigt wie beunruhigt. »Die Sängerin war aufgeregt wie ein kleines Schulmädchen, als ich mich mit ihr unterhalten habe! Was glaubst du, wie kommen die nur auf die Idee, mit mir ins Studio gehen zu wollen?«, fragt mich Heppo überrascht.

Ich kann mir das nur so erklären: Unser Interesse an der Musikszene Bamakos hat sich anscheinend mittlerweile herumgesprochen. Wahrscheinlich hat auch schnell das Gerücht die Runde gemacht, dass wir bei der Sängerin *Keltoum* ein- und ausgehen. Die Millionenstadt Bamako ist wohl auch nur ein Dorf. Möglich, dass bereits diverse Gerüchte über uns kursieren:

»Wer wohl diese beiden aus Deutschland sind? Vielleicht sind sie Musikmanager oder gar Talent-Scouts?«

Alle Musiker in diesem Land hoffen, über die Grenzen Malis hinaus bekannt zu werden. Der Weg zu Ruhm, Geld und internationalem Erfolg führt auch in Bamako über Europa, meistens über Paris. Da klammern sich die Künstler anscheinend an jeden noch so mickrigen Strohhalm. Heppo ist sichtlich unwohl dabei, welches Missverständnis da ohne unser bewusstes Zutun entstanden ist. Flehentlich bittet er mich, morgen den Manager telefonisch aufzuklären und sämtliche, womöglich bereits reservierten Studiotermine abzusagen.

Prompt meldet sich der Manager am nächsten Morgen bei mir auf dem Handy. Er wiederholt tatsächlich sein Angebot, dass wir jederzeit mit Nabintou im Studio arbeiten könnten. Ich rede hingegen nicht lange um den heißen Brei herum, sage ihm, dass wir weder wichtig noch in irgendeiner Weise einflussreich sind, sondern einfach nur Touristen. Unser großes Interesse an der Szene sei allein unserer Liebe für die Musik Malis geschuldet. Der Manager ist sichtlich enttäuscht, das Telefonat bald darauf beendet. Und sogar Heppo ist nun ein bisschen traurig, dass er die Gelegenheit verpasst hat, als neuer Ry Cooder in die Musikgeschichte Malis einzugehen. Wer weiß, vielleicht hätte er es doch einfach auf einen Versuch ankommen lassen sollen?

Im Ökosystem des Lac du Lassa

Sahel Roots – Holley Horei

Sahel Roots, *Adama Sidibé (Geige) und Alassane Samaké (Kalebasse), lernten wir in Bamako kennen. In den zwei Wochen, die wir in Bamako verbrachten, gewährten uns diese beiden jungen Männer Einblick in ihr nicht immer einfaches Leben als Berufsmusiker.*

Doch die nächste Gelegenheit zu einer internationalen Zusammenarbeit mit Musikern lässt nicht lange auf sich warten. Am Nachmittag sitzen plötzlich Alassane und Adama in unserem Lkw. Die beiden laden Heppo dazu ein, sie bereits am nächsten Abend bei einem Auftritt ihrer Formation Sahel Roots zu unterstützen.

»Takamba« heißt der Song, den sie mit ihm üben wollen, genau wie der gleichnamige Rhythmus. Die Probe wird sofort an Ort und Stelle abgehalten. Alassane bearbeitet mit dem Handballen seine Kalebasse, Heppo trommelt sich irgendwie durch den ungewohnten Takt, und Adama spielt sehr ernst und andächtig auf seiner einsaitigen Geige, während der arme, fiebrige Sidi zu seinen Füßen liegt und schwer atmet. Zum Glück hatten wir am Vormittag einen halbwegs seriösen Tierarzt entdeckt, der ihm ohne zu zögern eine heftige Antibiotikakur mit Doxycyclin verordnete. (Wie sich später herausstellen wird, hat der Veterinär genau die richtige und wahrscheinlich lebensrettende Behandlung gewählt.)

Doch zurück zur Musik: *Lac du Lassa* heißt die Auftritts-Location im Norden von Bamako, die von einer etwa 60-jährigen Französin ins Leben gerufen wurde. Mit einem See, wie der Name vermuten lässt, hat der Lac aber ganz und gar nichts zu tun. Stattdessen hat Carole auf ihrem Grundstück, das ganz oben auf einem Hügel über der Stadt liegt, mit viel Geld und noch mehr Geschmack etwas Wunderbares geschaffen: Lac du Lassa ist ein fantastisches Wohnhaus, eine inspirierende Begegnungsstätte, ein privates Kinderheim, ein ökologischer Garten und ein freier Kunstraum.

Versonnen spielt *Adama Sidibe* auf seiner Djourou Kelen. Die einsaitige Geige ist ein Erbstück seines Opas.

Die lebenslustige Frau hat viele Visionen und – so scheint es – ein großes Herz. Dass sie »nur« die zweite Frau eines Maliers ist, scheint ihr dabei nicht viel auszumachen.

»Ich habe mich einfach in diesen Mann und sein schönes Ökosystem verliebt!«, sagt sie mit rauer Stimme und schickt ein kehliges Lachen hinterher. Dann nimmt sie einen tiefen Schluck direkt aus der Weinflasche und einen noch tieferen Zug von dem Joint, der gerade die Runde macht.

Als während des Auftritts von *Les Blues Mandingue et les enfants du Peguin* eine kleine Giftschlange, angeblich eine Kobra, gesichtet wird, bricht kurz Panik unter den Umstehenden aus. Sogar eine Machete wird gezückt. Das Spiel jedoch wird nicht unterbrochen. Daouda, der Kora-Spieler, zupft unverdrossen weiter an seinem Instrument. Beharrlich trommelt der Perkussionist. Unverwandt singen die Backgroundsängerinnen in ihre Mikrofone. Zu alltäglich ist das Erscheinen einer Schlange dann wohl doch. Nur die Blicke folgen achtsam den Bewegungen des Reptils, das bald wieder unversehrt im Gebüsch verschwunden ist. Ich hingegen kann mich nicht mehr so entspannt wie zuvor auf die warmen Steine setzten, die in Form eines Amphitheaters rund um die Bühne gemauert wurden. Ab jetzt stehe ich lieber!

Auftritt von *Les Blues Mandingue et les enfants du Peguin*. Der Musiker spielt auf der Kora.

Endlich ist *Sahel Roots* an der Reihe. Unsere zwei neuen Freunde haben sich in Schale geworfen: Alassane trägt Hut und pinkfarbenes Hemd zu weißer Hose. Adama hat einen schicken, schmal geschnittenen und grasgrünen Peulh-Anzug an. Der nur einfarbig gehaltene Zweiteiler wird vor allem von den Nomaden dieser Volksgruppe getragen. Während es viele in Afrika doch eher kunterbunt mögen, bevorzugen sie monochrome Gewänder, oft auch in schlichtem Blau.

Heppo ist reichlich nervös, als er bei »Takamba« auf die Bühne gerufen wird. Trotz des fremden Rhythmus' legt er einen tollen Auftritt hin. Wirklich zufrieden scheint er aber mit seiner

Performance nicht zu sein. Erst als zum Abschluss noch einmal alle Musiker gemeinsam auf der Bühne bei einem Jam zusammenkommen, hellt sich seine Stimmung wieder etwas auf. Ich bin hingegen mächtig stolz auf meinen unerschrockenen Heppo, der sich so mutig und verwegen in Bamakos Musikszene stürzt.

Die tiefblaue Tischdecke

Wieder einmal landen wir abends vor dem *Africa Club*. Das geplante Konzert kann jedoch leider nicht stattfinden, weil an diesem Tag ein muslimischer Feiertag begangen wird. Der Geburtstag des Propheten wird gefeiert. Vor dem Eingang hängen aber trotzdem ein paar Leute ab. Darunter ist ein älterer, ziemlich gestylter Rasta-Mann, der sich selbst Reggaeblue nennt. Auch ein paar andere sind da, die wir bereits vom Sehen her kennen.

Obwohl die Mücken vom nahen Niger heute besonders aggressiv und stichfreudig sind und bei uns noch immer die latente Angst vor einer Malariainfektion vorherrscht, gesellen wir uns zu der kleinen Gruppe. Man bietet uns Tee an. Es müsste jedoch erst mal einer loslaufen, um die Zutaten zu besorgen. Wir lehnen daher höflich ab. Unerwartet kippt die gute Stimmung. Nun sind plötzlich alle beleidigt. Wir verstehen die Welt nicht mehr und blicken verwirrt in die Runde. Ein junger Mann mit Feingefühl ergreift daraufhin das Wort: »Viele Weiße gehen nur an uns vorbei. Sie nehmen uns nicht wahr und grüßen uns nicht einmal. Wir finden es schön, dass ihr mit uns redet. Nicht nur das, ihr habt euch sogar zu uns auf die Straße gesetzt, mitten hinein in die Mücken. Nun bieten wir euch Tee an – und ihr sagt *‚Nein!'* Eine Einladung zum Tee darf niemals abgelehnt werden! Ihr wolltet aber wahrscheinlich nur höflich sein und uns keine Umstände machen. Aber für uns wäre es überhaupt kein Problem gewesen.«

Nach Aufklärung des kulturellen Missverständnisses ist die Stimmung wieder gelöster. Wir verabschieden uns dennoch bald.

Am nächsten Morgen nehmen wir das nette Angebot einer UN-Beobachterin aus Australien an, die auf unseren Hund aufpassen möchte. Linda wohnt nur vorübergehend im *Camel*, bis ihre Wohnung bezugsfertig ist. Sie scheint sich etwas zu langweilen und außerdem vermisst sie ihren Hund Cydi sehr (man beachte die Namensähnlichkeit!). Zwar geben wir Sidi, der immer noch etwas schwach ist, nur ungern in fremde Hände, aber die Idee, ihn ein paar Stunden in einem klimatisierten Zimmer ruhen zu lassen, ist eigentlich gar nicht so schlecht, denn die Hitze setzt auch ihm sehr zu. Wahrscheinlich hätten auch wir uns einfach ein Zimmer leisten sollen, aber unser Reisebudget lässt uns nicht sonderlich viel Spielraum, schon das Parken vor dem *Camel* und das gelegentliche Snacken im dazugehörigen Restaurant strapaziert unseren doch eher schmalen Geldbeutel sehr. Kurzerhand nehmen wir also Lindas Angebot an.

Sidi ist dankbar über die Abkühlung, und wir haben plötzlich die Gelegenheit, auch tagsüber zu zweit einen Ausflug in die Stadt unternehmen zu können.

Der *Marché Rose* ist ein afrikanischer Markt, wie er für diesen Kontinent typisch ist: eng, laut, voll, bunt und dreckig. In den schmalen Gassen türmen sich wild durcheinander Stoffe,

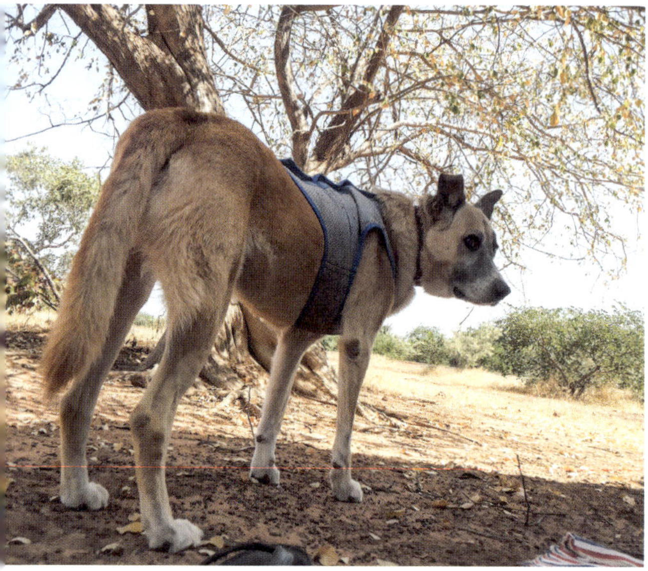

Sidi ist krank. Im tropisch feuchten Klima hilft leider auch die nasse Kühlweste nicht viel.

Kleidung, Schmuck, Obst, Gemüse und Fleisch.

Der Geruch nach frischem Blut und Eingeweiden verursacht mir Übelkeit. Dass zwischen den Schlachttischen der Metzger lebendiger Nachschub aus kläglich meckernden Ziegen steht und an den Tischen kopfüber hängende Sträuße aus geschwächten Hühnern hängen, ertrage ich nur schwer. Schnell ziehe ich Heppo weiter, der für Sidi ein Stück Rindfleisch und einen Knochen ersteht. Mir ist wirklich nicht sonderlich wohl zumute.

Eigentlich wollen wir nur schlendern und schauen; in rechter Kauflaune sind wir nicht. Aber weil wir die einzigen Touristen weit und breit sind, werden wir immer wieder forsch von den vielen gelangweilten Verkäufern angesprochen. Ein jeder versucht, uns in seinen Laden zu ziehen. Standhaft lehnen wir ab. Ein richtig entspannter Einkaufsbummel sieht anders aus. Unser Marktbesuch wird zum Spießrutenlauf. Endlich flüchten wir uns in eine ruhige Ecke und atmen durch.

Plötzlich steht der junge Abdoulillah vor uns, den wir bereits von unserem Besuch am *Institut français* kennen.

»Ihr seht müde aus. Wollt ihr mit zu mir kommen und ein Glas Tee trinken?«, fragt er uns. Das gestrige Erlebnis und die dazugehörige Ermahnung – »Lehne nie einen Tee ab!« – ist uns noch sehr präsent; daher nehmen wir die Einladung ohne zu zögern sofort an. Diesmal wollen wir alles richtig machen und unseren Bekannten nicht vor den Kopf stoßen. Ein paar Minuten später finden wir uns jedoch mitten in einem Souvenirladen wieder, der seinem Freund gehört. Nun sitzen wir reichlich überrumpelt und wenig begeistert zwischen Teppichen, grob gewebten Kleidungsstücken, Malereien, Schmuck und Trommeln. Wir fühlen uns – im wahrsten Sinne des Wortes – deplatziert.

Richtig fies wird die Nummer aber, als Abdoulillahs Freund nun sehr verbittert von der Gewalt im Norden des Landes zu erzählen beginnt. Unverhohlen droht er uns damit, dem Dschihad beizutreten, wenn wir ihm nicht sofort irgendetwas abkaufen würden.

»Alle meine Freunde sind mittlerweile im Krieg. Sie machen das nicht gern, aber sie haben keine Wahl: Als Soldaten verdienen sie etwa 15 Euro am Tag« sagt Abdoulillah. Ich verdiene nichts! Touristen kommen fast keine mehr. Der Krieg bedeutet immerhin ein sicheres Einkommen«, fügt er hinzu.

Die düsteren Worte des Freundes begleitend breitet Abdoulillah nun vor unseren Augen die zum Verkauf stehenden Waren aus, darunter eine sehr schöne, handgewebte, indigoblaue Tisch-

Manchmal wird auch uns in Mali alles zu viel: zu eng, zu voll, zu laut, zu bunt und zu dreckig.

Kalebassen sind nicht nur Musikinstrumente, sondern auch Alltagsgegenstände.

decke. Sie ist mit hellen Dreiecken bedruckt, die aus sieben gestrichelten Linien bestehen. Angeblich symbolisieren sie die Anzahl der Tage, an denen Allah die Welt erschaffen hat. Nun wird auch der versprochene Tee serviert. Er ist heiß, bitter und zuckersüß. Wir fühlen uns ausgenutzt.

»35.000 CFA, und die Decke gehört euch!«, beginnt Abdoulillah die Verhandlungen.

»Eigentlich wollten wir nichts kaufen! Außerdem ist uns das viel zu teuer!«, kontere ich entrüstet.

»Kommt schon, nennt euren Preis! Nur ihr könnt uns vor dem Verhungern retten!«

Was für eine schreckliche Situation! Eigentlich sollten wir einfach gehen, aber irgendetwas hält uns zurück. Es ist nicht nur unsere Höflichkeit und unsere gute Erziehung, die uns dazu bringen, dieses gemeine Spiel mitzumachen, da ist auch noch etwas anderes. Plötzlich merke ich, wie mir Tränen über die Wangen laufen. Und nicht nur das, ich bekomme sogar einen regelrechten Weinkrampf. Mich beschleicht das Gefühl, dass diese Menschen auf eine ganz entsetzliche Art und Weise ehrlich sind. Abdoulillah und sein Freund lügen nicht. Sie sind tatsächlich verzweifelt. Ich habe Mitleid mit ihnen und ihren Familien, mit einem Land, das vom Krieg so gebeutelt wird. Zugleich mag ich es aber überhaupt nicht, derartig missbraucht und übers Ohr gehauen zu werden. Und dann ist da noch die Sorge um unseren kranken Hund … Ich kann gar nicht mehr aufhören zu weinen. Seltsamerweise schäme ich mich aber nicht für meine Tränen.

»Im Gegenteil«, denke ich mir, »das geschieht den beiden recht!« Die zwei machen uns gerade das Leben schwer; nun sollen sie auch ruhig sehen, was das bei mir auslöst.
Völlig in meinem Elend gefangen bemerke ich kaum, dass nun auch die Männer in dieser Runde ebenfalls immer betretener werden.

Ich muss mich zusammenreißen, sonst endet diese Situation noch in kollektiver Hysterie.

Geräuschvoll schnäuze ich in einen mir gereichten Stofffetzen. Gerade als ich etwas Fassung gewinne und mich an einem scheuen Lächeln versuche, bemerke ich, dass Heppo, Abdoulillah und dessen Freund Tränen in den Augen haben. Da geht es auch bei mir gleich wieder los. Nun sitzen wir also mitten in Bamako am Marché Rose in einem Laden zu viert um ein indigoblaues Stück Stoff herum, das davon erzählt, dass Gott an sieben Tagen die Welt erschaffen hat, und heulen gemeinsam über das Elend auf dieser Erde.

»10.000 CFA!«, sage ich in einem klaren Moment. »Und keinen Cent mehr!«

Nun, ihrerseits überrumpelt, willigen die beiden zähneknirschend in den Handel ein.

Eine tiefblaue Tischdecke, die ich wahrscheinlich nie auflegen werde, ohne dabei sofort in tiefe Trauer zu verfallen, wird in eine braune Plastiktüte verpackt. Nachdenklich verstauen wir das weiche Paket in unserem Rucksack. Der Ladenbesitzer reicht mir zum Abschied die Hand.

»Ich habe in meinem Leben genau zwei gute, weiße Frauen getroffen, und eine davon bist du!«, spricht er mir ein zweifelhaftes Kompliment aus. Zu Heppo gewandt, fährt er mit gebrochener Stimme fort: »Du hast Glück mit ihr, weißt du das?«

Heppo nickt und schluckt einen schweren Kloß in seinem Hals herunter. Abdoulillah hält sich unterdessen im Hintergrund auf und wischt sich mit dem Handrücken möglichst unauffällig über die feuchten Augen. Und ich? Ich muss wirklich schnellstens weg von hier, denn es ist zum Verzweifeln: Jetzt flennen wir nämlich alle schon wieder ...

Das schlafende Kamel

Bamako fühlt sich ein bisschen an wie unglücklich verliebt sein. Ich weiß, das klingt seltsam.

»Wie geht das denn, bitte?«, fragt Freundin Kathi per Mail. »Unglücklich verliebt sein in eine Stadt?«

Der französische Ausdruck »Amour fou« drückt es vielleicht besser aus: Es ist eine verrückte Liebe, und es ist eine unvernünftige zugleich. Die beiden Liebenden passen nämlich nicht zueinander. Beide wissen, dass sie keine gemeinsame Zukunft haben, aber trotzdem können sie die Finger nicht voneinander lassen.

Oh, Bamako! Du seltsame Stadt, in der alles hinter allem verschwindet. Du Möchtegern-Metropole mit deinem trüben Fluss Niger, mit deinem tropischen Klima, den staubigen Straßen, dem Smog, dem Stacheldraht, den Mücken, Mofas und deinen wunderbaren, musikalischen Menschen!

Besonders ihr habt es uns angetan: *Nabintou, Keltoum*, Alassane, Adama, Reggaeblue, Carole vom *Lac du Lassa*, du zahnloser Housman, du charmanter Copyshop-Betreiber, ihr Türsteher vom *Sleeping Camel* mit euren Scherzen, ihr Teetrinker aus dem *Africa Club* und sogar ihr traurig-fiesen Tischdeckenverkäufer! Ihr alle seid gerade dabei, uns gründlich das Herz zu brechen. Mit eurem Ernst, eurer Ehrlichkeit, eurer Musik, eurer Melancholie, eurem Humor, eurer Angst und Sorge, eurem Hoffen und Bangen habt ihr uns schon fast um den Verstand gebracht!

Kaum zu glauben, dass Frau Scherer hier mitten in Bamako im gut situierten Diplomatenviertel vor den Mauern des *Sleeping Camels* steht.

Heppo und ich sind in einer wirklich seltsamen Verfassung. Und Sidi bereitet uns noch immer große Sorgen. Auch wenn das Fieber verschwunden ist, so ist er doch noch immer sehr schwach. Mit einer Spritze flößen wir ihm täglich ein Mindestmaß an Flüssigkeit ein. Wir würden es uns niemals verzeihen, wenn er aufgrund unserer Abenteuer- und Reiselust sterben müsste!

Auch die Stimmung rund um das bei Reisenden so schrecklich beliebte *Sleeping Camel* trägt zu unserer Hassliebe bei. Die Lodge, die untertags und abends aber vor allem einen florierenden Restaurant- und Barbetrieb unterhält, ist so gut abgesichert wie ein Hochsicherheitstrakt im Gefängnis. Der Unterschied jedoch ist, dass hier das Innen vor dem Außen geschützt wird und nicht umgekehrt. Meterhohe mit Stacheldraht gesicherte Mauern bewahren Gäste und Gebäude vor ungebetenen Eindringlingen. Die Türschleuse mit Kamera, Summer und mehreren Wachleuten soll für zusätzliche Sicherheit sorgen.

Viele der vorwiegend weißen Besucher sind Soldaten, Polizisten, UN-Beobachter und Politiker. Operation MINUSMA, eine Abkürzung für die sperrige Bezeichnung »Multidimensionale

Integrierte Stabilisierungsmission der Vereinten Nationen in Mali« hat gleich um die Ecke ihr Hauptquartier. Das *Camel* ist einer der wenigen lizenzierten Orte, an denen sich die Mitarbeiter der United Nations frei bewegen dürfen. Aus Sicherheitsgründen ist es ihnen nämlich untersagt, sich zum Beispiel ein Taxi zu nehmen und in einen nicht-autorisierten Club zu gehen. Nur wenige ausgewählte Clubs und Restaurants kommen somit für ihren Zeitvertreib infrage. Auch Abenteurer und Kriegsgewinnler mischen sich unter die Besucher, so zum Beispiel Lithium-Miners und Gold-Diggers. Beim Mittagsessen unter Geschäftspartnern werden die Notebooks aufgeklappt, Excel-Listen mit fantastischen Zahlen herumgezeigt und eine ungesunde Anzahl von Bieren getrunken.

»You can make a fortune here!«, höre ich den einsamen Wölfen bei ihren Tischgesprächen zu. In ihren Augen glänzen die Dollarzeichen.

Jeden Tag blicken wir in die immer gleichen Gesichter: Harte Jungs mit Heimwehaugen.

»Darf ich deinen Hund streicheln?«, fragen uns die Rambos in den verschiedensten Sprachen und werden erstaunlich schnell sentimental.

»Good boy!«, sprechen sie mit unserem felligen Freund, der es sich neben der mobilen Klimaanlage gemütlich gemacht hat, und tätscheln liebevoll seinen Kopf. Uns nicken sie nur kurz zu und murmeln: »Left an Australian Ridgeback back home!«

Das Haustier wird offenbar schmerzlicher vermisst als Frau und Kinder und steht stellvertretend für »Zuhause«.

Nun glitzert es verräterisch in ihren Augenwinkeln. Schneller wortkarger Abschied, bevor es droht peinlich zu werden. Was bleibt da noch zu sagen? »See you!« »Yeah, see you!«

Ein politischer Erklärungsversuch

Thorsten* (Name geändert) geht eigentlich nicht sonderlich gern ins *Camel*. »Too white, too Anglosaxon!«, sagt er zu uns auf Englisch, und wir geben ihm Recht. Er kommt heute nur wegen uns hierher. Der gut gekleidete Mittfünfziger trägt einen marineblauen Maßanzug, dazu ein edles, weißes Leinenhemd, um den Hals trägt er ein dickes Goldkettchen. In unseren Freundeskreis würde er nur schlecht passen. Auch parteipolitisch ist er, der für eine deutsche Stiftung arbeitet, eigentlich überhaupt nicht auf unserer Wellenlänge, trotzdem ist er uns mit seiner zynisch-lakonischen Art nicht unsympathisch. Etwas irritierend sind allerdings seine kaputten Schneidezähne, die seiner Gesamterscheinung und dem gepflegten Schwiegermutters-Liebling-Outfit, einen leicht verwegenen Touch geben. Thorsten, so mutmaßen wir, darf man auf keinen Fall unterschätzen. Er hat es faustdick hinter den Ohren.

Umgekehrt passen auch wir nicht in seinen Bekanntenkreis. Sein Interesse an uns haben wir einzig unserem Kennzeichen zu verdanken: »R« wie Regensburg, Thorstens Heimatstadt.

»Ich halte nicht viel von dem ganzen humanitären Quatsch!«, fällt er mir ins Wort, als ich ihm von Paul erzähle, einem weiteren Regensburger, der in Bamako Bewässerungspumpen im Rahmen eines Entwicklungshilfeprojektes herstellt.

Kati ist eine Stadt 15 Kilometer vor der Hauptstadt Bamako. Hier befindet sich eine Militärkaserne, von der die letzten Putschversuche ausgingen.

»Ist ja ganz nett, wenn irgendwelche Organisationen hier Entwicklungshilfe leisten, aber das wäre doch eigentlich die Aufgabe der Regierung. Die Menschen sollten sagen können: »Schau, wie toll das unser Bürgermeister hinbekommen hat!« und nicht »Schau, was da eine Stiftung aus Deutschland Wunderbares geleistet hat!«. Das ist genau der Grund, warum in Mali niemand Respekt vor den Politikern hat.«

Thorsten legt eine Redepause ein. Aber nur, um sich an seiner alten Zigarette eine neue anzustecken. Nach einem tiefen Zug schimpft er weiter: »Gewisse Faktoren erschweren die Lage in Afrika natürlich noch zusätzlich. Das Durchschnittsalter liegt in Mali bei 15 Jahren! In Regensburg fangen alle schon zum Jammern an, wenn es heißt, 2000 Neubürger pro Jahr! »Woher sollen wir bloß die Wohnungen nehmen, woher die Kindergärten und all die Schulen?«

Weil er gerade so schön in Fahrt ist, frage ich nach den Ursprüngen des Konflikts in Mali.

»Ganz schematisch erklärt ist das so ...«, legt er los und greift schon wieder nach seiner Zigarettenschachtel. Dann erzählt er uns von einem riesigen Land, mit einem dicht besiedelten Süden und einem sehr dünn besiedelten Norden. Letzterer sei der »vergessene Teil« des Landes; dort gäbe es so gut wie keine Infrastruktur. Auch seien die meisten Verwaltungsleute Bambara und keine Tuareg, die aber dort die Mehrheit der Bevölkerung stellen würden.

»Da sitzen also Leute in den Ämtern, die von nichts eine Ahnung und keinen Rückhalt vor Ort haben.« Aufstände habe es im Norden unter den Tuareg schon immer gegeben, aber richtig schlimm sei es eben erst 2012 geworden, als die Dschihadisten auftauchten.

»Der Staat ist im Norden Malis faktisch nicht mehr existent. Dort geht es aber nicht etwa um Terrorismus, sondern um Menschenhandel, Drogen-, Waffen- und Zigarettenschmuggel.«

Gestresst blickt Thorsten auf seine Golduhr.

»Leute, ich muss leider los! Ich habe noch zu packen, denn morgen fliege ich in den Tschad. War nett euch getroffen zu haben!

Lässig lässt Thorsten einen Schein auf den Tisch flattern, der locker für seine zwei Pernod und unsere zahlreichen Getränke reicht. Dann ist er auch schon verschwunden.

Leicht benommen bleiben wir zurück. Dass eine Reise durch Westafrika kein Zuckerschlecken wird, war uns von Anfang an klar. Dennoch ist es etwas anderes, direkt vor Ort mit der Realität konfrontiert zu werden als sich das von der Ferne aus nur vorzustellen.

Im Nachhinein recherchiere ich, dass Gao und Kidal – zwei Städte im Nordosten des Landes – wichtige Drehscheiben im internationalen Drogenschmuggel sind. Ich zitiere daher im Folgenden in Auszügen aus einem *Fluter*-Artikel von August 2016 des Journalisten Andreas Förster.

»Etwa 60 Prozent des in Europa konsumierten Kokains wird über die Afrika-Route geschmuggelt (…), zwischen Dezember 2014 und März 2016 wurden mindestens 22 Tonnen Kokain beschlagnahmt, die über Westafrika nach Europa gelangen sollten. Nach UN-Schätzungen beträgt der Wert des jährlich über Afrika nach Europa geschmuggelten Kokains inzwischen rund 1,25 Milliarden Dollar. (…) Inzwischen kommt die Ware immer öfter mit Containerschiffen übers Meer, die in den großen Handelshäfen von Lagos in Nigeria und Lomé in Togo gelöscht werden (…).«

Auch der ehemalige RAF-Terrorist, Schauspieler und Schriftsteller Christof Wackernagel, der mehrere Jahre in Mali lebte, schreibt in seinem Buch *Reden statt schießen – Die Kultur des Dialogs in Mali* über einen »jumbotauglichen Flugplatz in Kidal«, über den der Kokainschmuggel mehr offiziell als illegal abgewickelt würde. Da ist für viele offenbar ein einträgliches Geschäft entstanden.

Andreas Förster berichtet dazu über die Weiterverteilung der Reichendroge durch die Sahara mittels Kokain-Konvois:

»Die (…) Drogenroute nach Europa führt dann meist von Mauretanien und Mali aus durch die Sahara über Niger und Tschad bis nach Libyen und Ägypten. Von dort geht es per Schiff Richtung Osteuropa.«

Zum Drogenschmuggel kommen der Waffenhandel aus Libyen sowie das Geschäft mit Flüchtenden aus ganz Afrika auf ihrem Weg nach Europa. All das ergibt eine gefährliche und hochexplosive Mischung. Weil so viele (wahrscheinlich auch europäische) Akteure an diesen Geschäften mitverdienen wollen, ist die Situation wohl derartig verfahren, dass auf Jahre keine befriedigende Lösung gefunden werden kann.

Wir sind mutig und tanzen

***Salomé* – Mali yera wafi**

Salomé sahen wir bei einem Konzert in Bamako, Mali. Ihre Band produzierte vertrackte psychedelische Rhythmen, während die Sängerin die Diva gab. Dem Publikum gefiel es, es tanzte im Kreis um die Musiker herum.

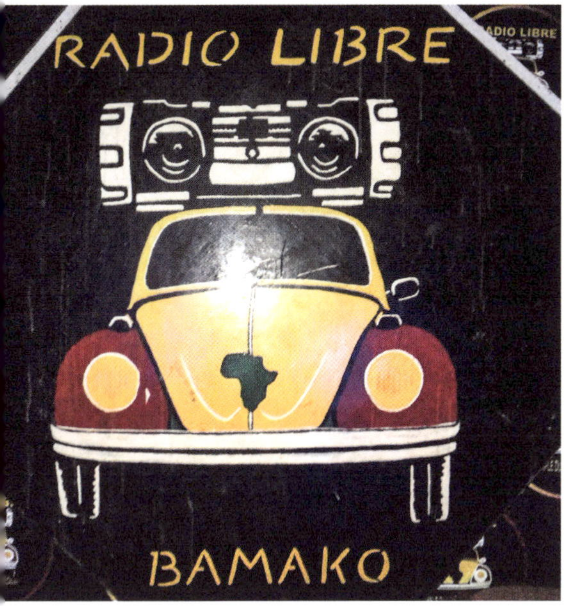

Wir erkunden auch weiterhin die Musikszene der Landeshauptstadt. Hier sind wir im *Tiken Jah Fakolys Club Radio Libre.*

Sidi scheint sich zum Glück wieder zu erholen, und wir beschließen, Bamako bald den Rücken zu kehren. Zum Abschied erkunden wir noch einmal die Musikszene der Stadt.

Im Club gleich hinter dem *Sleeping Camel* spielt eine kongolesische Rumba-Band. Die Musik gefällt uns nicht, und der verzerrte Klang aus den reichlich übersteuerten Boxen ist uns ein Graus. Dennoch bleiben wir ein wenig und sind wieder einmal erstaunt darüber, dass das Publikum wie festgeklebt auf den Lounge-Sesseln zu sitzen scheint. Nur ganz vorn tanzt eine sehr leicht bekleidete Frau. Wir vermuten, sie gehört zur Band, sie animiert die erste Zuschauerreihe, es ihr gleich zu tun, doch sehr erfolgreich ist sie mit ihren Versuchen nicht.
Schon bald verlassen wir die Bar wieder, denn Heppo schaltet seinen Partyriecher auf Suchmodus.

So landen wir in einem Kulturzentrum, wo gerade eine Charity-Veranstaltung stattfindet. Um die Spender in Geberlaune zu bringen, spielt *Salomé*, unterstützt von ihrer vielköpfigen und ausnahmslos männlichen Band. Die Diva tritt theatralisch in einem grünen und glänzenden Abendkleid auf die Bühne. Ihre psychedelische Musik lebt von den tranceartigen Wiederholungen vertrackter Rhythmen. Typisch Mali eben. Nun endlich trauen sich die Zuschauer zu tanzen. Männer wie Frauen – alle ausnahmslos bestens gekleidet – stürmen plötzlich auf die kreisrunde Bühne und umringen die Sängerin! Nun bewegt sich die Menge wie bei einer großen Polonaise immer um die Musiker herum. Schon bald haben wir unsere persönlichen Favoriten unter den Tanzenden ausgemacht. Besonders freuen wir uns über eine langbeinige Schönheit in roséfarbener Robe, die bei jeder Runde graziös an uns vorbeischwebt. Insgesamt sieht es so aus, als ob alle großen Spaß hätten. Immer wieder löst sich einer oder eine aus der Menge, um der Sängerin ein paar Geldscheine zuzustecken, die diese in ihrem Dekolleté verschwinden lässt. Nach dieser Art von monetärem Zuspruch singt *Salomé* dann besonders laut. Ihre Bandkollegen schmücken den sowieso schon ziemlich vertrackten Sound sogleich zusätzlich mit Trommelwirbeln, Gitarren- und Keyboard-Soli aus. Als die Musik immer ekstatischer wird, wollen auch wir nicht länger nur Voyeure sein. Entschlossen drängen wir uns in den Kreis. Freudig werden wir aufgenommen, und nach dem Ende des Liedes sogar von Mittänzern und Bandmitgliedern abgeklatscht. Was für ein gelungener Abschied von Bamako, dieser unglaublichen Stadt, die uns zum Lachen, Weinen, Flirten und Tanzen gebracht hat.

Die Kolanuss

Frau Scherer ist startbereit, und schon bald kämpft sich unser betagtes Expeditionsmobil durch dichten Verkehr. Während wir uns weiter und weiter aus der Stadt entfernen, merken wir, wie eine unsichtbare Last von uns weicht. Es ist, als ob ein Bann gebrochen wäre; der Bann von Bamako. Nicht nur des sich lichtenden Smogs wegen, können wir bald viel freier atmen. Was für ein seltsamer Ort! Vielleicht werden wir eines Tages zurückkehren müssen, um herauszufinden, was diese Stadt gleichzeitig so schön wie schrecklich macht. Doch nun sind wir einfach nur froh, ihr endlich entfliehen zu können.

Wir teilen uns eine Kolanuss. Aufgrund eines hohen Koffein- und Thebromingehalts wirkt diese belebend und leistungssteigernd. Neben einer verdauungsfördernden Wirkung soll das Genussmittel auch dabei helfen, die Hitze erträglicher zu machen. Der Geschmack der Kola ist allerdings schrecklich – erdig und ziemlich bitter.

Wieder einmal hält uns ein Polizist auf. Er hat es sich in den Kopf gesetzt, kräftig von uns zu kassieren. Erst jetzt merken wir, wie gut die Droge ihre Wirkung tut. Die Worte sprudeln nur so aus uns heraus. Wir texten den Typen dermaßen zu, dass er schon bald genervt die Augen verdreht.

Möglichst schnell möchte er uns Labertaschen wieder loswerden. Lachend sitzen wir kurz darauf im Lkw und freuen uns wie kleine Kinder über den Korrupte-Polizisten-vergraul-Effekt der Kola.

Die letzten beiden Nächte in Mali verbringen wir dann – alle Warnungen in den Wind schlagend – mehr oder weniger wild campend in freier Natur. Bei Missiokoro gibt es eine Naturmoschee, die sich in einer Höhle in einer großen Felsformation befindet. Hier vermischt sich der muslimische Glaube bereits mit dem Animismus und Einflüssen des Voodoo. Marabouts sitzen in Felsnischen, beten und beraten Menschen, die mit ihren Anliegen zu ihnen kommen. Dieser Ort ist wunderschön. Sogar Paviane leben hier, allerdings zeigen sie sich uns nur von Ferne, ganz oben auf dem Felsplateau sitzend.

Unsere letzte Nacht bei den Chutes de Farako verläuft zum Glück ebenfalls ohne unangenehme Zwischenfälle. Nur zwei Jugendliche entdecken uns und fragen nach Geld. Obwohl die beiden eher harmlos wirken, verstecken wir uns mit Frau Scherer bei Einbruch der Dunkelheit ein paar Meter weiter weg im Gebüsch. Schließlich wollen wir nicht, dass die beiden später

Allgegenwärtig im dichten Verkehr der Hauptstadt sind die öffentlichen Kleintransporter, Sotrama genannt.

Von den Jungs im Dorf werden wir gern besucht.

Marabouts haben wir uns älter vorgestellt.

Ein besonderer Ort ist die Naturmoschee bei Missiokoro, nahe der Grenze zu Burkina Faso.

mit Verstärkung zurückkommen und ihre Forderung mit mehr Nachdruck wiederholen. So nahe an der Grenze zu Burkina Faso wollen wir lieber etwas vorsichtiger sein als sonst, auch wenn wir es schrecklich finden, derart misstrauisch auf unsere Umwelt reagieren zu müssen. Oftmals hat es sich für uns jedoch schon bezahlt gemacht, dass wir stets auf unser Bauchgefühl gehört haben. Wir haben alles richtig gemacht, denn das einzig Bemerkenswerte ist in dieser Nacht Folgendes: Es ist so kühl, dass wir uns mit einem doppelten Laken zudecken müssen!

Was für ein Zufall! Der Felsen auf dem Paviane wohnen, ähnelt einem Affenkopf.

Zusammen mit unserem Guide vor der Naturmoschee.

Elfenbeinküste
Côte d'Ivoire

Tiken Jah Fakoly – Plus rien ne m'étonnes

Tiken Jah Fakoly *stammt aus der Elfenbeinküste. Er gilt als einer der einflussreichsten Reggaemusiker Afrikas. Selbst kennengelernt haben wir ihn nicht, aber dafür seinen Club* Radio Libre *in Bamako besucht. Nur die Band war an diesem Abend leider so schlecht, dass wir das Etablissement vorzeitig verließen …*

Ein architektonisches Meisterwerk der Termiten bei Ouangolodougou.

Kaltblütige Killer

Obwohl es noch früh am Nachmittag ist, halten wir kurz nach der Grenze der République de Côte d'Ivoire, bei uns oft auch Elfenbeinküste genannt, für ein Päuschen an einer Parkbucht, direkt neben der Straße. Der sandige Platz ist von so viel tropischer Vegetation umgeben, dass er nicht eingesehen werden kann. Wie angenehm! So ruhig und friedlich ist es hier, dass wir spontan beschließen, auch die Nacht an dieser Stelle zu verbringen.

Dennoch schadet es nie, die Umgebung genauer zu inspizieren. Nicht nur Sidi muss sich die Beine vertreten, auch wir haben Lust, ein Stück zu laufen. Schon auf den ersten Metern entdecken wir schwärmende Bienen, die in großen Trauben in den Bäumen hängen, auch imposante Termitenhügel, die uns um mehrere Zentimeter überragen. Wir sind voller Bewunderung für diese architektonische Meisterleistung. Doch jäh werden wir in unserer Andacht unterbrochen: Denn plötzlich kommt uns eine große Kuhherde entgegen. Die langen und spitzen Hörner lassen die Rindviecher ziemlich gefährlich wirken. Um sie nicht unnötig zu provozieren, drücken wir uns am Wegesrand ins Gebüsch – mit dem Wunsch, möglichst unsichtbar zu werden und mit unserer Umgebung zu verschmelzen. Was bei den Kühen noch recht gut funktioniert, versagt jedoch bei dem Hirten, der zusammen mit seinem Sohn hinter seinen Tieren einhergeht. Die Armen erschrecken sich fast zu Tode, als sie uns so in der Vegetation kauernd entdecken. Sie trauen sich kaum, an uns vorbeizugehen. Im ersten Moment finden wir das komisch, aber als wir uns die Situation aus einer anderen Warte vorstellen, wird uns klar: Vielleicht würden wir ganz ähnlich reagieren, wenn wir auf unserer täglichen Hunderunde auf zwei Schwarze treffen würden, die im Gesträuch sitzen würden. Selbst wenn beide nur die absolut harmlose Absicht hätten, Abstand zu uns und unserem vermeintlich gefährlichen Hund zu wahren, käme uns ihr Verhalten wahrscheinlich höchst seltsam und beängstigend vor. Freundlich winken wir den beiden zu, wollen ihnen signalisieren, dass sie von uns nichts Schlimmes zu erwarten haben. Zaghaft lächeln Vater und Sohn zurück und beschleunigen dennoch ihren Schritt. Mehrmals noch dreht sich das Kind nach uns um und ist sichtlich beruhigt, dass wir keine Anstalten machen, ihnen zu folgen.

Am nächsten Tag fahren wir erst am späten Vormittag los, doch sonderlich weit kommen wir nicht. Nach ein paar Kilometern geraten wir in eine der üblichen Straßenbarrieren der Polizei. Alte Autoreifen, Baumstämme, verbeulte Ölfässer, Krähenfüße und eine dicke Kordel versperren uns die Weiterfahrt.

Wie immer steige ich aus, um eventuelle Formalitäten zu regeln, während Heppo am Steuer sitzen bleibt. Mein freundliches »Bonjour!« wird mit übertrieben hoher, weiblicher Tonlage von einem der Uniformierten nachgeäfft. Irritiert senke ich meine Stimme um eine ganze Oktave. Meine zum Gruß dargebotene Hand landet in einem Schraubstock, in einem Griff, der einfach nicht mehr loslassen will. Der Typ dazu ist ein echter Unsympath. Langsam wird mir etwas unheimlich zumute. Ich erwähne meinen im Auto wartenden Mann, der aber dummerweise von meiner Bedrängnis gerade nichts mitbekommt.

»Dein Macker ist mir egal!«, raunt der Polizist nun in mein Ohr. »Hierbleiben musst du

und einen aus der Côte d'Ivoire heiraten.« Immer noch hält er meine Hand unangenehm fest.

Was für ein Ekel! Dieses Mal hat es die Polizei wohl wirklich auf uns abgesehen. Zum Glück mischt sich bald ein Kollege ein, der deutlich sachlicher wirkt. Er macht mir klar, dass wir sofort zurück nach Ouangolodougou fahren müssen. Dort sollen wir uns auf dem Kommissariat melden.

»Order von oben! Keine Widerrede! Weigerung zwecklos!«

Sogar eine Motorradeskorte erhalten wir, so wichtig scheint die Sache zu sein. Auf der Wache werden wir direkt an den Vorgesetzten weitergereicht, der uns sogleich in sein Büro drängt. Auch er schlägt einen ziemlich unfreundlichen Ton an und bombardiert uns mit allerhand Fragen. So erkundigt er sich nach unserer Religion, unserem Essverhalten, unserer finanziellen Situation und nach unseren Wohnverhältnissen in Deutschland. Ein richtiges Verhör ist das. Ich fühle mich schrecklich. Selbst Heppo, der bislang noch recht gelassen blieb, wirkt nun langsam beunruhigt.

Ein typisches Bild sind die Verkäuferinnen, die alles anbieten, was der …

»Was wird uns denn eigentlich vorgeworfen?«, möchte ich nun wissen. Insgeheim mutmaße ich nämlich, dass es sich um eine besonders perfide Art handelt, von uns Geld zu erpressen.

Auf diese Frage scheint der Polizeichef von Ouangolodougou nur gewartet zu haben. Prompt hält er uns einen französischsprachigen Artikel unter die Nase, erschienen bei einer ivorischen Tageszeitung. Das dazu abgebildete Foto zeigt ein weißes, europäisches Paar etwa in unserem Alter. Etwas fällt dann aber doch auf. Die abgebrühte Rockstar-Coolness, die die beiden ausstrahlen, lässt mich ein bisschen an Mickey und Mallory Knox aus *Natural Born Killers*, dem Film-Klassiker von 1994 denken. Und tatsächlich, so falsch liege ich mit der Assoziation gar nicht. Die Bildunterschrift sagt etwa Folgendes: »International gesuchtes Mörderpaar aus Europa wird in der Elfenbeinküste geschnappt!«

Offensichtlich hat der Polizeioberst eine blühende Fantasie, denn nun sieht er in jedem auf dem Landweg ankommenden Touristenpaar weißer Hautfarbe kaltblütige Killer. Vielleicht hofft er aber auch auf einen Karrieresprung durch einen ähnlich spektakulären Fahndungserfolg. Lauernd beobachtet er meine Reaktion auf den Zeitungsartikel.

»Was werden wir wohl finden, wenn ich eine Interpol-Anfrage über euch starte?«, fragt er nun, maliziös lächelnd.

»Nichts!«, antworte ich so cool wie möglich.

Zehn Minuten später kehrt er enttäuscht zurück, denn natürlich liegt bei Interpol absolut nichts gegen uns vor.

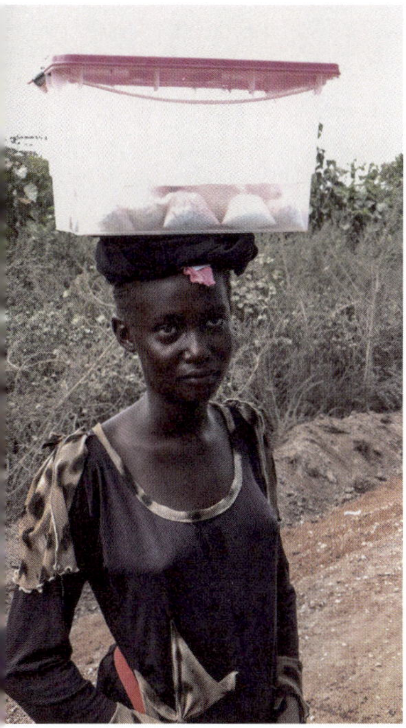

... Reisende braucht. Trinkwasser ist in kleinen Plastikbeuteln erhältlich.

Plötzlich ist er wie ausgewechselt, behandelt uns höflich und zuvorkommend. Freundlich führt er uns zurück zu unserem Mobil und gibt uns Tipps zur Weiterfahrt nach Ferkessedougou, unserem nächsten Ziel.

Über diesen Ort konnten wir in unserer *WhatsApp Westafrican Traveller Group* folgenden Eintrag lesen, den ich aus dem Gedächtnis zitiere:

»*Ferkessedougou is forever burnt in my memories. Asking for a place to stay, the police told me to either sleep in a brothel or go to a convent. I am too ashamed to tell which option I chose!*«

»Wahrscheinlich ging er ins Kloster!«, spötteln wir.

Doch Moment mal: Eigentlich ist es gar keine schlechte Idee, bei einer der zahlreichen Religionsgemeinschaften um Asyl zu fragen. Die katholische Kirche von Ferke (so lautet die liebevolle Abkürzung des unpraktisch langen Ortsnamens) befindet sich mitten im lebhaften Stadtzentrum. Sie liegt inmitten eines großen und ruhigen Innenhofes.

»Pas de problème!«, meint der entspannte Pfarrer Emanuel, und schon haben wir einen günstigen und sicheren

Stellplatz in zentraler Lage ergattert. Von hier können wir über den nebenan gelegenen Markt bummeln und zum nahen Freiluftkonzert der Evangelikalen schlendern.

Freudig werden wir von den Gemeindemitgliedern begrüßt. Doch lange halten wir es dort nicht aus. Die Band ist eigentlich gar nicht so schlecht. Wenn nur nicht das viele »Halleluja, hey!« wäre.

Zurück bei Frau Scherer stellen wir fest, dass auch in der katholischen Kirche gerade eine Messe stattfindet. Ausdauernd sind sie hier: Der Gottesdienst dauert fast drei Stunden, nämlich bis 23 Uhr. Pausenlos wird das Ave Maria gebetet. Auch die Evangelikalen nebenan bringen noch immer jede Menge Enthusiasmus und Energie auf: »Halleluja, hey!«, schallt es noch die halbe Nacht zu uns herüber.

Bei den Webern

Das morgendliche Geläut der katholischen Kirche in Ferkessédougou hört sich an wie ein Feueralarm. Um kaum 6 Uhr morgens ruft dieser durch Mark und Bein gehende Signalton die Gläubigen zur ersten Messe des Tages.

»Herrgott nochmal! Die nehmen die Sache aber wirklich ernst!«, stöhne ich. Dieses Geräusch ist wirklich derartig schrecklich, dass wir sofort hellwach sind.

Da wir wenig Lust auf eine weitere Nacht zwischen den um Aufmerksamkeit buhlenden Kirchengemeinschaften haben, fahren wir weiter bis nach Korhogo. Aber auch dort kommen wir wieder bei einer Kirche unter, diesmal bei den Baptisten. Die Gemeinden haben einfach die schönsten und sichersten Stellplätze. Vikar Père Paul stammt aus Togo und ist ein freundlicher Mensch. Obwohl die gesamte kirchliche Anlage wegen eines Feiertages eigentlich komplett ausgebucht ist, ist er so liebenswürdig, uns nicht nur einen Stellplatz im Hof, sondern auch noch einen Zugang zu einem Zimmer mit Klo und Dusche zu organisieren.

Nach Korhogo sind wir gekommen, weil es das Zentrum alter Handwerkstraditionen ist. Maler, Weber, Schmuckhersteller, Schnitzer und Schmiede soll es hier geben. In der Stadt spricht uns ein junger Mann an. Petit Solo ist sein Name. Als unser Guide möchte er uns zu den Webern und Schmieden führen.

»Auch ein Maskenfest könnt ihr zu sehen bekommen!«, lockt er uns auf Deutsch. 18.000 CFA will er für seine Dienste. Nicht gerade billig! Wir werden uns dennoch schnell handelseinig: Manchmal ist es eben doch ganz gut, mit einem Ortskundigen zu gehen. Vor allem das Maskenfest könnten wir ohne ihn sicherlich nicht so einfach besuchen.

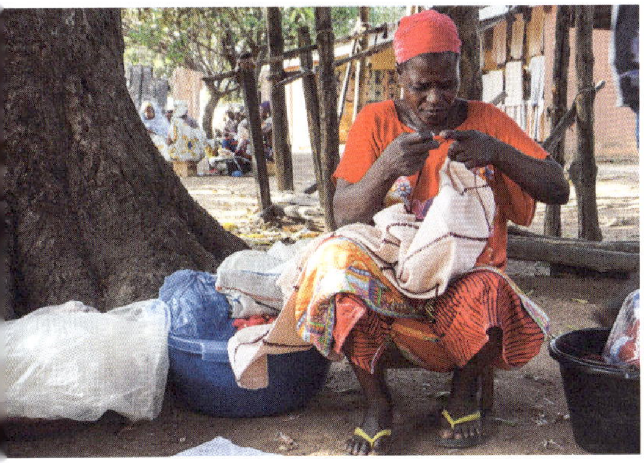

Das Weben ist ausschließlich Männersache. Die Frauen hingegen nähen aus den schmalen Stoffstreifen lange Bahnen.

Auf einem überdachten Platz sitzen auf selbstgebauten Webstühlen ausschließlich Männer vor bunten Fadenreihen. Die viele Meter langen Bahnen sind wohl kaum breiter als 15 Zentimeter.

»Das Handwerk wurde etwa im 13. Jahrhundert von den Maghrebinern in die Elfenbeinküste gebracht!«, erklärt uns Petit Solo. »Im Gegenzug musste die Dorfbevölkerung den islamischen Glauben annehmen!«

Seit dieser Zeit ist das Dorf eine einzige große Manufaktur. Die Jungen beginnen im Alter von etwa zehn Jahren mit ihrer Ausbildung. Sie sind für das Weben zuständig, während die Frauen die Baumwolle verspinnen und die schmalen Streifen später zu größeren Stoffstücken zusammennähen. Männersache ist dann wiederum das Schneidern. Das Ergebnis sind bunte und etwas steife Kleidungsstücke, die mich in ihrer schlichten Schönheit ein bisschen an die Gewänder der Amish People in Amerika erinnern.

»Wir müssen los zum Maskenfest!«, drängt Petit Solo plötzlich zum Aufbruch.

Das »Maskenfest« entpuppt sich als eine Beerdigung. Eigentlich sollen wir nicht fotografieren, dürfen dann aber doch ein paar Schnappschüsse mit dem Handy machen.

Etwas betreten stehen wir vor dem offenen Grab. Die ausgelassene Stimmung will nicht so recht zu unserem Bild einer Beerdigung passen.

Die gute Laune ist ansteckend. Ich tanze tatsächlich auf einer Beerdigung!

Erst auf dem Weg erfahren wir, dass es sich eigentlich um eine Beerdigung handelt. »Kein Grund zur Trauer!«, meint unser Guide, als er unser Zögern bemerkt. »Eine Beerdigung ist ein fröhliches Ereignis!« Der Verstorbene hat alle Mühsal überwunden, der Weg in eine bessere und schönere Welt steht ihm nun offen. Manchmal wird jahrelang gespart, denn das Fest wird mit großem Pomp gefeiert. Zahlreiche Trommel- und Balaphon-Gruppen treten auf, die Masken kommen, und eine ganze Dorfgemeinschaft plus Freunde und Verwandte wollen und müssen verköstigt werden. Ein teurer Spaß!

Als der Sarg zu Grabe getragen wird, geht es hoch her. Kinder schwenken Wedel aus Pferdehaaren und hüpfen aufgeregt durch die Menge. Die ist bunt, laut und wild. Die Stimmung ist – wie wir verwundert zur Kenntnis nehmen – tatsächlich fröhlich und lustig, es wird gescherzt, gegrinst und viel gelacht. Was für ein Gegensatz zu unserer Kultur, wo Tod und Sterben so negativ besetzt sind, dass die meisten das Ende bis zuletzt verdrängen möchten. Es ist richtig schön zu sehen, dass der letzte Gang eines Menschen auch anders zelebriert werden kann als mit stummem Entsetzen, tiefer Trauer und bitteren Tränen! Und warum auch nicht, das Leben eines Menschen, der einmal Teil unserer Familie und unseres Freundeskreises war, verdient es doch, gebührend gefeiert zu werden?

Auch ich werde dazu aufgefordert mitzutanzen, also wackele ich ein bisschen mit den Hüften und hüpfe von einem Bein auf das andere. Schon werden die ersten Handys gezückt und kurze Videoclips von der komisch tanzenden, weißen Frau angefertigt. Besser höre ich wieder auf mit meiner Performance; schließlich möchte ich mich nicht in den Vordergrund drängen. Aber vielleicht ist auch das ein kulturell bedingter Höflichkeitsunsinn, der an diesem Ort keinerlei Relevanz hat? An meinen Tanz-Moves scheint sich nämlich niemand zu stören, ganz im Gegenteil, ich bekomme Applaus.

»Kopf runter!«, schreit mich Solo plötzlich an. »Dort ist eine der echten Masken, die besonders für Frauen sehr gefährlich sind!«

Tatsächlich habe ich schon von diesen gehört. Es gibt einige, die zu Unfruchtbarkeit und sogar zum Tod führen können. Neugierig wie ich bin, linse ich aber trotzdem durch meine Finger. Was ich sehe. ist wenig spektakulär, denn auf der Straße vor uns bewegt sich nur ein riesiges, wandelndes Grasbüschel.

»Oh je, wenn das mal kein Fehler war?«, mache ich mir dann doch etwas Sorgen. Schnell beruhige ich mich aber wieder, denn – zum Glück – glaube ich ja nicht an derartige Dinge!

Bei den Schmieden

Mit Petit Solo soll es an diesem Vormittag eigentlich ins Dorf der Schmiede gehen. Aber heute ist ein hoher Feiertag der Baptisten. Direkt neben und um unseren Lkw herum findet der Gottesdienst statt. Wir empfänden es als sehr respektlos, mit dem Starten unseres lauten und schwarze-Rußwolken-ausstoßenden-Gefährts die Zeremonie zu stören. So wollen wir lieber deren Ende abwarten. Doch das dauert, um genau zu sein, ganze fünf Stunden lang, nämlich von 7 Uhr früh bis 12 Uhr mittags. So erhalten wir aber Einblick in das religiöse Leben der Gemeinde. Etwa 400 Personen, alle ausnahmslos gut gekleidet – manche von ihnen erschienen sogar im Partner- oder Familienlook – sind von nah und fern zusammengekommen, um eine seltsame Mischung aus Marschmusik, christlichen Gesängen und afrikanischen Trommelrhythmen zu performen. Was da heute allerdings so ausdauernd gefeiert wird, kann ich beim

Im Dorf der Schmiede wird das Feuer zum Schmelzen von Erz geschürt.

besten Willen nicht herausfinden. Dennoch, dieser schräge Gottesdienst hinterlässt bei uns einiges an Eindruck.

Eisenhaltiger Sand wird gewaschen. Das schwerere Metall sinkt nach unten und kann dann weiterverarbeitet werden

Endlich können wir weiter. Auf dem Weg zu den Schmieden machen wir einen kurzen Halt bei den Malern. Auf grob gewebten Stoffbahnen werden dort mit dicken, schwarzen Outlines Masken und Tiere gezeichnet und dann bunt ausgemalt. Das hat fast etwas Comicartiges. Auch die vor allem in den USA berühmten Mud Cloths werden hier angefertigt. Eigentlich stammen diese Kleidungsstücke aus Mali, wo sie Bogolan oder Bògòlanfini heißen. Das Besondere an diesen Textilien ist, dass sie mit fermentiertem Schlamm gefärbt und bemalt werden. Ursprünglich waren diese eher sackartigen Überwürfe eine Art Tarnkleidung für Jäger, aber auch Statussymbol und Schutz vor bösem Zauber. Heute werden die Bogolan vor allem für Touristen hergestellt.

Das Dorf der Schmiede hat Museumscharakter. Als wir ankommen, liegen vier gelangweilte Männer im Schatten eines großen Baumes. Der jüngste von ihnen gibt uns eine Führung.

»Eine sehr alte Technik wird hier angewendet!«, erzählt er uns. »Seit 500 vor Christus gewinnen und verarbeiten wir das Eisen auf die gleiche Weise!«

Eisenhaltiger Sand wird abgebaut, dann gewaschen und gesiebt. Da das Eisen schwerer als der Sand ist, sinkt das Metall nach unten. Sodann werden sogenannte Eisenbuletten geformt. Diese werden in einem Ofen erhitzt, bis sie schmelzen. Die eisenhaltige Flüssigkeit fließt über ein Rohr ab und erkaltet am Boden zu einem Klumpen. Dieser enthält noch immer Holzkohle. Deswegen wird der Klumpen pulverisiert und der entstandene Staub in die Luft geworfen. Der leichtere Kohlenstaub wird vom Wind verweht, während das schwerere Eisen nach unten fällt. Erst jetzt ist das Material so rein, dass es geschmiedet werden kann. Wir dürfen selbst Hand anlegen und den Blasebalg bedienen. Echte Schwerstarbeit ist das, aber immerhin entsteht dabei ein schöner Rhythmus.

»C'est de la musique!«, sagt unser Guide.

Nach der Führung möchte ich gern noch etwas mehr über den Beruf der Schmiede erfahren. Denn in fast allen Kulturen der Welt werden diesen Männern übersinnliche Kräfte zugesprochen. Ihr Gewerbe wird mit Magie in Verbindung gebracht. Mit ihrer Kraft über Feuer und Materie zu gebieten, Eisen zu transformieren und daraus Dinge zu erschaffen, erlangen sie in den Augen ihrer Mitmenschen einen fast gottähnlichen Status. Kurz: Die Schmiedekunst ist eine übernatürlich anmutende Kunstfertigkeit, die oft kritisch beäugt wird. Schmiede werden daher ängstlich gemieden. Gern würde ich mehr über ihre Macht und ihre Stellung in der hiesigen Gesellschaft erfahren.

Petit Solo (links) und der Schmied zeigen uns eine Form aus Lehm, in der das geschmolzene Metall aufgefangen wird.

Doch die Männer sind misstrauisch und antworten nur zögerlich. Besonders der Älteste von ihnen, der auf einem Auge blind ist, ist zurückhaltend. Als ich ihnen etwas über Handwerkstraditionen und über das Zunftwesen in Deutschland erzähle, taut der Alte endlich auf und wird gesprächiger: »Nur innerhalb unserer Kaste darf geheiratet werden. Allerdings gibt es durchaus verbündete Handwerksberufe. So können zum Beispiel die Schmiede Allianzen mit den Bildhauern eingehen.«

»Und wie verhält es sich nun mit den angeblich magischen Fähigkeiten der Schmiede?«, möchte ich zum Kern der Sache kommen.

»Ach, jeder Mensch kann doch etwas Besonderes!«, antwortet der Alte immer noch ausweichend. »Aber bei bestimmten Problemen und Krankheiten kommen die Leute schon gern zu uns ins Dorf, um uns um Rat zu fragen.«

Zum Abschied gibt er uns noch einen Tipp: »Verschenkt nie ein Messer, denn das zerschneidet die Freundschaft!«

Diese Regel ist für mich allerdings nicht neu, sie wurde auch in meiner Familie stets beherzigt. Mit etwas Bauernschläue konnte man das Dilemma allerdings damit umgehen, dass Messer oder Scheren für einen symbolischen Pfennig den Besitzer wechselten. Dann war die Klinge eben nicht geschenkt, sondern gekauft. Manche Weisheiten gelten wohl überall auf der Welt, auch jenseits aller kulturellen Unterschiede.

Es riecht so gut

Über Bouarke fahren wir weiter in den Osten. Nun sind wir wirklich abseits der ausgetretenen Touristenpfade unterwegs. Statt auf einer Straße mit Teerbelag befinden wir uns nun auf einer roten Sandpiste. Der Dschungel links und rechts von uns wird immer dichter. Auch die Häuser und Dörfer, die sich im wuchernden Grün verstecken, sind nun keine Steinbauten mehr mit Stromanschluss, sondern einfache Lehmbauten – ohne jeglichen Komfort.

Ich stecke meinen Kopf aus dem Fenster, spüre den feuchtwarmen Fahrtwind, schlucke den Staub und sauge tief die exotischen Düfte ein. Dieses Land riecht so gut! Wenn ich ein Parfümeur wäre, so würde ich mich hier inspirieren lassen zu einer 80er-Jahre-Retro-Duschgel-Produktlinie: »Exotic Dreams« würde ich eine Kreation nennen, »Tropical Feelings« eine andere und »Jungle Breeze« eine dritte. Silhouetten von sich küssenden Paaren im Sonnenuntergang und große Blüten würden die Labels zieren. Fast sind mir meine Fantasien peinlich; aber ich

Dichrostachys cinerea fühlt sich überall in den Tropen wohl.

Viele Lastwagen sind mit riesigen Stämmen beladen. Mit Tropenholz wird leider noch immer gehandelt.

Die Behausungen in den Dörfern werden einfacher. In Sabarybougou gibt es immerhin noch einen Stromanschluss.

schwöre euch, spätestens, wenn ihr einmal an meinen flüssigen Seifen geschnuppert hättet, dann wärt ihr diesen für den Rest eures Lebens verfallen!

Während ich in Gedanken meiner unausgelebten Karriere als Dufterfinderin nachhänge, ist es spät geworden. In den Tropen wird es stets pünktlich gegen 18 Uhr dunkel. So suchen wir uns mittlerweile oft gern schon am Nachmittag einen Platz für die Nacht. Diesmal fällt die Wahl auf den Ort Sabarybougou. Wir fragen den Dorfchef Abou, und dieser gibt sein Okay für unser Bleiben. Er ist ein kluger Mann, der seine Jugend als Matrose in Marseille verbrachte. Leider hat er gerade keine Zeit für uns, und so ist es Fofana Sima, der uns durch das kleine Dorf führt. Klein sieht die Häuseransammlung allerdings nur direkt von der Straße aus. Bei einer Führung stellen wir schnell fest: Der erste Eindruck täuscht gewaltig. Das Dorf hat doch ziemliche Ausmaße. Verschlungene Pfade führen immer tiefer in den Dschungel hinein, hin zu weiteren Häusern und Hütten. Meist gruppieren sich vier Bauten um einen Innenhof, in dem die Frauen auf offenen Feuerstellen kochen. Dazwischen spielen Kinder unter Schatten spendenden Mangobäumen, Hühner und Ziegen laufen frei herum. Das Leben hier wirkt sehr idyllisch auf uns.

»Wie viele Menschen leben im Dorf?«, möchten wir wissen.

»Ein paar tausend sind es schon«, antwortet Fofana zu unserer Verblüffung.

Mittlerweile folgt uns eine Schar von etwa 20 bis 30 Kindern, die meisten von ihnen sind Buben. Leider wird nur ihnen Zeit zum Spielen gewährt. Mädchen werden hingegen schon früh als Hilfe im Haus gebraucht und sind nur selten draußen unterwegs.

Meistens sind es nur die kleinen Jungen, die auf den Dorfstraßen unterwegs sind. Die kleinen Mädchen werden als Hilfe im Haus benötigt.

Die Teenager halten sich scheu im Hintergrund.

Die Frauen sind meist sehr damit beschäftigt, ihr anstrengendes Tagwerk zu verrichten. Sie haben keine Zeit für uns.

Sogar die Tiere blicken neugierig ums Eck. Was wollen wohl die zwei komischen Weißen hier?

Auch als wir unsere Tour durch den Ort schon längst beendet haben, stehen die frechen Kerle noch lange vor unserem Wohnmobil, machen Späße und feixen. Zu guter Letzt singen sie uns französische Kinderlieder à *la Frère Jacques* und *À la volette* vor. Wir finden, dafür haben sie sich einen Fußball verdient.

Zum Dank für den Stellplatz fertigen wir Klassenfotos und Porträts für die Schüler in Tiedo an.

Der Schulbesuch

»Die Straße wird schlechter und schlechter!«, jammert Heppo.

Immer öfter müssen wir aussteigen, um die tiefen, schlammigen Löcher auf der Piste zu begutachten, bevor wir sie durchfahren. Es ist gar nicht so einfach, den besten Weg durch diesen Parcours zu finden. Gehen wir das Schlagloch direkt an, riskieren wir einen Achsbruch, weichen wir diesem aus, rutschen wir vielleicht in den Straßengraben.

Zu allem Übel geraten wir nun fast täglich in starke Regenschauer und tropische Wolkenbrüche. Es ist Ende November, und eigentlich sollte bereits die Trockenzeit begonnen haben, aber das Wetter scheint sich einfach nicht an die Spielregeln halten zu wollen.

»Auf nichts ist mehr Verlass!«, schimpft Heppo, als sich bereits das nächste Gewitter mit schweren, schwarzen Wolken ankündigt. Gerade rechtzeitig schaffen wir es noch, Frau Scherer in den Innenhof einer Schule zu navigieren, bevor der Himmel alle Schleusen öffnet.

Der Rektor, den wir um Asyl für die Nacht bitten, guckt verblüfft; er zeigt sich zum Glück aber aufgeschlossen. Allerdings müssen wir bei seinem Vorgesetzten, dem Schulinspektor von Tiedo vorsprechen, um unser Anliegen absegnen zu lassen. Dieser wohnt in einer piekfeinen, neugebauten Villa. Er empfängt uns an seinem Schreibtisch sitzend. Interessiert fragt er uns über unsere Reise aus. Unser Expeditionsmobil würde er sich schon sehr gern mal ansehen, meint er schließlich. So kommt es, dass wir unter den amüsierten Blicken der wichtigsten Männer von Tiedo bald darauf in unserem Wohnmobil sitzen. Von ihnen kann sich aber keiner vorstellen, mit so einem alten Laster derart viele Kilometer zu fahren.

Doch der offizielle Teil ist noch nicht zu Ende. Nun müssen wir nämlich noch der Frau und den Töchtern des Schulleiters Hallo sagen. Zu dritt quetschen wir uns auf sein Motorrad und fahren Schlaglochslalom bis zu einer fast westlich eingerichteten Wohnung ins Dorf. Nach ein paar Minuten scheint sich das Interesse der Familie an uns bereits jedoch wieder erschöpft zu haben; Fernsehen ist interessanter als wir.

Am nächsten Morgen sind wir die absolute Attraktion für die etwa 300 Kinder der Dorfschule.

Alle wollen einen Blick auf und – noch besser – in unseren Lastwagen erhaschen. Als kleine Gegenleistung für unseren Übernachtungsplatz biete ich an, Aufnahmen von den Schulklassen zu machen und auf meinem Fotodrucker auszudrucken. Mein Angebot wird gern angenommen, obwohl die Lehrer einige Mühe haben, die aufgeregte Kinderschar in ordentliche Reihen zu sortieren. Das Ergebnis kann sich dennoch sehen lassen.

Für die Schulkinder sind wir eine willkommene Ablenkung vom Unterricht.

Zusammen mit unserem Helfer Bruno gehen wir in Soko auf Affenpirsch.

Hier sind die Affen heilig. Laut einer Legende handelt es sich um verzauberte Mitbürger.

Soko, das Dorf der Affen

Zeit, dass auch mal Heppo zu Wort kommt. Die folgenden zwei Kapitel sind von ihm:

Seit drei Tagen sind wir in Soko, einem kleinen Ort in der Côte d'Ivoire. Er liegt etwa drei Kilometer vor der Grenze zu Ghana. Es ist ein Dorf, wie man sich ein Dorf in Afrika vorstellt. Auf den staubigen Straßen brodelt das Leben. Alle kochen draußen auf Feuerstellen. Die Familien sind groß. Sie wohnen in kleinen Häusern und Hütten. Privatsphäre gibt es ebenso wenig wie Teerstraßen, eine funktionierende Müllabfuhr oder fließendes Wasser. Doch Moslems, Christen, Baptisten und Animisten leben in Soko friedlich beisammen. Die Bewohner sind auch uns gegenüber sehr freundlich und aufgeschlossen. Überall werden wir mit »Bonjour!« und »Ça va?« begrüßt. Die unzähligen Kinder jedoch belagern uns gnadenlos, sobald wir die Tür unseres Wohnmobils auch nur einen winzigen Spalt öffnen. Inmitten des ganzen Gewusels laufen dann noch Schweine, Schafe, Ziegen, Hühner, Hunde, Katzen und sogar Affen umher. Ja, richtig gelesen: Affen! Der Ort ist bekannt dafür.

Laut einer Legende soll ein Zauberer vor langer Zeit alle Einwohner des Dorfes in Affen verwandelt haben, um sie vor Feinden zu schützen. Den Angreifern fiel aber der Magier selbst in die Hände und er wurde umgebracht. So konnte er seinen Zauber nicht mehr rückgängig machen. Seither sind die Affen von Soko tabu und werden nicht bejagt.

Camion du Satan

Leider ist gestern etwas Schlimmes passiert: Mitten auf der Hauptstraße durch Soko, einer fiesen Buckelpiste, hatte Frau Scherer einen Blattfederbruch. Nachdem wir einen kurzen Schlag gehört hatten, blockierte unser Lkw, und die Handbremse ließ sich nicht mehr betätigen. Zuerst dachten wir an ein kaputtes Ventil im Bremskraftverstärker, aber nachdem ich dieses kontrolliert hatte und uns mittlerweile ein Mechaniker zu Hilfe gekommen war, wurde schnell klar, dass sich die Bremse an der Hinterachse festgefressen hatte. Das Bremsgestänge hatte sich bereits verbogen. Die obere Lage der hinteren Blattfedern war gebrochen. Das war wohl auch der Grund dafür, dass sich die Hinterachse auf einer Seite nach hinten verschoben hatte und dadurch die Handbremse angezogen wurde. Vorsichtig bewegten wir die Achse wieder nach vorne. Jetzt konnte Frau Scherer immerhin ein paar Meter weiterfahren. Im Schritttempo ging es so zum Mechaniker. Dort wurde dann alles zerlegt. Mithilfe unserer zwei hydraulischen Wagenheber wurde alles wieder in die ungefähre Ausgangsposition gebockt und gedrückt. Aus zwei Flacheisen und Gewindestangen bauten wir uns eine Klammer, die wir am Riss um das ganze Federpaket schraubten.

Schöne Bescherung: Frau Scherer hat einen Blattfederbruch (rechts im Bild)! Wie immer ist aber alles »No problem!«.

Erste Bestandsaufnahme nach dem Blockieren der Handbremse. Das muss untersucht werden.

»No Problem!«, meinte der Mechaniker.

Das ist ein Satz, den wir unterwegs mittlerweile schon so oft gehört haben, dass wir wissen, dass dieser selten etwas Gutes verheißt. Hören wir diese Worte, dann befürchten wir mittlerweile schon das Schlimmste!

Doch der Typ versicherte uns, dass wir mit dem Provisorium locker bis nach Ghana in die Stadt Kumasi kommen würden. Immerhin 250 Kilometer Piste lagen da vor uns. Nur in Kumasi, so waren sich alle einig, würden wir neue Federn oder passende Ersatzteile finden.

Voller Hoffnung sind wir dann heute früh in Richtung Ghana losgefahren. Wir kamen aber nur 800 Meter weit, genauer, bis vor das Tor der Grenzanlage. Die Feder war bereits nach dem ersten Schlagloch wieder aus ihrer improvisierten Klammer gesprungen. Diesmal sah die

Situation allerdings noch viel krasser aus als beim ersten Mal: Die Hinterachse hatte sich bis zum Radkasten nach hinten verschoben. Das Handbremsgestänge stand nun komplett unter Spannung: Vollblockade!

Kurzer Wutanfall meinerseits! Die Grenzbeamten kamen angerannt. »Jetzt und sofort« sollten wir unseren Lkw durch das Tor fahren. Angeblich kämen nämlich in Kürze mehrere große Camions angerollt. Tatsächlich blockierten wir die Straße, aber schnell wegbewegen ging jetzt einfach nicht. Auf jeden Fall nicht, ohne dass unser Lastwagen noch größeren Schaden nehmen würde. Doch das wollten sie einfach nicht kapieren. Weiterer Zornesausbruch meinerseits, denn an dieser Grenze herrschte de facto so gut wie kein Verkehr. Während immer mehr Menschen auf uns einredeten, versuchte ich das Handbremsgestänge zu demontieren, um wenigstens schon mal die Blockade zu lösen. Dies gelang mir auch recht schnell, nur hatten wir in dem ganzen Trubel vergessen, einen Keil unterzulegen – mit der dramatischen Folge, dass Frau Scherer nun die leicht abschüssige Piste hinabzurollen begann. Berit, ein Helfer und ich lagen zu diesem Zeitpunkt allerdings noch unter dem Fahrzeug! Zum Glück reagierten alle schnell und konnten sich retten. Aber der Lkw wurde immer schneller und schneller und steuerte zielsicher auf den 50 Zentimeter tiefen Straßengraben zu. Bruno, der Kopierladenbesitzer, der uns gestern schon den ganzen Tag geholfen hatte, versuchte – sehr geistesgegenwärtig – einen großen Stein vor die Räder zu werfen. Doch Frau Scherer hüpfte locker über diesen hinweg. Keine Chance, auf diese Weise 7,5 Tonnen zu stoppen!

Ich sprintete also dem Laster hinterher, hechtete über die Beifahrerseite ins Fahrerhaus, wo dummerweise Sidi auf dem Fahrersitz lag. Trotzdem schaffte ich es irgendwie, einen Fuß auf die Bremse zu bekommen: Frau Scherer kam kurz vor knapp zum Stehen! Was für eine Aufregung!

Und welch ein Glück, dass das Fahrzeug nun nicht im Graben liegt!

Direkt an der Grenze zu Ghana: Irgendwie haben wir es geschafft, uns in die Zollhalle zu retten. Hier können wir in Ruhe schrauben.

Und noch größeres Glück, dass niemandem etwas passiert ist!

Irgendwie schafften wir es dann in die Halle des Zolls, wo wir mit Hilfe der Nachbarschaft und dem Rat von unserem Freund Wolfgang alias Braisl statt nur einer nun drei Klammern um die Federn spannten. So sollte ein Nach-hinten-Rutschen der Achse verhindert werden. Zur Erklärung: Die Achse hängt am Fahrgestell nur an den zwei oberen Lagen der Blattfedern, nämlich an den Federbolzen.

Zusätzlich sicherten wir dann nochmal alles mit einem dicken Spanngurt.

Ehrlich, gerade kann ich mir nicht so richtig vorstellen, dass wir es mit diesem Provisorium überhaupt bis nach Kumasi schaffen werden. Ob wir dann dort so einfach eine neue Blattfeder bekommen werden, steht dann nochmal auf einem anderen Blatt. Ein kleiner Trost ist hingegen unser Dreimonatsvisum für Ghana, immerhin haben wir in dieser Hinsicht also schon mal keinen Stress. Aber, Schritt für Schritt: Über die Grenze werden wir es morgen schon irgendwie schaffen …

Vor dem Federbruch waren wir noch guter Dinge. Mit einem der Einwohner Sokos posieren wir vor Brunos Kopierladen.

Mit Bruno und den Jungs hatten wir trotz allem eine gute Zeit. Das Konzept »Langzeitreisen mit Wohnmobil« ist den meisten Leuten völlig unbekannt. Meine Helfer konnten es kaum fassen, was wir alles an Werkzeug und Ausrüstung mit uns führen. Dass wir alles so »komplett« haben, wird oft und ausdauernd bewundert und diskutiert. Wieder einmal wird uns bewusst, wie privilegiert wir in Europa doch sind.

Berit hat fleißig für alle gekocht und Zigaretten gedreht. Als dann noch ein gekühltes Feierabendbier serviert wurde – ja, es gibt Bier in der Elfenbeinküste und es heißt witzigerweise »Bock« – war die Freude riesig.

Einer darf in so einer Situation aber natürlich niemals fehlen: der nervende Betrunkene.
Es scheint ein ungeschriebenes Gesetz zu sein, das in aller Herren Länder Gültigkeit besitzt. Egal ob in Kasachstan oder in der Elfenbeinküste, es gilt: Kaum ist man in einer echt besch … Situation, kommt auch noch der Problembär um die Ecke und sorgt dafür, dass der Ärger nicht abreißt. Während wir mit den netten Freiwilligen schraubten und eigentlich alles ganz entspannt war, stolpert so ein volltrunkener Depp daher und versucht uns zu beleidigen und zu provozieren. Er beschimpft Berit auf unflätige Art und Weise und – deutlich origineller – bezeichnet unseren Lkw als »Lastwagen des Teufels«.

Meine Frau soll dieser Mensch bitte in Ruhe lassen, aber bei Frau Scherer pflichte ich ihm insgeheim bei. So wie uns die alte Tante gerade mal wieder ärgert, ist »Camion du Satan« eine Bezeichnung, die ich mir auf jeden Fall merken werde!

Wenn so viel schiefläuft, muss wenigstens für das leibliche Wohl gesorgt werden. Zum Glück gibt es Bier.

Ghana

Santrofi – Africa

Santrofi *klingen zwar wie eine Gruppe aus den 1970er-Jahren, sind aber nagelneu. Die achtköpfige Band aus Ghana möchte die goldenen Zeiten des High Life wieder auferstehen lassen, was ihr auch bestens gelingt.*

Gott wohnt in Ghana, Teil eins

Hoffentlich kommen wir mit unserem Provisorium bis nach Kumasi in Ghana. Vor uns liegen ein paar hundert Kilometer extrem schlechter Piste.

Irgendwie schaffen wir es mit unserem Federprovisorium über die Grenze nach Ghana. Auch hier zeigt sich wieder, was bereits beim Visumantrag offensichtlich war: Ghana ist unglaublich bürokratisch. Bei der Einreise möchte man eine möglichst detaillierte Reiseroute von uns haben. Weil wir stets unsere Pläne ändern und oft auch unvorhergesehene Dinge passieren (wie zum Beispiel ein Federbruch), haben wir diese nicht parat. Das sorgt für ziemlichen Unmut.

Zuerst probiere ich es noch mit einigen Erklärungsversuchen, erzähle von schlechten Pisten und unserem kaputten Fahrzeug, was zur Folge hat, dass wir weder die exakte Fahrzeit bis Kumasi berechnen, noch unsere Aufenthaltsdauer in dieser Stadt in Tagen benennen können. Doch die Beamten wollen sowieso keine Tatsachen von uns hören, sondern einfach nur einen Wisch, den sie zu ihren Akten legen können. Als ich das endlich kapiert habe, erfinde ich einen halbwegs plausiblen Streckenverlauf durchs Land weiter in Richtung Togo, und alle sind zufrieden. Die Länder Westafrikas

Gott ist allgegenwärtig: Wir amüsieren uns über die fantasievolle Werbung.

Die vielen verschiedenen Kirchengemeinden stehen in großer Konkurrenz zueinander. Da heißt es: Auffallen um jeden Preis!

kommen mir manchmal wirklich bürokratischer vor als die Europas. Ob das wohl ein Erbe des Kolonialismus ist?

Unser Carnet de Passage wird jedoch ziemlich ratlos hin und her gewendet. Angeblich hat man ein solches Dokument hier noch nie gesehen. Wir laufen deshalb von Pontius zu Pilatus und werden schließlich vor den Chef zitiert. Dieser hat allerdings kein Interesse daran, unser Dokument abzustempeln, stattdessen zweifelt er an der Echtheit unserer Passfotos, oder – präziser ausgedrückt – an unserer eigenen Echtheit. Die etwas veralteten Bilder in unserem Reisepass scheinen tatsächlich ein Problem darzustellen. Schon wiederholt haben sie uns auf dieser Reise unangenehme Fragen und Situationen eingebracht.

Merke für die Zukunft: Altere möglichst nicht, oder reise nur mit aktuellem Bild im Pass und verändere deinen Haarschnitt nicht! Irgendwann jedoch ist auch dieses Verhör vorüber und der Stempel für unser Carnet gefunden. Wir dürfen weiterfahren!

Ein neues Land ist immer wieder spannend. Vieles ist in Ghana anders als in der Elfenbeinküste: Man spricht Englisch statt Französisch; es gibt weniger Armut, dafür dicke Autos, außerdem Pain-in-the-ass-Police-Controls, miese Mücken, moderne Tankstellen, volle Kneipen, gigantische Lautsprechertürme, ohrenbetäubende Musik und lustige Namen der Geschäfte.

Da heißt der Barbier *Jesus Devine Barber Shop*, das Unterwäschegeschäft *God did it again Dessous*, die Straßenküche *No Weapon Kitchen* und der Klempner *Je t'aime Plumber Works*. Vor allem der letzte Name lässt mich laut auflachen. Vor meinem inneren Auge läuft nun ein Film ab, der definitiv nicht jugendfrei ist.

Es klingelt, eine leicht bekleidete Blondine öffnet. Vor der Tür steht ein muskulöser Typ in Latzhose, er hat kein T-Shirt an. »Hallo Babe, ich bin's der Klempner! Wo klemmt's denn, Kleine?«

Was, die Szene kennt ihr schon? Dann muss ich sicherlich nicht vertiefen, wie die Sache weitergehen wird …

Themenwechsel: Halten wir uns lieber an die Religion. Ich wusste gar nicht, dass es so viele christliche Gemeinschaften gibt! Anglikaner, Baptisten, Evangelisten, Katholiken, Methodisten, Protestanten und die Heiligen der Letzten Tage sind nur die bekannteren von ihnen. Doch da sind auch: Deeper Life Bible Church, Christ Apostolic Church, Jesus Redemption Church, Victory Bible Church, Paradise Prayer Church, New Life Church, Sisters of the Incarnated Word, International Gospel Church, Church of Pentecost, Jesus & all Saints of the last Days, Living Blood Jesus Church, und so weiter und so fort … In Ghana werben alle möglichst laut um Anhänger – oder auf Neudeutsch: Follower. Auch Propheten gibt es offenbar zuhauf in diesem gläubigen Land. Da wir Anfang Dezember kurz vor dem Jahresübergang stehen, wird auf riesigen, teils wahnsinnig kitschigen Postern für die Großveranstaltungen der charismatischen Prediger geworben: Crossover Prayer, Prayer all Night, 3 Days powerful Revival, 7 Days of Prayer, Healing Jesus Campaign.

Alle scheinen sich gegenseitig übertrumpfen zu wollen mit längeren und immer noch längeren Gottesdiensten. Ich kann mich gar nicht sattsehen an den vielen bunten Plakaten mit den immer fantastischeren Ankündigungen.

Die Menschen in Ghana sind nicht nur sehr gläubig, sondern erreichen offenbar auch mühelos ein wahrhaft biblisches Alter.

Und noch etwas fällt uns auf: Auch den Verstorbenen wird mit großen Druckerzeugnissen gedacht. Überall blicken wir auf die Konterfeis von vorwiegend sehr alten Männern und Frauen: »Return to Glory« heißt es da, »age 110.«, God called her, age 120«, »In loving memory, age 130«. »Painful exit, age 18« (ein Verkehrsunfall?) und »What a shock, age 31« scheinen eher die großen Ausnahmen zu sein.

Wir sind mächtig beeindruckt von diesem Land, in dem die meisten Menschen mithilfe von Gott offenbar ein derartig biblisches Alter erreichen, dass wir uns darüber vor Faszination und Freude fast unsere kaputte Feder vergessen. Ghana, wie exotisch und spannend bist du denn?

Das Schrauberviertel von Kumasi

Mit Schrittgeschwindigkeit und eingeschalteter Warnblinkanlage fahren wir weiter in Richtung Kumasi, der wichtigsten Stadt des einst wegen seiner Goldvorkommen weltberühmten Ashanti-Reiches. Dieses erstreckte sich zu seinen Hochzeiten weit über das heutige Staatsgebiet hinaus und umfasste Länder wie Mali, Togo und die Côte d'Ivoire.

Heute ist Kumasi vor allem ein wichtiges Handelszentrum. Mit etwa knapp drei Millionen Einwohnern ist die Stadt sogar größer als die Metropole Accra, in der nur gut zwei Millionen Menschen leben.

Quirlig ist es hier, keine Frage. Auf den Straßen ist der Stau der Dauerzustand. Die langen Ampelpausen werden von Verkäufern genutzt, um Waren aller Art an die Reisenden zu bringen. Nichts, was es nicht gibt: Toilettenpapier, Waschmittel, Wasser aus kleinen, quadratischen Plastiktüten und geschnittenes Obst. Dutzende von Kilometern legen diese Menschen an einem Tag zurück. Bei der Ampelphase Grün laufen nämlich alle wieder nach vorn, um sich dann bei Rot wieder bis ans hintere Ende der Warteschlange vorzuarbeiten. Stundenlange Schwerstarbeit ist das. Bei Temperaturen weit über 30 Grad und einer Luftfeuchtigkeit von 90 Prozent stehen sie von früh bis spät inmitten lungenschädlicher Abgaswolken. Viele von ihnen arbeiten noch nicht mal auf eigene Kasse, sondern für einen Boss, dem sie einen Großteil ihrer Einnahmen abgeben müssen. Dazu der permanente Lärm: Links und rechts der Straße rumst und wummst es aus mannshohen Lautsprechertürmen. Niemand stört sich daran, dass die Musik übersteuert und verzerrt ist. Wanderprediger stehen dazwischen und plärren in ihre Mikrofone. Ghana mag es ohrenbetäubend laut. Hauptsache Reizüberflutung.

In Kumasis Schrauberviertel Magazine sind wir erst einmal ziemlich überfordert. Wir hatten uns eine halbwegs ordentliche Aneinanderreihung von Werkstätten und Geschäften vorgestellt, so wie wir das zum Beispiel aus dem Iran kennen. Aber das ist Afrika, und Magazine ist nichts anderes als ein riesiger Schrottplatz. Hier liegt ein gigantischer Haufen von Motoren, dort stapeln sich Reifen und Felgen, dazwischen befindet sich allerlei Undefinierbares. Und – kaum zu fassen – zwischen den ölverschmierten Teilen steht schon wieder ein Prediger. Schade, dass wir nicht verstehen, was er inmitten des apokalyptischen Szenarios von sich gibt. Es wäre doch sehr interessant gewesen. Wir kommen jedoch nicht umhin, an den Monty-Python-Klassiker *Life of Brian* von 1979 zu denken.

»Anarchie pur!«, sagt Heppo schwer beeindruckt.

Ich muss ihm Recht geben. Als ich wenig später mit Sidi spazieren gehe, bin ich schockiert. Das einzige Fleckchen Natur in diesem öl- und benzindurchtränkten Universum aus Maschinen

Kumasis Schrauberviertel *Magazine* ist Anarchie pur! Wir sind ziemlich überfordert damit, uns in diesem Chaos zurechtzufinden.

Unsere alte Dame hofft, dass sie nicht das gleiche Schicksal wie ihre Brüder und Schwestern hier ereilen wird.

Das flugs geschmiedete Federauge ist eigentlich gar nicht so schlecht, entspricht aber nicht ganz unseren perfektionistischen Ansprüchen.

und Autoteilen ist ein kleiner Friedhof. Tapfer trotzen hier ein paar Büsche und Bäume den Abgasen in der Luft und den Giftstoffen in der Erde. Sidi, an Toilettengänge im Grünen gewöhnt, zieht mich begeistert in Richtung der umwucherten Grabsteine.

Doch auch hier wird gearbeitet. Auf den marmornen Platten werden Getriebe zerlegt und gesäubert. Auch bei Erholungssuchenden scheint dieser Ort begehrt zu sein. Manch einer hält ein Nickerchen auf den mit kühlen Fliesen verkleideten Grabstätten. Dazwischen picknicken ganze Familien im Schatten. Nach einem ersten Befremden finde ich das Verhalten der Leute dann doch irgendwie erfrischend. Die aufgesetzte Andacht und beklommene Stille, wie sie oft bei uns auf Friedhöfen herrschen, scheint es hier nicht zu geben! Der Ort der Toten wird einfach in die Welt der Lebenden integriert. Ich wette, den Verblichenen ist das quirlige westafrikanische Durcheinander bei Weitem lieber als unser westlich verklemmter Umgang mit ihnen und ihren letzten Ruhestätten – falls es sie denn überhaupt noch interessiert. Als Sidi sich zwischen den Steinen erleichtert, stört das auf jeden Fall niemanden.

Über das Forum der »Allrad-Lkw-Gemeinschaft« bekommen wir den Kontakt zu einem Deutschen, der in der Nähe von Kumasi in einer Goldmine arbeitet. Er verspricht uns zu helfen und schickt uns liebenswürdigerweise seinen Chefmechaniker vorbei. John weiß sofort, was zu tun ist und übernimmt die Einsatzleitung: Er besorgt uns eine gebrauchte Feder, sucht für uns einen Schmied, der auch ein Federauge schweißen kann und organisiert die Mechaniker, die das umgemodelte Ersatzteil einbauen können. Bei seinen Besorgungen dürfen wir allerdings nicht dabei sein. Angeblich würden nämlich sonst die Preise exorbitant in die Höhe schnellen. Weiße zahlen – laut seiner Aussage – immer mehr.

Heppo ist reichlich nervös und guckt den Jungs beim Schrauben auf die Finger. Das hört sich jetzt an, als ob mein Mann ein schlimmer Kontroll-Freak wäre, aber das ist er wirklich nicht. Unsere Erfahrungen mit Mechanikern unterwegs auf Reisen sind jedoch bisher leider immer ziemlich negativ gewesen – Ausnahmen bestätigen die Regel. Den Menschen vor Ort kann nicht einmal ein Vorwurf gemacht werden, Ausbildungsberufe nach unseren Standards gibt es eben selten andernorts. Wer auf dem afrikanischen Kontinent einen Schraubenschlüssel besitzt, kann sich damit bereits selbstständig machen. Die Erfahrung kommt mit den Jahren – oder eben nie.

Auf jeden Fall ist es gut, dass Heppo Frau Scherers Reparatur nicht so einfach aus der Hand gibt. Wäre er nicht gewesen, hätten wir neben einem verbogenen Rahmen nun auch eine abge-

Für das ghanaische Gericht »Watsche«, Reis mit Bohnen, braucht man einen Waffenschein, so scharf ist es.

Die *Springs & Bolts Company* in Kumasi sieht auf den ersten Blick sehr vielversprechend aus.

rissene Bremsleitung! Schließlich ist Frau Scherer auch nicht einfach nur irgendein Gefährt. Nein, sie ist unser Transportmittel, unser »Dach überm Kopf«, und sie ist Voraussetzung für das Gelingen der weiteren Reise. Eine sensible, ältere Dame ist sie außerdem noch obendrein. Am Ende dieses anstrengenden Tages haben wir jedoch eine reparierte Federlage und sind eigentlich recht zufrieden.

In der Federschmiede

Afrikaner sind echte Frühaufsteher. Schon um 5 Uhr morgens ist ein jeder auf den Beinen. Ein Tag beginnt stets damit, dass akribisch der Vorhof gekehrt wird. Jeder noch so staubige Sandplatz wird penibel gefegt, wahrscheinlich, um gefährliches Ungeziefer wie Spinnen und Schlangen in Schach zu halten.

Auch ich bin heute sehr früh wach, in der Nacht konnte ich kaum ein Auge zu tun. Schuld war das billige und höllisch scharfe Reis-mit-Bohnen-Gericht, das so heißt wie eine bayerische Backpfeife: Watsche. Der Name ist Programm. Seither habe ich schreckliche Bauchschmerzen. Es fühlt sich an, als ob das Zeug ein Loch durch meine Magenwände ätzen würde. Wirklich, ich esse sehr gern scharf, aber für die ghanaische Küche braucht man einen Waffenschein.

Heppo hat ebenfalls nicht geschlafen. Die Federproblematik lässt ihm keine Ruhe und beschäftigt ihn weiterhin.

»Es kann doch nicht sein, dass hier keine neuen Teile aufzutreiben sind!«, brummelt er vor sich hin und durchstöbert das Internet nach einer Federschmiede. »Bingo! Springs & Bolts Company in Kumasi!«

Nur dumm, dass in Ghana niemand eine reelle Postadresse besitzt, bestehend aus Straßennamen und Hausnummer. Stattdessen ist auf der Website nur eine P.O.Box angegeben. Das Kontaktformular funktioniert nicht, die angegebene Telefonnummer läuft ins Leere. Doch wir lassen nicht locker. Die Firma scheint zu existieren. Die Teilehändler vom Magazine versorgen uns mit einer ungefähren Wegbeschreibung, die uns in das Stadtviertel Aksowa führt. Gut versteckt in

Überzeugend: Zusammen mit einer kompletten Fabrikausstattung aus Indien kam auch gleich ein Ingenieur mit. Die Company wirkt kompetent.

einem Hinterhof, unweit des Police Headquarters, liegt die Schmiede. In einer großen, ordentlichen Halle stehen Maschinen aus Indien, an denen viele fleißige Mitarbeiter eifrig hämmern und schmieden. Ein Hochofen brennt im Hintergrund. Der indische Ingenieur begrüßt uns freundlich und kümmert sich sogleich um unser Anliegen. Flugs wird für uns ein Angebot erstellt, dem wir nicht widerstehen können. Vier nagelneue und extra für uns angefertigte Federpakete sollen insgesamt nur 400 Euro kosten. Zu schön, um wahr zu sein! Schnell, fast schon zu schnell, sind unsere alten Federn in eingebautem Zustand vermessen. Fotos will der indische Ingenieur nicht anfertigen.

»Trust me, this is my job!«, weist er uns zurecht und guckt ein bisschen beleidigt. Nun gut, uns soll es nur recht sein. In nur vier Tagen sollen wir wiederkommen, um die neuen Federn vor Ort einbauen zu lassen.

Zum Übernachten fahren wir in das ruhige und gut situierte Universitätsviertel. Neben dem Botanischen Garten finden wir einen beschaulichen Schlafplatz. Erst mit dem Einbruch der Dunkelheit stellen wir fest, dass auch dieser scheinbar so friedliche und stille Ort einen Haken hat: In den Bäumen, unter denen wir geparkt haben, wohnen offenbar tausende Flughunde, die ihre Nachtaktivität ziemlich ernst nehmen. Schlafen können wir daher schon wieder nicht, denn die Viecher machen einfach einen wahnsinnigen Radau.

Kinderarbeit: Für viele Familien zählt jedes noch so kleine Einkommen.

Früher waren die Kentestoffe ausschließlich Königen vorbehalten, heute darf sie jeder tragen. Besonders beliebt sind die bunten Stoffe in den USA.

Des Königs Kleider

Die verdammten Flughunde haben Frau Scherer komplett zugekackt. Wir sollten dringend unseren Stellplatz wechseln. Bis allerdings unsere neuen Federpakete fertig sind, haben wir noch ein paar Tage.

Wir fahren nach Adanwomase. Das Dorf ist bekannt für seine weltberühmte Webtechnik, Kente genannt. Ursprünglich waren die aufwändig gewebten, schmalen, bunten Stoffbahnen nur für die Kleidung von Königen bestimmt, heute darf sie jeder tragen. Alle Muster und Farben haben eine komplexe Bedeutung: Schwarz steht für das Land, Rot für Blut, Grün für Fruchtbarkeit, Gelb für Reichtum. Die Muster können ganze Familiengeschichten erzählen, wie einer durch Fleiß und Mut zu großem Reichtum gelangte, sie sprechen aber auch von Unglück, Streit und Zerwürfnissen.

Auch eine Führung durch die Kakaoplantage erhalten wir: Ursprünglich in Südamerika beheimatet, hat die nützliche Kakaopflanze seit Ende des 19. Jahrhunderts einen großen wirtschaftlichen Stellenwert in Westafrika. Ghana ist noch immer ein wichtiger Produzent von Rohkakao. Die Hälfte aller Farmer in diesem Land lebt vom Kakaoanbau. Immerhin 70 Prozent der Exporteinnahmen[6] Ghanas stammen aus dem Kakaoanbau.

Allerdings leiden auch in Ghana die Landwirte sehr unter dem Verfall der Weltmarktpreise. Da im Land kaum kakaoverarbeitende Fabriken existieren, führt dies zu dem grotesken Ergebnis, dass es kaum Schokoladen aus Ghana gibt. Die kleine, rote Tafel, die wir ab und zu in den Geschäften entdecken, schmeckt am ehesten wie Blockschokolade, die bei uns nur zum Backen und Kochen verwendet wird.

Übrigens können fast alle Teile des Kakaobaumes verwendet werden. Neben dem Samen, der für die Gewinnung des Kakaopulvers genommen wird, kann auch das weiße Fruchtfleisch gegessen werden. Aus der Schale wird ein Pulver hergestellt, aus dem anschließend feine Seifen fabriziert werden. Das Holz dient zum Heizen, und die Blätter werden zu Tees gegen Blutarmut und andere Krankheiten verarbeitet. Theobroma cacao, so der botanische Name, ist eine sehr nützliche Pflanze.

Unsere Tour durch das Dorf führt uns zu einem Voodoo-Schrein. Für Ungeübte ist dieser nur schwer als solcher zu erkennen. Unter einem Schrein stelle ich mir gemeinhin nämlich

[6] *Quelle: www.westafrikaportal.de/kakao.html*

Geist Tikeli scheint ein ernsthaftes Suchtproblem zu haben!

einen kleinen goldverzierten und gepflegten Tempel vor. Was da jedoch im Hinterhof dieses Wohnhauses steht, gleicht einer vergitterten und verräucherten Abstellkammer. Ein paar Schnapsflaschen und mehrere leere Zigarettenschachteln liegen achtlos auf dem Boden.

»A ghost lives here!«, sagt unsere Führerin und erschaudert dabei. Die bekennende Christin fühlt sich sichtlich unwohl hier. Wir hingegen finden es lustig, dass der Geist namens Tikeli offenbar sehr weltliche Laster hat. Amüsiert blicken Heppo und ich uns an. Als die junge Frau aber weitererzählt, dass an dieser Stelle regelmäßig Hunde geopfert werden, vergeht uns das Lachen. Heppos Gesichtsausdruck wandelt sich schlagartig von lustig zu besorgt. Beide gucken wir nun auf unseren Hund Sidi, der unbekümmert und – wegen der Hitze – etwas träge vor uns steht und hechelt. Heppo nimmt die Leine etwas kürzer und seine Fingerknöchel treten weiß hervor, als er das Leder fest umklammert: »Nichts wie weg hier!«

Schon stehen wir vor dem Königspalast. Angesichts des eher unspektakulären Zweckbaus hätten wir – ähnlich wie beim Schrein – auch bei diesem Gebäude niemals vermutet, dass es staatstragende Bedeutung hat.

Trotz unseres Banausentums haben wir geradezu unverschämtes Glück: König Nana Kwadwo Ntiamoah Panin II und seine Mutter Nana Korama Bimpomaa I geben gerade einen Empfang.

Aus irgendeinem Grund werden wir eingeladen, den Palast zu betreten, um König und Hofstaat unsere Ehrerbietung zu erweisen. Dazu erhalten wir genaue Instruktionen:

1. Nicht fotografieren!
2. Zuerst vor den Königsthron treten und verbeugen, dann nochmal die Runde drehen und allen Würdenträgern die Hand geben. Wir fühlen uns geehrt. Wer kann schon von sich behaupten, je eine Audienz bei einem echten König gehabt zu haben?

Bald finden wir allerdings heraus, dass Ghana unzählige lokale Stammesfürsten hat, die sich allesamt König nennen. Ein für Außenstehende ziemlich undurchschaubares System ist das, das einst von den Kolonialmächten nach Leibeskräften unterstützt wurde. Diese regionalen Herrscher wurden prote-

König Nana Kwadwo Ntiamoah Panin II dürfen wir zwar nicht fotografieren, aber immerhin einen seiner Würdenträger.

giert, um den Nachschub an Gold und Sklaven (Gefangene anderer und verfeindeter Stämme) nicht zu gefährden.

Dennoch: Was für ein aufregender Tag! Heute haben wir uns mit einem König getroffen, den rauchenden und Schnaps trinkenden Geist Tikeli besucht und, auch das sollte ich noch erwähnen, wunderschöne bunte Decken aus Kente-Webstoffen gekauft.

Der Kratersee Bosumtwi

Heppo ist immer noch rast- und ruhelos, denn unsere Federproblematik beschäftigt ihn weiter sehr. So fahren wir zurück nach Kumasi zur *Springs & Bolts Company*. Heppo möchte bei diesem zweiten Treffen darauf bestehen, dass unsere Originalfedern gründlich vermessen, abfotografiert oder sogar ausgebaut werden. Doch der indische Ingenieur reagiert genervt und abweisend auf unser Ansinnen: »No problem. Trust us. We are the experts. Come back on Monday!« Wir haben keine Chance und ziehen unverrichteter Dinge wieder ab. Wenn das mal kein Fehler war...

Zeit, wieder einen Ausflug ins Umland zu unternehmen: Der See Bosumtwi, der vor etwa einer Million Jahren durch den Einschlag eines Meteoriten entstand, zählt zu den herausragenden Sehenswürdigkeiten der Ashanti-Region. Elf verschiedene Fischarten leben in dem über 80 Meter tiefen See, dessen Krater gut zehn Kilometer Durchmesser hat. Laut der Bevölkerung nehmen die Seelen der Verstorbenen am Ufer des Bosumtwi Abschied von den Hinterbliebenen, bevor sie in das Reich der Ahnen weiterziehen. In unserem Reiseführer finde ich außerdem noch die abenteuerliche Geschichte, dass der See Gase bildet, die jeden Moment zu seiner Explosion führen können. Bei weiteren Recherchen kann ich jedoch nichts über dieses Phänomen finden. Der Autor des Buches hat den Bosumtwi wahrscheinlich mit dem Nyos-See in Kamerun verwechselt,

Am schönen Bosumtwi Lake herrscht Urlaubsstimmung.

der zu plötzlichen und oftmals eruptiven Entgasungen von großen Mengen Kohlenstoffdioxid neigt. Das kann richtig gefährlich werden: Lake Nyos explodierte zum Beispiel zuletzt im Jahr 1986, wobei etwa 1700 Menschen in den umliegenden Dörfern starben.

Trotz der vermeintlichen Gefahr gelingt es uns dennoch recht gut zu entspannen. So kann ich meine Erkältung kurieren, die ich mir in den auf eisige 25 Grad klimatisierten Büros der *Springs & Bolts Company* geholt habe.

Das Federnfiasko

»Unsere nächste Reise unternehmen wir definitiv zu Fuß, mit dem Fahrrad oder meinetwegen mit einem Esel!«, jammert Heppo. Recht hat er. Wir haben langsam wirklich genug von Frau Scherer. Dauernd müssen wir uns um unser Gefährt kümmern.

»Seit Tagen liege ich nun schon im größten Siff! Ich habe wirklich keine Lust mehr!« Aus Heppos ölverschmiertem Gesicht spricht Verzweiflung.

Manchmal fühlen wir uns wirklich wie vom Pech verfolgt. Wir kennen eine Menge Leute, die sich in Marokko, Indien oder sogar in China neue Federn haben anfertigen und einbauen lassen, – zu Schnäppchenpreisen und ohne Beanstandungen. Wir jedoch scheinen immer die schlechteste Wahl zu treffen. Die *Springs & Bolts Company* in Kumasi ist das klassische Beispiel für unser Geschick, stets tief in die »Ihr-wisst-schon-was« zu greifen. Was wir hier geliefert bekommen haben, ist eine Katastrophe! Auf den ersten Blick sehen die Federpakete toll aus: Man hat sich sogar die Mühe gemacht, mit gelber Farbe ein »MB« für Mercedes Benz und die Typbezeichnung »LA710« aufzusprühen. Doch was hilft es, wenn sonst nichts passt? Die einzelnen Lagen liegen nicht plan aufeinander, die zweite Lage ist um das Auge herum zu dick gebogen, und – das stellen wir blöderweise erst nach dem Einbauen fest – bei einem der Pakete fehlt sogar eine ganze Lage komplett. Nun müssen wir alles noch einmal ausbauen, ergänzen und nachbessern. Die Mitarbeiter von *Springs & Bolts*, die Heppo als Monteure zur Seite gestellt wurden, sind leider keine wirkliche Hilfe, denn von der Schrauberei verstehen sie nur wenig. Nett sind sie allerdings, das muss man zugeben. George, der Chef, ist redlich bemüht um Schadensbegrenzung. Er versucht, uns zu beruhigen und gibt uns etliche Bier aus. »Alles wird gut! Dann schmieden wir eben noch einmal neue Federn.«

Der indische Ingenieur darf sich jedoch von seinem Chef eine ziemliche Standpauke anhören. »Yes Sir, it's all my fault!«, gibt er bereitwillig zu und senkt dazu devot sein Haupt.

Mit zunehmendem Bierkonsum wird George redselig. Als ungeliebtes Kind wurde er in eine sehr einfache Farmerfamilie hineingeboren. Fast ohne Schulbildung ging er Anfang der 1980er-Jahre als Shoeshine – so nennt man hier die Schuhputzer – nach Nigeria. Bald lernte er Leute kennen, die mit Autoersatzteilen handelten. Er stieg in das Geschäft mit ein und wurde prompt um seine ganzen Ersparnisse von etwa 1000 Dollar betrogen. Doch George ließ sich nicht beirren. Er blieb im Business und vermehrte schnell sein Vermögen. Zurück in Ghana kaufte er sich ein Stück Land, wo er seither Gemüse anbaut.

Zwei Tage Verzweiflung, Dreck und Schrauben. Hätten wir es doch bei dem geschmiedeten Federauge aus dem Schrauberviertel *Magazine* belassen.

Auf den ersten Blick sehen die Federpakete ganz ordentlich aus. Einem zweiten halten sie allerdings nicht stand ...

2011 wurde George, unser Feder-Spezialist, zu »Ghanas Best Farmer« gekürt.

Auf diesen Titel ist er auch neun Jahre später noch so stolz, dass er ihn sogar auf seiner Visitenkarte der Springs & Bolts Company führt. Heute arbeiten auf seiner Farm 120 Angestellte. Nebenher gründete er ein

Immerhin beim zweiten Anlauf passen die Federn. Beide Seiten sind aber froh, wenn sie einander nie wiedersehen müssen.

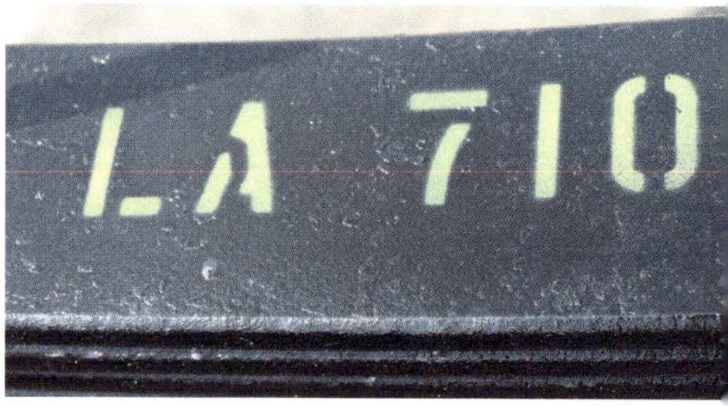

Liebevoll wurde die Typenbezeichnung unseres Fahrzeugs auf die Federn gesprüht.

Ersatzteilgeschäft in Kumasi. Erst vor drei Jahren übernahm er die Federfabrik mit dem Ziel, diese zu einem führenden Unternehmen in Ghana auszubauen. Vor seinem Büro hängen gut sichtbar und lesbar für alle die Leitsätze der Firma:

»Mission: To manufacture and sell high quality leaf springs, u-bolts, trailer suspensions, bolts and nuts that meet international standards in the West-African sub-regions. Visions: To be the leader in the manufacturing of quality and affordable leaf springs, trailer suspensions, spring and u-bolts in the West African subregions and Africa at large. To become the number one brand in the African automotive industry.«

Immerhin auf den zweiten Versuch passen die Federn ganz ordentlich. Bis diese hehren Ziele erreicht sind, ist es allerdings noch ein weiter Weg. Wir wünschen George viel Glück. Seinen zukünftigen Kunden allerdings noch mehr.

Tote und Überlebende

Schon wieder eine Beerdigung! Seit zwei Tagen sind wir am traumhaften Brenu Beach; und genauso lange findet bereits eine dieser lauten und seltsam fröhlichen Beerdigungen statt. Die Gäste sind alle ähnlich angezogen. Sie tragen schwarze und rote Festtagskleidung. Tagsüber marschieren Brass-Bands durch den Ort, nachts legen DJs auf. Und natürlich wird zu Ehren des Verstorbenen ausdauernd getrommelt und getanzt. Noch immer finden wir diese Fröhlichkeit im Angesicht des Todes ziemlich seltsam, aber auch faszinierend.

Die Dorfkinder belagern uns. Manche sind frech und nervig, manche sind süß und lieb, andere vor allem geschäftstüchtig. Zwei Jungs tun sich besonders hervor. Sie beliefern uns täglich mit frischen Kokosnüssen. Sie haben sogar stets das passende Wechselgeld parat. Dies ist

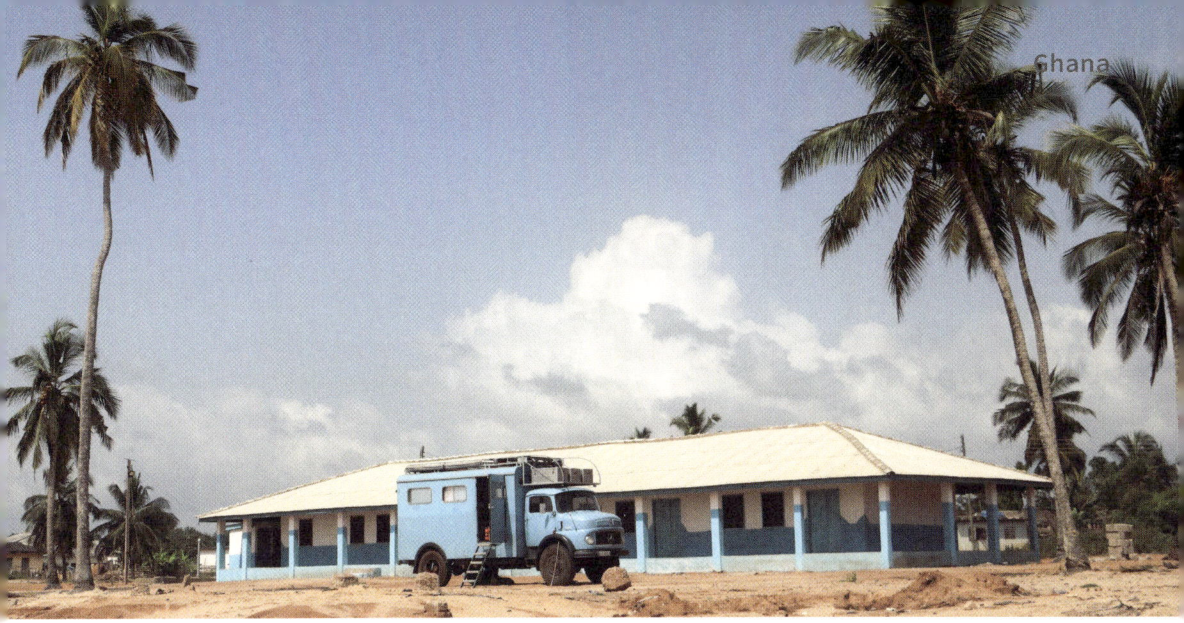

Nach all den Strapazen, finden wir, haben wir uns etwas Erholung verdient. Frau Scherer gefällt es ebenfalls sehr gut am Brenu Beach.

durchaus erwähnenswert, denn Münzgeld ist eigentlich immer und überall Mangelware. Mit gezielten Machetenhieben köpfen die Jungs die Kokosnüsse, sodass wir das leckere Wasser trinken können.

Danach zerlegen die tüchtigen Geschäftsmänner in spe diese in mehrere Teile, aus denen wir das eiartige Fruchtfleisch löffeln können. Mit den Kokosnüssen, die es in Deutschland in den Supermärkten zu kaufen gibt und die oft hart und zäh sind, haben diese leckeren Früchte so ganz und gar nichts gemeinsam. Für Heppo und mich ist dieser Genuss eine echte Offenbarung.

Im Kakum Nationalpark ist die Hauptattraktion für die meisten Besucher der sogenannte Canopy Walkway, ein Weg, der auf circa 40 Metern Höhe und 400 Metern Länge über acht Hängebrücken führt. Bevor wir diesen aber betreten, haben wir eine morgendliche Tour durch den Dschungel gebucht. Um 5 Uhr morgens soll es losgehen; Jussuf, unser Guide, lässt aber auf sich warten. Ziemlich zerknittert taucht er mit einiger Verspätung auf. Da es noch dunkel ist, haben wir uns mit Taschenlampen ausgestattet. Jussuf zeigt sich botanisch bewandert und erklärt uns im Scheinwerferlicht vor allem die medizinische und praktische Verwendung zahlreicher Bäume.

Da gibt es zum Beispiel den sogenannte Jungle Survivor. Über freistehende Luftwurzeln wird das Wasser nach oben in Richtung der Baumkrone transportiert. Leidet im Dschungel also jemand an Durst, so muss nur eine der Wurzeln gekappt werden und das köstliche Nass sprudelt daraus hervor.

Ein Bestandteil eines anderen Baumes wird zum Färben verwendet. Wenn dessen Rinde angeritzt wird, tritt ein weißer Saft aus, der nach wenigen Minuten an der Luft seine Farbe zu rostrot wechselt. Interessant ist

Beerdigungen sind so kostspielig, dass am besten schon zu Lebzeiten dafür gespart wird.

Goldenes Blatt im bekanntesten Nationalpark Ghanas.

auch eine etwa 30 Zentimeter hohe Pflanze, deren Wurzeln angeblich aussehen wie ein Hundepenis. Wahrscheinlich deswegen wird dieser daher eine aphrodisierende Wirkung nachgesagt. Aber auch gegen Hüftbeschwerden sollen sie helfen.

Ansonsten ist die Tour allerdings nicht sonderlich spannend. Der größte Aufreger ist, dass wir von Ameisen attackiert werden. Zum Glück sind diese von der harmlosen Sorte. Schmerzhaft sind ihre Bisse dennoch. In meiner weiten Stoffhose haben sie sich so sehr breit gemacht, dass ich noch eine Stunde später die Folgen unseres morgendlichen Ausfluges zu spüren bekomme. Selten ein Schaden, wo nicht auch ein Nutzen ist! Die Krabbeltierchen lenken mich immerhin von meiner Höhenangst ab. Todesmutig betrete ich die wackeligen Hängebrücken. Zum Glück sind wir so früh unterwegs, dass wir Wald und Walk komplett für uns allein haben. Angeblich sind lärmende Schulklassen die Regel, die die Brücken mitunter gefährlich zum Schwanken bringen. Wir genießen stattdessen einen beschaulichen Sonnenaufgang über den Kronen der Urwaldriesen. Der morgendliche Dunst steigt, großen, weißen Atemwolken gleich, zu uns herauf. Während ich mich – Ameisen in der Hose – leicht verkrampft mit starrem Blick von Brücke zu Brücke taste, hüpfen die Affen angstfrei eine Ebene unter uns von Baum zu Baum. Sie sind so flink, dass wir nur ihre Bewegungen wahrnehmen, ein Rascheln im Blattwerk und hin und her wackelnde Baumwipfel.

Sonnenaufgang im Kakum Nationalpark. Ich überwinde meine Höhenängste in 40 Metern über dem Boden.

Auf der Sklavenburg

Das Fort São Jorge da Mina oder auch St. George's Castle in Elmina ist unter Cineasten besser bekannt als Drehort des Werner-Herzog-Films *Cobra Verde*. Klaus Kinski spielte darin den Sklavenhändler Francisco Manoel da Silva. Was im Film reine Fiktion ist, ist in Wirklichkeit aber ein ganz konkretes Trauma, dessen Wunden noch lange nicht verheilt sind, und dessen Folgen bis heute die Gegenwart Europas, Amerikas und Afrikas beeinflussen, denken wir nur an Racial Profiling, tägliche Schikanen im Alltag bis hin zu Tötungen durch die Polizei und die daraufhin entstandene Black Lives Matter-Bewegung.

Millionen Afrikaner und deren Nachfahren, die heute auf anderen Kontinenten leben, verbinden diesen Ort nämlich mit den Schrecken des Kolonialismus. Die Burg, die 1482 von den Portugiesen an der sogenannten Goldküste erbaut worden war, diente ursprünglich als Handelsstützpunkt für Gold, Elfenbein und Gewürze, im Laufe der Zeit aber zunehmend auch als Umschlagplatz für Sklaven. Als diese dann Ende des 16. Jahrhunderts von den Niederländern erobert wurde, übernahmen sie das einträgliche Geschäft. Ab 1872 waren es die Briten, die den Menschenverkauf, insbesondere nach Nord- und Südamerika, organisierten. Die als »robust« geltenden Schwarzafrikaner sollten auf Zuckerrohr-, Baumwoll- und Tabakplantagen eingesetzt werden, denn vor allem die Genussmittel erfreuten sich bald im immer reicher werdenden Europa zunehmend großer Beliebtheit.

Das *St. Georges's Castle* in Elmina war Drehort des Werner-Herzog-Films *Cobra Verde* mit Klaus Kinski.

Im Jahr 2019 feierte Ghana das sogenannte Year of Return, eine groß angelegte Tourismus-Kampagne, die insbesondere die afrikanische Diaspora in Nord- und Südamerika dazu anregen sollte, das Land ihrer Herkunft zu besuchen. Mehr als das: Ghana vergibt sogar Pässe an Rückkehrwillige. Das Angebot kommt gut an. Wir treffen auf erstaunlich viele private Reisegruppen aus den USA.

So stehen wir im St. Georges Castle nun zusammen mit einem dunkelhäutigen Mann aus den Staaten betroffen vor einer kleinen Tür, die unser weiblicher Guide dramatisch »Door of no Return« nennt. Von hier wurden einst die Sklaven auf das Schiff verladen, um unter unmenschlichen Umständen auf einen anderen Kontinent verschleppt zu werden. Wie Vieh wurden die Sklaven im Schiffsbauch liegend aneinander gekettet, die Männer auf den Bauch gedreht, die Frauen auf den Rücken, damit sich die Seeleute ungeniert an ihnen bedienen konnten. Viele von ihnen überlebten die anstrengende Reise nicht.

Die schrecklichen Geschichten bewegen uns, doch noch rührender finden wir die stumme Ernsthaftigkeit des jungen Amerikaners. Ich frage ihn, ob er allein nach Ghana gereist sei. Einsilbig und etwas abwesend antwortet er: »Yes, alone!«

So schön wie das Schloss von außen aussieht, so gruselig ist es dort tatsächlich im Inneren. Die Tür mit dem Totenkopf führt in das ehemalige Gefängnisverlies der Sklaven.

Nicht erst auf dem Schiff begann die Pein der Sklaven. Bereits auf der Burg waren die Umstände schrecklich. So konnte der Gouverneur zum Beispiel von seinem Balkon aus direkt in das Verlies der Frauen und Mädchen blicken. Gefiel ihm eine besonders gut, ließ er sie über eine Leiter und eine Falltür nach oben bringen, »danach« wurden sie wieder ins Loch geworfen. Einzig die Kinder dieser Verbindungen hatten etwas mehr Glück: Als »Bastarde« konnten sie in Elmina bleiben, manche erhielten sogar eine Ausbildung.

Wir dürfen auf dem Parkplatz direkt vor der Burg übernachten. Es ist früher Abend, als wir durch den Ort schlendern. Doch unser Spaziergang wird zu einer echten Herausforderung: Eine Bande etwa zehn- bis zwölfjähriger Buben hängt sich frech an unsere Fersen und macht sich einen Spaß daraus, mir auf den Hintern zu klopfen. Egal ob späte postkoloniale Rache oder nur ein übler Scherz von Pubertierenden, ich fühle mich gedemütigt. Ich könnte die Mutter dieser Rotznasen sein, nach afrikanischen Verhältnissen sogar deren Großmutter. Von wegen Respekt vor dem Alter! Der Abend ist versaut, ich möchte zurück in unseren Lkw.

Doch dann können wir schon wieder nicht schlafen. Es scheint, als ob der Geist Klaus Kinskis wiederauferstanden wäre.

Direkt vor unserem Wohnmobil steht einer und schimpft, schreit und spricht in unverständlichen Sprachen einen wahnsinnig wütenden Dauermonolog. Schließlich singt er sogar. Ist es ein Schauspieler, der seinen Text übt? Ist es ein Wanderprediger? Ein Verrückter oder gar ein Besessener? Wir werden erst am nächsten Morgen erfahren, was da los war. Denn der Mann steht immer noch da, und erst jetzt, bei Tageslicht, traut sich Heppo nachzufragen.

»I was talking with God!«, sagt der Mann, als ob dies die selbstverständlichste Sache der Welt wäre.

Trotz allem, eines muss man Elmina lassen: Der Ort verströmt mit seiner bewegten Geschichte, dem Hafen, all den bunten Fischerbooten, seinen ungehobelten, jugendlichen Bewohnern und seinen verrückten Gläubigen das Flair einer echten, kleinen Piratenstadt.

Stress statt Entspannung

Das *Alaska Beach Resort* in Busua wird seinem Namen wirklich nicht gerecht. Statt vor schneebedeckten Bergen stehen wir mit Frau Scherer unter Palmen an einem wunderschönen Sandstrand. Heppo möchte surfen und ich schreiben.

Leider hängt Sidi schon wieder ziemlich in den Seilen. Noch denken wir uns nichts Schlimmes und schieben seine Mattigkeit auf die unerträglich schwüle Hitze. Als Heppo dann jedoch bei unserem Hund Fieber misst, stellen wir fest, dass wir tatsächlich Grund zur Sorge haben sollten: Seine Temperatur liegt knapp über 40 Grad. In der etwa 30 Kilometer entfernten Stadt Sekondi-Takoradi gibt es eine Tierklinik. Doch die macht erst morgen wieder auf. Bis dahin versuche ich, Sidis Temperatur wieder einmal mit Wadenwickel zu senken.

Elimina mit seinem lebhaften Hafen hat die Ausstrahlung einer echten, kleinen Piratenstadt.

Es ist wie verhext, erneut finden wir keinen Schlaf. Heppo überprüft stündlich die Temperatur unseres Hundes, aber Sidi geht es unverändert schlecht.

Um 8 Uhr morgens stehen wir dann bereits vor dem *Veterinary Service Department*. Wir sind positiv überrascht, dass fast nur Hundebesitzer vor der Tür warten und werten dies als gutes Zeichen. Tierärzte sind in Afrika meistens eher für Nutztiere wie Kühe, Ziegen und Schafe zuständig, Hunden hingegen wird oftmals ein eher geringer Wert beigemessen, sie werden bei weitem nicht so umsorgt wie bei uns. Dass wir hier also wertvolle Rassehunde und deren besorgte Besitzer sehen, lässt uns auf eine gute Behandlung hoffen.

So ist es dann auch. Sidi bekommt von geübter Hand mehrere Spritzen verabreicht, unter anderem ein fiebersenkendes Mittel, Antibiotika und etwas gegen Parasiten. Da er Tierärzte hasst, macht er ein ziemliches Gezeter, aber die Veterinäre sind echte Profis. Sie lassen sich nicht aus der Ruhe bringen. Als ich unseren Verdacht äußere, dass Sidi immer noch unter den Folgen der üblen Zeckenattacke aus Mauretanien leiden könnte, wird sogar noch eine Blutprobe genommen. Wir können unser Glück kaum fassen: Das Labor ist gleich nebenan. Schon morgen

Wir würden gern chillen, aber Sidi geht es erneut ziemlich schlecht. Er hat Fieber. Wir müssen zum Tierarzt.

sollen wir die Ergebnisse des Tests erhalten. Sidi atmet schwer, hechelt und sabbert, als wir ihn zurück zum Auto tragen. Wir befürchten schon das Schlimmste. Doch bald wird er ruhiger, und seine Körpertemperatur normalisiert sich.

In Takoradi finden wir beim *Last Hour Beach* einen kostenlosen Übernachtungsplatz. Im Gegenzug ordern wir dafür fleißig Getränke von der Bar. Hier lernen wir Uli und seinen Kollegen Ronny kennen. Die beiden Deutschen wohnen seit vielen Jahren in Ghana und sind im Autoersatzteilhandel tätig, der hier ein einträgliches Geschäft zu sein scheint. Während Uli sich als interessanter und netter Gesprächspartner erweist, wird uns Ronny von Bier zu Bier immer unsympathischer.

»Die Menschen in Ghana sind falsch, faul, dumm und unkultiviert!«, redet er sich mit zunehmendem Alkoholpegel in Rage. »Von meiner ghanaischen Frau lebe ich getrennt. Mit den Schwarzen habe ich nichts mehr zu tun. Ich treffe mich nur noch mit Weißen!«

Die Stimmung ist nun ziemlich unterkühlt. Schnell wird klar, Ronny hat genauso wenig Lust auf uns linke Gutmenschen, die ihm Paroli bieten, wie wir auf ihn, den AFD-Sympathisanten und Rassisten. Das Leben schreibt dennoch stets die besten Geschichten und schreckt selbst vor »Auch-Nazis-essen-Döner-Klischees« nicht zurück.

Denn Ronny greift nun tatsächlich zu seinem Telefon und bestellt sich so ein arabisches Fleischbrot zum Selbstabholen. Und weg ist er! Was sind wir erleichtert, dass wir diesen Unsympath endlich los sind. Seltsam ist es aber doch: Warum lebt da einer mitten in Ghana, wenn er alles so furchtbar findet?

Schrecklich schöne Weihnachten

Sidis Blutbild ist ohne Auffälligkeiten. Einzig die Anzahl der weißen Blutkörperchen ist ein bisschen zu niedrig. Wie sehr es uns auch freut, dass eine durch Zecken übertragene Erkrankung damit so gut wie ausgeschlossen ist, so sehr sind wir auch gleichzeitig beunruhigt. Was ist nur der Grund für Sidis seltsame Krankheitsschübe?

Einige Monate später – zurück in Deutschland – wird sich herausstellen, dass Sidi doch eine parasitäre Krankheit hatte, nämlich eine Ehrlichiose. Diese wird durch das Bakterium Ehrlichia canis verursacht und durch die sogenannte Braune Hundezecke übertragen. Dem Blutparasiten dienen Hunde zwar nur als sekundäre Wirte, dennoch verursachen sie bei diesen eine oftmals tödlich verlaufende Infektionskrankheit, die sich in der Akutphase durch hohes Fieber, Abgeschlagenheit, Erbrechen und gelegentlich durch Nasenbluten äußert.

Am *Last Hour Beach* in Takoradi treffen wir angenehme und weniger angenehme Menschen.

Doch hier in Ghana können wir vorerst nichts weiter unternehmen. Immerhin hat unser Hund kein Fieber mehr, und er wirkt wieder deutlich munterer. Noch einmal Glück gehabt!

Für die bevorstehenden Weihnachtsfeiertage möchten wir wieder an den Strand zurückkehren.

Uli rät uns jedoch dringend von Busua ab: »Dort ist die Hölle los! Da sind nur Partypeople und großer Rummel!«

Mittlerweile haben wir eine ungefähre Vorstellung davon, wie eine Weihnachtsfeier in Ghana aussehen könnte. Riesige Lautsprecherboxen mit schlechter, ohrenbetäubender Musik sind auf jeden Fall ein wichtiger Teil davon.

»Wenn ihr Ruhe sucht, dann empfehle ich euch stattdessen das *Fanta Folly's Beach Resort* in der Nähe von Butre. Ein echter Geheimtipp ist das, wunderschön und ruhig. Die Leute sind nett und das Essen ganz ausgezeichnet.«

Abgesehen vom völlig katastrophalen, fast völlig zerstörten Weg dorthin hat Uli in allen Punkten Recht: *Fanta Folly's* ist ein Traum.

Hübsche, gemauerte Steinhäuschen stehen zwischen perfekten Palmen. Der Sandstrand direkt davor ist schneeweiß und sauber. Mittendrin dürfen wir mit unserer Frau Scherer parken und die Annehmlichkeiten der Anlage nutzen. Der Preis dafür ist mehr als fair. Auch wenn nobles Essengehen eigentlich nicht in unserem Budget enthalten ist, gönnen wir uns dennoch hin und wieder eine leckere Mahlzeit, zubereitet vom französischen Besitzer.

Der Geheimtipp Butre ist schwierig zu erreichen, dafür ist es dort wunderschön.

Phillippe erzählt uns gern aus seinem bewegten Leben und öffnet Bier um Bier für uns an der Bar. Der fast 60-Jährige ist witzig und unterhaltsam. Seit mehr als 30 Jahren wohnt er nun in Afrika. Er arbeitete als Touristenführer in Mali und Burkina Faso. Als es dort zu gefährlich wurde, zog er nach Ghana, um dort das geschmackvolle Beach Resort aufzubauen. Wir hören ihm gern zu. Faszinierend finde ich, welche Energie er hat. Er lebt so, als ob er deutlich jünger wäre. Demnächst bekommt er mit seiner nigerianischen Frau Fanta nämlich Zwillinge. Nun plant er, seinen Besitz in Ghana zu verkaufen und nach Portugal zu ziehen. Toll, wenn einer in seinem Alter noch Mut und Kraft findet, neu anzufangen.

Ruhe und Muse am Strand tun nicht nur uns gut, sondern auch Sidi, der täglich fitter wird. Nun sind auch wieder kleinere Spaziergänge möglich, zum Beispiel nach Butre, wo Heppo bei einer Schneiderin gleich zwei bunte Hemden in Auftrag gegeben hat. Das Dorf ist malerisch, vor allem die improvisierte Holzbrücke über den Fluss sieht ziemlich abenteuerlich aus. Aus allerhand Holzresten wurde hier ein monströses, buckeliges Konstrukt zusammengeschraubt. Die Lücken

Der kilometerlange lange Strandabschnitt ist nur wenig verbaut.

Diese abenteuerliche Brücke führt in den Ort Butre, ist aber stabiler als sie aussieht.

zwischen den einzelnen Planken sind so groß, dass nicht nur für Kinder Absturzgefahr besteht. In den eng verschachtelten Gassen spielt sich das Leben ab: Die Jungs pfeifen den Mädchen hinterher, alte Männer philosophieren über die Welt, die Frauen balancieren Einkäufe und Wäsche auf ihren Köpfen, Ziegen fressen Plastik, und Schweine schrubben ihre Rücken an den Hauswänden. Die Schneiderei ist zugleich die Dorfbar. Laute, aber gute Musik läuft, die ersten Gäste drängen sich angetrunken um den improvisierten Tresen und bestellen Schnaps, während sich ein nacktes Kleinkind im Sand wälzt. Aus einer kleinen, dunklen Kammer reicht die Schneiderin Heppo nun die bunten Hemden zur Anprobe. Ganz perfekt sind sie nicht, aber bei drei Euro pro Hemd darf man sich wirklich nicht beschweren.

»Das ist nicht Jean Paul Gaultier, aber sieht doch trotzdem ganz gut aus«, bringt Phillippe die Sache auf den Punkt, als Heppo abends an der Bar stolz seinen Neuerwerb vorführt.
Die gelöste Stimmung währt leider nicht lange. Phillippe wirkt bedrückt, und wir müssen nicht lange nachfragen, bis er uns den neuesten Klatsch erzählt:

»Im Dorf wurde ein Mädchen vergewaltigt!«

Als wir ungläubig gucken und versuchen die schreckliche Nachricht mit dem Dorfidyll von heute Nachmittag in Einklang zu bringen, meint er resigniert:

»Solche Dinge passieren hier leider laufend! Oft geht es dabei auch um Voodoo. Die Fischer zum Beispiel nehmen manchmal Ortsfremde mit aufs Meer. Auf offener See gehen diese dann über Bord. Ein Opfer für die Geister ist das, gut fürs Dorf, gut für den Fisch! Alle wissen davon. Keiner hat ein Problem damit.«

Mir wird unheimlich, und ein bisschen vermute ich auch Rassismus hinter seinen Aussagen. Aber Phillippe wehrt ab.

»Nein, ich bin sicherlich kein Rassist. Ich habe eine Nigerianerin geheiratet und lebe schon ewig in Afrika, aber es gibt hier einfach Dinge, die man nie verstehen wird. Voodoo gehört dazu. Voodoo ist wunderschön und schrecklich zugleich«, sagt Phillippe. »Ihr könnt euch nicht vorstellen, wie viel schwarze Magie praktiziert wird.«

Nicht gerade Jean Paul Gaultier, aber Heppo ist trotzdem sehr stolz auf seinen maßgeschneiderten Anzug.

Immer wieder stelle ich auf Reisen fest: Einfache Wahrheiten gibt es nicht, es gilt, auch Unbequemes auszuhalten. Wie viel lieber würde ich nur über dumme, europäische Rassisten schreiben und über nette, liebe Einheimische. Doch neben Schwarz und Weiß, im wahrsten Sinne des Wortes, gibt es in dieser Welt eben auch noch ziemlich viele Graustufen. Schwer auszuhalten ist das, vor allem wenn ein Ort so paradiesisch wirkt wie Butre und wenn man, so wir gerade, in wunderbarer Ferienstimmung ist.

Heute ist Weihnachten. Wir stehen schon um 5.30 Uhr auf, weil wir eine kleine Kanu-Tour in die Mangroven machen möchten. Die halbstündige Wanderung ins Dorf ist im Morgenlicht besonders zauberhaft. Der Dschungel atmet schwere Dunstwolken aus, während die ersten Sonnenstrahlen bereits gierig an der Meeresbrandung lecken, bis sich neblige Schwaden daraus lösen und sich dampfend auf ihren Weg in den Himmel machen. Ein bisschen zögern sie noch – angesichts des ungewohnten Elements – und hängen schwer und unentschlossen über dem Strand in der Luft. Dann werden sie dünner und dünner und blasser und blasser. Eben waren die Wolken fast noch greifbar, nun haben sie sich aufgelöst in Nichts.

Eine gefesselte Schildkröte vor uns auf dem Weg reißt mich aus meiner romantischen Idylle. Das Tier atmet schwerfällig, sein Blick ist unendlich resigniert. Es ist umringt von grimmig aussehenden Burschen, die mit schweren Macheten bewaffnet sind. Ein Lösegeld wollen die Kerle, und zwar von *Fanta Folly's* und der benachbarten *Hideout Lodge*. Beide Ressorts haben es sich nämlich zur Aufgabe gemacht, die gefangenen Tiere wieder freizukaufen. Sonst landen diese todsicher im Suppentopf. Einerseits ist das verständlich bei der Armut der Bevölkerung, dennoch ist dies ein Drama: Zum einen für die uralten Tiere selbst, zum anderen natürlich für das bedrohte Ökosystem. Der Anblick ist auf jeden Fall nichts für Zartbesaitete. Während wir uns von Guide Peter mit einem Kanu in die Mangroven rudern lassen, verfolgt mich noch lange der gequälte Blick der Schildkröte zusammen mit meinem schlechten Gewissen. Hätten nicht einfach wir das arme Tier an Ort und Stelle freikaufen sollen?

Der Heilige Abend verläuft feucht-fröhlich in einer europäischen Runde aus Österreichern, Franzosen und Deutschen. Halb ironisch, halb resigniert deutet Phillippe nun auf eine Kette aus Lichtern draußen am Meer. »Was sagt ihr zu meiner Weihnachtsdeko?«

Bisher hatte ich die kleinen flackernden Punkte am Horizont zwar wahrgenommen, mir aber keine weiteren Gedanken darüber gemacht.

Uli reagiert entsetzt: »Aber Lichtfischerei ist doch verboten!«

»Die Fischer vor Ort müssen schließlich auch von irgendetwas leben. Vor Ghanas Küste plündern die großen Fangflotten der EU im großen Stil die Fischbestände. Für die Einheimischen

Unsere weihnachtlichen Fotos lassen unsere Lieben zuhause in Deutschland vor Neid erblassen.

Wir können nur hoffen, dass die nächste Schildkröte nicht in den Suppentopf wandert.

bleibt da nicht mehr viel übrig! Kein Wunder, wenn die zu drastischeren Methoden greifen«, antwortet Phillippe.

Wir schweigen bedrückt. Als die Stille schließlich kaum mehr auszuhalten ist, heben wir fast gleichzeitig unser Gläser, um uns zuzuprosten.

»Übrigens: Frohe Weihnachten!«

Eine ganze Woche verbringen wir im *Fanta Folly's Beach Resort* und schaffen es trotz aller Widrigkeiten, uns doch ganz wunderbar zu entspannen. Um vor unserer Abreise immerhin unser schlechtes Gewissen gegenüber den Schildkröten zu beruhigen (die letzte landete leider tatsächlich im weihnachtlichen Suppentopf der Dorfbevölkerung) spenden wir zusammen mit Freund Matthias aus Deutschland eine kleine Summe für zukünftige Rettungsaktionen.

Apollo fällt vom Glauben ab

In Ghanas Hauptstadt Accra bleiben wir die ersten Tage bei Apollo von der Reiseagentur Jolinaiko Eco Tours. Zusammen mit seiner niederländischen Frau wohnt er in einer schönen, roten Backsteinvilla im Norden der Stadt. Um Accra von Süden nach Norden zu durchqueren, brauchen wir tatsächlich über vier Stunden. Die Stadt ist riesig – doch was schwerer wiegt: Der Verkehr ist die Hölle. Der Innenhof des kleinen Anwesens, gerade mal so groß, dass Frau Scherer hineinpasst, ist zum Glück jedoch das genaue Gegenteil vom wilden Treiben vor den Toren, nämlich eine Oase der Ruhe.

Apollo, der tatsächlich genauso heißt wie der römisch-griechische Gott der schönen Künste und des Lichts, ist ein ziemlich gutaussehender Mann. Er hat die Ausstrahlung eines Dreißigjährigen, obwohl er bereits Mitte 50 ist. Es ist erstaunlich, ghanaische Männer und Frauen sehen oft wahnsinnig jung aus. Bei unseren Schätzversuchen liegen wir oft um 15 bis 20 Jahre daneben.

Apollo, der uns eine große Hilfe beim Organisieren eines Re-Entry-Visums für Ghana war, ist deutlich älter als er aussieht.

Apollo scheut keine Mühen. Er lässt seine Beziehungen spielen, um uns so schnell wie möglich ein Re-Entry-Visum für Ghana zu besorgen. Folgendes Problem stellt sich uns nämlich: Angeblich erhält man zurzeit weder in Benin noch in Togo ein Visum für Ghana. Doch nach dem Besuch dieser beiden Länder müssen wir auf unserer Rückreise auf jeden Fall wieder Ghana und die Elfenbeinküste durchqueren. Bewusst hatten wir darauf verzichtet, unsere Route allzu akribisch festzulegen. Wir wollen flexibel reagieren können, denn in Westafrika gibt es viele Unwägbarkeiten, seien es nun politische Umbrüche, schlechte Straßen oder saisonale Gegebenheiten wie die ab März einsetzende Regenzeit.

So müssen wir uns also jetzt im Land selbst um ein sogenanntes Wiedereinreise-Visum bemühen. Möglichst schnell soll es gehen.
In wenigen Tagen beginnt das Voodoo-Festival in Benin, dessen Besuch der Höhepunkt unserer Reise durch Westafrika werden soll.

Apollo ist ein charmanter und guter Erzähler, auch er ist, wie unser »Federspezialist« George, ein Selfmademan. Aus einer einfachen Familie kommend, hat er es weit gebracht. Ein Unternehmer ist er nun, mit gutgehendem Reisebüro und mehreren Immobilien, Ehemann einer Holländerin und stolzer Vater zweier Kinder. Apollo ist glücklich. Doch das war nicht immer so: Lange war er ein Suchender, war zuerst Muslim, dann Katholik, bald Animist und sogar Anhänger einer Charismatischen Kirche. Seit einigen Jahren jedoch hat er für sich in der Haltung des Skeptikers und Atheisten seinen Frieden gefunden. Zunehmend kamen ihm auf seiner Suche nämlich Zweifel.

»Is God deaf?«, fragte er sich irgendwann.

Wie wir fand er es seltsam, dass in Ghana alle Glaubensgemeinschaften so lautstark auf sich aufmerksam machen müssen. Wie schön, endlich mal einen kritischen Geist vor sich zu haben, einen allerdings, der selbst den Namen eines Gottes trägt.

Egal ob mit dem Taxi oder mit dem eigenen Fahrzeug, eine Fahrt durch Accra bedeutet im Stau zu stehen.

Die *Dela Botri Band* beschert uns einen tollen Abend im *+233 Jazz Club* in Accra.

Amüsement in Accra

***Dela Botri Band* – Wiwi**

Die Dela Botri Band *sehen wir live im* +233 Jazz Club *in Accra. Flöten in der Rockmusik mag ich eigentlich gar nicht, doch Mr Dela Botri hat es einfach drauf. Er entlockt der Atenteben, einer traditionellen ghanaischen Bambusflöte, nur die allerfeinsten Klänge.*

Am nächsten Tag verlassen wir schweren Herzens Apollos ruhigen Innenhof. Zum einen wollen wir seine Gastfreundschaft nicht länger strapazieren, zum anderen ist das Viertel viel zu abgelegen, um die Sehenswürdigkeiten der Hauptstadt besichtigen zu können. Außerdem ist Wochenende. Wenn das nicht mal eine gute Gelegenheit ist, sich in die Verlockungen des Großstadtlebens zu stürzen?

Bei *iOverlander* finden wir Beschreibungen des stadtnahen Strandabschnitts *Labadi Beach* und des davor gelegenen *Tawala Beach Resorts*. Diese lesen sich so, als ob andere vor uns an diesem Ort eine Menge Spaß gehabt hätten. Wie und warum, das können wir uns allerdings beim besten Willen nicht erklären, nachdem wir den Manager kennengelernt haben. Der ist ein richtiges Ekelpaket und vermiest uns von Anfang an die Laune. Als ich nämlich um Erlaubnis frage, vor dem Resort zu parken, verlangt er dreist 100 Euro von mir. Auch bei Heppo beharrt er immer noch auf 30 Euro. Schließlich handeln wir die Stellplatzgebühr auf deutlich realistischere sechs Euro herunter. Für einen Parkplatz, der für alle anderen kostenfrei ist, ist das allerdings immer noch ein ziemlicher Wucher! Konsumieren werden wir in diesem Laden auf jeden Fall nichts.

Lieber fahren wir mit dem Taxi in die Innenstadt, die gibt touristisch und architektonisch gesehen allerdings nicht sonderlich viel her. Die größte Attraktion ist wahrscheinlich die Oxford Street, wo sich bunte Klamotten- und Souvenirläden aneinanderreihen. Auch von der angeblichen *Accra Art Week*, die auf allen Social-Media-Kanälen groß beworben wird, ist weit und breit nichts zu sehen. Eine Ausstellung über die ghanaische Musikrichtung High-Life besteht gerade mal aus drei kleinformatigen Schwarz-Weiß-Fotos.

Glamour und ein besseres Programm verspricht jedoch das ebenfalls gerade stattfindende *Afrochella-Festival*. Die Preise der VIP-Tickets zu unglaublichen 1.800 US-Dollar (immerhin inklusive einer kleinen Wochenendtour ins Umland und »Champagner-All-Night«) passen aber weder zu unserem Budget noch zu unseren Vorstellungen von gelungenem Amüsement.

Da fahren wir lieber weiter zum +233 Jazz Club, wo die Dela Botri Band spielt. Obwohl wir Flötenmusik in Pop und Rock eher anstrengend finden, spielt der Frontmann der Gruppe so toll auf diesem Instrument, dass wir sofort verzaubert sind. Auch treffen wir im Club den amerikanischen Musikprofessor und Ethno-Musiker Colter Harper, der seit vielen Jahren immer wieder nach Ghana reist, um sogenannte Field Recordings anzufertigen. Seine neueste Entdeckung heißt Stevo Atambire. Der Meister auf der Kologo, einem banjoartigen Instrument, das nur mit zwei Saiten bespannt ist, ist in Ghana jedoch kein Unbekannter. Der Griot aus der Volksgruppe der Fra-Fra hat bereits vier Studioalben aufgenommen und mehrere Musikvideos veröffentlicht; als Mitglied von *Wanlov & der Afro-Gypsy Band* tourte er durch Europa und Afrika.
»Die tollsten musikalischen Erlebnisse«, fährt Colter Harper mit seinen Musikempfehlungen fort, »habe ich aber immer noch bei Beerdigungen. Bei diesen finden einfach stets die besten Partys statt!«

Der leidige Orgakram

Am Montagmorgen finden wir uns vor dem Immigration Office ein, um unser Re-Entry-Visum endlich offiziell zu beantragen. Hinter den Kulissen wurden durch Apollo aber bereits einige Fäden gezogen. Das Protokoll schreibt allerdings unsere physische Anwesenheit auf dem Amt vor. Dieses ist abgeriegelt wie ein Hochsicherheitstrakt. Der Parkplatz ist mit Stacheldraht abgesichert. Die Eingangsschleuse ins Gebäude wird schwer bewacht. Und im Warteraum werden alle persönlichen Daten aufgenommen, bevor wir vorsprechen dürfen.

Neben dem offiziellen Bearbeitungsbetrag werden weitere zwölf Euro Sondergebühren erhoben. Ende dieser Woche soll unser Re-Entry-Visum dafür bereits abholbereit sein. Wenn wir es tatsächlich in nur vier Tagen erhalten, so können wir unseren Zeitplan einhalten und schaffen es noch relativ entspannt zum Voodoo-Festival in Benin.

Bei der Suche nach einem 12-Volt-Ventilator landen wir bei der geschäftstüchtigen Mamie Akwa.

Weil wir gerade in Organisationslaune sind, besorgen wir uns auch noch gleich das Visum für Togo. Es kostet 100 Dollar pro Person. Alles andere als ein Schnäppchen, wenn man bedenkt, dass man es auch direkt an der Grenze für nur 15 Euro pro Nase bekommen kann. Allerdings gibt es das »Visum On-Arrival« nur an bestimmten Grenzübergängen, z. B. in Aflao bei Lomé.

Dieser Grenzübergang soll aber laut den Berichten vieler Reisender überaus nervenaufreibend sein. Deutlich entspannter geht es stattdessen angeblich in Dzodze zu, nur ein kleines Stück weiter nördlich. Auch ist das Visum On-Arrival nur sieben Tage gültig. Da wir das Land aber mindestens zweimal durchqueren und auch länger als eine Woche bleiben wollen, nehmen wir nach einigem Überlegen den enormen Preisunterschied in Kauf.

Schwieriger als ein Visum zu besorgen scheint es in Accra zu sein, einen 12-Volt-Ventilator aufzutreiben. Unser alter macht nämlich lautes Getöse, er könnte uns jeden Moment um die Ohren fliegen.

Auf der Suche nach einem Kaltluftgebläse für Frau Scherers Fahrerkabine landen wir schließlich in Nima, im Nordosten von Accra. Dies ist ein eher armes Stadtviertel mit hohem Migrantenanteil. Fast ausschließlich Muslime wohnen hier. Eine riesige Moschee überragt die flachen Stadthäuser um ein Vielfaches. Statt der sonst üblichen körperbetonten, afrikanischen Kleider werden nun plötzlich lange, bunte Glitzerroben zum Verkauf angeboten. Viele Frauen sind sogar vollständig verschleiert. Gebetsteppiche kann man in allen Formen und Größen kaufen, ebenso Koranständer und bunte Tee-Services.

Was unser Herz und unser Körper aber eigentlich begehrt, nämlich einen kleinen Ventilator mit 12-Volt-Stecker, finden wir hier nicht. Es ist wie verhext! Noch in der Elfenbeinküste wurden uns diese Geräte fast täglich von den vielen fliegenden Verkäufern angeboten. Doch in Ghana scheint es das verfluchte Ding nicht mehr zu geben. Alle Ventilatoren, die uns auf unserer Suche begegnen, sind große Standmodelle, die ausschließlich mit 230-Volt-Stecker geliefert werden.

Einen letzten Versuch wollen wir aber noch unternehmen. Zurück in der Innenstadt finden wir einen kostenfreien Parkplatz vor der hübschen *Rising Phoenix Reggae-Bar*. Von hier sind es nur ein paar Minuten zu Fuß in ein Viertel, in dessen labyrinthartigen Gassen ausschließlich Elektrogeräte angeboten werden.

Doch leider hat auch hier niemand ein passendes Modell für uns. Wir werden von Laden zu Laden weitergereicht, doch überall das Gleiche: Fehlanzeige. Immer öfter hören wir jedoch den Namen einer bestimmten Person: »Wenn irgendjemand so etwas hat, dann Mamie Akwa!« Kurz darauf stehen wir vor ihrem Laden. Dieser ist so klein, dass sich kaum mehr als drei Personen gleichzeitig darin aufhalten können. Füllig und beleibt steht Mamie Akwa zusammen mit ihrer etwas dünneren Tochter hinter dem Tresen. Die beiden Frauen sind eindeutig die Königinnen in ihrem Reich, das bis unter die Decke vollgestopft ist mit Schachteln von Radios, Uhren, Leuchten und Stabmixern. Auch hübsche und handliche Ventilatoren gibt es, doch leider wieder nur mit 230-Volt-Steckern. Mamie jedoch weiß Rat. Schnell schickt sie einen ihrer Laufburschen zum Lager. Und tatsächlich, schon bald kommt der junge Kerl mit einem Modell zurück, wie wir es uns gewünscht haben. Wir sind überglücklich. Endlich ist wieder Schluss mit dem Schwitzen während der Fahrt! Auch für Sidi ist die Luftzirkulation überlebensnotwendig. Die tropische Hitze ist nämlich mittlerweile fast unerträglich geworden. Mamie weiß genau um unsere Not und lässt – ganz tüchtige Geschäftsfrau – kein bisschen mit sich handeln. »Das war der letzte!«, sagt sie und grinst.

Silvester in der Stadt

Heute ist Silvester. Weil uns nichts Besseres einfällt, bleiben wir gleich neben der *Rising-Phoenix-Bar* am Strand stehen. Allerdings sind wir etwas besorgt, die Knallerei ist für die meisten Hunde bekanntlich eine Qual. Bisher durfte Sidi seine Jahresübergänge ruhig und beschaulich verbringen. Mit Schaudern erinnere ich mich aber an einen Abend vor einigen Jahren auf dem Wagenplatz, als ein Mitbewohner meinte, selbstgebastelte Feuerwerkskörper ausprobieren zu müssen. Unseren Hund fand ich erst zwei Stunden später wieder. Er war von einer Passantin aufgegriffen worden, als er komplett verängstigt auf einer stark befahrenen Straße herumirrte. Als ich ihn dann abholen kam, war er aber schon wieder obenauf. Selbstbewusst saß er auf dem Beifahrersitz eines Polizeiautos, vor sich auf der Fußmatte einen gut gefüllten Fressnapf. Obwohl wir große Bedenken haben, Silvester in der Stadt zu verbringen, scheint uns die *Rising-Phoenix-Bar* dennoch eine gute Wahl zu sein. Die Betreiber versichern uns nämlich, dass dort keine große Party stattfinden und der Abend eher ruhig verlaufen wird.

Sie sollten Recht behalten. Tatsächlich kommen so gut wie keine Gäste. Nur ein paar dieser schrecklich schnöseligen »Respect-Man-Rastaboys««, die mir total auf die Nerven gehen. Wir wollen den Jungs trotzdem eine Chance geben und setzen uns zu ihnen. Während der eine es aber nur auf »free beer and free cigarettes« abgesehen hat, ist der andere dermaßen bekifft, dass er immer wieder mitten im Satz einschläft. Heppo und ich sind allerdings auch keine Party-Granaten. So sitzen wir alle nur die Zeit ab, bis es endlich Mitternacht ist, wo wir ein spektakuläres, aber – zum Glück – weit entferntes Feuerwerk über dem Meer beobachten können. Unser Hund bleibt entspannt.

»Endlich darf ich ins Bett!«, freue ich mich und ziehe mich in unser Wohnmobil zurück. Während Heppo noch laut darüber nachdenkt, ob er seinen neuen Rasta-Freunden in einen Club folgen soll, beginnen ein paar Menschen damit, direkt vor unserem Laster ihre Knallfrösche auszupacken. Nach nur wenigen Minuten ist Sidi bereits ein absolutes Nervenbündel. Schwer atmend liegt er in der Ecke, er sabbert und hyperventiliert. Wir haben wirklich Angst um ihn. Ich versuche, ihm die Ohren zuzuhalten, ihn mit lauter Musik abzulenken und singe ihm sogar Lieder vor. Nichts hilft. Unser Hund ist außer sich!

Draußen steigert sich das Geballere aber noch: Kaum ist eine Gruppe fertig mit ihren Geschossen, kommt schon die nächste und zündet munter Kracher um Kracher und Rakete um Rakete. Als einziges Ablenkungsmittel fällt mir nur noch ein, Sidi in unser Bett zu holen, – normalerweise ein striktes No-Go. Erst als er unter einem dünnen Laken zwischen uns liegt, beruhigt sich der arme Kerl.

Noch am Nachmittag war Sidi ganz entspannt, doch das Geballere zu Silvester macht aus unserem Hund ein wahres Nervenbündel.

An diesem Neujahrsmorgen können wir das Chaos der ghanaischen Hauptstadt nur durch den Filter unserer Fliegengitter ertragen.

Über das Mutigsein!

Als ich am nächsten Morgen, dem ersten Tag des neuen Jahres 2020, aus unserem Wohnmobil gucke, schaffe ich es erstmals, das Wimmelbild auf dem Platz vor der *Rising-Phoenix-Bar* genauer in Augenschein zu nehmen. Das Gewusel dort hatte ich zwar schon tags zuvor wahrgenommen, aber offenbar war mein Gehirn von all der Information derartig überfordert gewesen, dass ich wohl immer nur leicht schräg daran vorbei geguckt haben muss.

Dabei ist das, was sich dort abspielt, in Afrika überhaupt nichts Besonderes. Das gesamte Leben dieses Stadtteils findet auf diesem einen Platz statt. Auf engstem Raum wird hier geschnippelt, gekocht, gegessen und abgewaschen. Da werden Massagen unter freiem Himmel verabreicht, manche tanzen und singen, andere streiten sich, dealen mit Gras, rauchen Zigaretten oder trinken Alkohol. Alles, einfach alles, findet unter freiem Himmel statt. Von unserer Warte sieht dieses afrikanische Sittengemälde jedoch aus wie etwas, das auch Hieronymus Bosch gemalt haben könnte ...

... nämlich ein grotesk großer und wuselnder Haufen aus Menschenleibern, Tieren und großen, dampfenden Töpfen. Irgendetwas erschreckt mich daran zutiefst. Mein an Ordnung gewohntes Gehirn kann dieses wilde und kunterbunte Durcheinander nur schwer ertragen. Es hört sich komisch an, aber diesen Platz mit seinem prallen Leben zu betrachten, das erfordert einiges an Mut. Manchmal erwischt es einen eben kalt, gerade bei Dingen, die man so nicht erwartet. Heppo ergeht es übrigens ähnlich, was vielleicht beweist, dass ich nicht gerade nur einen Anfall von Afrika-Blues oder Neujahrsdepression habe.

Nach einigem Nachdenken komme ich zu folgendem Schluss: Vielleicht verhält es sich hier so wie bei der angeblich wahren Geschichte von Kolumbus' Schiffen. Diese konnten die amerikanischen Ureinwohner nämlich nicht sehen, einfach deshalb, weil das, was da am Horizont auftauchte, so völlig anders war als alles, was sie bisher in ihrem Leben wahrgenommen hatten. Eine seltsame Erfahrung ist das, die mich ein bisschen verunsichert. Wer weiß also, wie oft bereits Außerirdische mit großen blinkenden, fliegenden Untertassen direkt vor unseren Augen gelandet sind, während Heppo und ich nichts weiter taten, als ungerührt unseren Morgenkaffee zu schlürfen?

Um es mit *Christian Morgenstern* und der letzten Strophe seines Gedichts *Die unmögliche Tatsache* zu sagen:

Und er kommt zu dem Ergebnis:
»Nur ein Traum war das Erlebnis.
Weil«, so schließt er messerscharf, »nicht sein kann, was nicht sein darf.«

Auch das amerikanische Lehrerehepaar Polly und Leo beschäftigt sich mit den Themen Illusion und Wirklichkeit. Die beiden Kalifornier, die gerade ein Auslandsjahr als Lehrer an einer internationalen Schule in Accra verbringen, sind uns sehr sympathisch, wir hatten sie bereits in der Ashanti-Region in einem der Kente-Weberdörfer kennengelernt. Obwohl wir sonst selten so forsch sind, hatten wir die beiden damals unvermittelt nach ihrem Kontakt gefragt. Und, da der Anfang schon mal gemacht war, laden wir uns nun, an diesem Neujahrstag, kurzerhand gleich noch selbst zu ihnen ein.

Polly ist Grundschullehrerin und fremdelt etwas mit Ghana. Leo kann als Kunstlehrer dem Land hingegen einiges abgewinnen. In seinen großformatigen Zeichnungen und Collagen beschäftigt er sich mit Voodoo, Geistern, unheiligen Familien, wilden Männern und dem Boogie-Man[7]. Wiederkehrende Symbole sind anatomisch gezeichnete Herzen, Blut und Krähen. Dazwischen kleben Wortschnipsel auf Deutsch: »Zeit«, »Mörder« und »Schnee«. Seine Werke haben die Stimmung einer Geschichte von Edgar Allan Poe. Auch dass Polly und Leo in einer fast komplett verdunkelten und stark klimatisierten Wohnung sitzen, finden wir seltsam.

Trotzdem, diese beiden Menschen sind so liebenswürdig und gastfreundlich, dass wir uns auf der Stelle sehr wohl bei ihnen fühlen. Interessante Leute sind das, die bereits in Japan, Indien, Saudi-Arabien und in vielen weiteren Ländern dieser Welt als Lehrer gearbeitet haben. Ghana wird aber wohl ihre letzte Auslandserfahrung werden, denn die beiden sind eigentlich schon längst im Rentneralter. Wir finden ihr Engagement auf jeden Fall sehr bemerkenswert, bewundern ihre Energie und die Kraft, sich immer wieder auf Neues einzulassen. In vielerlei Hinsicht ähneln sie dem Ressort-Besitzer Philippe vom *Fanta Folly's Beach*. Hier treffen wir also erneut auf Menschen, die sich nicht gemütlich in festgefahrenen Bahnen bewegen, sondern sich trotz ihres fortgeschrittenen Alters eine unzähmbare Neugier bewahrt haben. Sie haben den Mut, genau hinzusehen und sich nicht abschrecken zu lassen, auch wenn sie dabei mitten im sonnigen Ghana auf Dämonen und Mörder im Schnee stoßen. Polly und Leo beeindrucken uns sehr. Ich fasse einen Vorsatz für das neue Jahr: Fest nehme ich mir vor, auch weiterhin neugierig, mutig und unerschrocken zu sein, auch immer genau hinzusehen, insbesondere dann, wenn es schwerfällt.

[7] *Der Boogie-Man ist eine »dämonische, schwarze« Gestalt, die in einem Sack unartige Kinder davonträgt. In Deutschland ist sie auch bekannt als Butzemann oder Buhmann.*

Togo

Vaudou Game – Pas contente

Die togolesische Afro-Funk/Soul-Band Vaudou Game *kommt aus Lomé in Togo. Unter der Leitung von* Peter Solo, *Sänger und Komponist, vereint die Band Voodoo-Tradition mit Soul, Funk und Rhythm 'n Blues der 1960er- und 1970er-Jahre.*

Chez Alice in Togo

Gerade als wir Ghana in Richtung Togo verlassen, setzt der Harmattan ein. Der Himmel drückt schwer auf das staubige Land, erinnert an einen nikotingelben Vorhang in einer ungelüfteten Raucherwohnung. Erfreulich finden wir jedoch, dass die uns umgebende Luft nun plötzlich deutlich kühler und trockener ist. Wir begrüßen das neue Klima, obwohl sich die meisten Landesbewohner vor diesem winterlichen Wetterphänomen eher zu fürchten scheinen.

»Ihr werdet schon noch sehen!« sagen sie. »Alle werden dann krank, klagen über Husten und verstopfte Nasen. Harmattan ist schrecklich anstrengend!«
Doch wir finden es großartig, nicht mehr diesen Dauerschweißfilm auf der Haut zu spüren. Mit trockener Hitze – denn richtig kalt ist es natürlich immer noch nicht – kommen wir beide nämlich viel besser klar als mit der tropisch-feuchten.

Statt den großen Grenzübergang in Aflao nehmen wir schließlich den deutlich kleineren bei Dzodze. Der Tipp aus der *WhatsApp*-Westafrika-Gruppe war ein guter, denn im Nu haben wir die nötigen Stempel in Pass und im Carnet beisammen und dürfen weiter nach Togo reisen.

In Lomé landen wir in der legendären Unterkunft *Chez Alice*, die sich aber seit kurzem *Le Garage* nennt. Das mittlerweile in dritter Generation geführte Hotel mit Bar und Restaurant ist eine Institution.

Alice ist eine rüstige 80-jährige Dame, die ursprünglich aus der Schweiz stammt. Vor vielen Jahrzehnten verliebte sie sich in einen Mann aus Togo und baute sich daraufhin in Lomé ein neues Leben auf. Ihre Tochter Moni folgte ihr Ende der 1990er-Jahre, nachdem die Wirtin einer Züricher Bahnhofskneipe sich bereits ein gutes Zubrot durch Lkw- und Autotransporte nach Afrika verdient hatte. Doch die Geschichte der Familie ist tragisch. Der liebevoll gestaltete Innenhof mit seiner üppigen, tropischen Vegetation, den Papageien und Affen wirkt überaus paradiesisch, doch an diesem Ort kamen bereits vier Menschen gewaltsam zu Tode. Als Alices Mann vom

In Afrika wird schneller gestorben! Vielleicht auch Dank Voodoo?

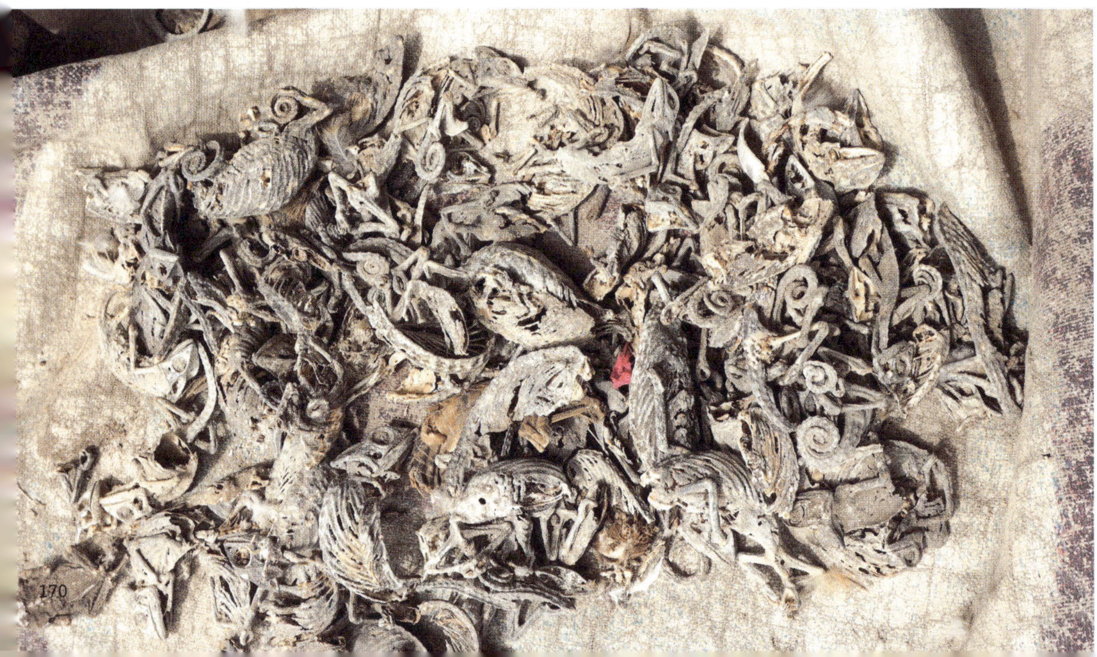

Der Fetisch-Markt in Lomé ist weltberühmt.

eigenen Chauffeur erschlagen wurde, zog schließlich auch Enkel Enrico nach Lomé, um die beiden Frauen vor Ort zu unterstützen. So abgeklärt wie Moni und Enrico von diesen schrecklichen Geschehnissen sprechen, scheint die Familie bereits einiges gewohnt zu sein.

»Das ist normal hier, oder?« meint Moni auf ihre typisch schweizerdeutsche Art. »In Afrika wird einfach schneller gestorben!«, lacht sie kehlig und steckt sich eine Zigarette an.

Auch wenn uns die Gruselgeschichten der Familie kalte Schauer über den Rücken laufen lassen, so erleben wir *Le Garage* alias *Chez Alice* doch als einen sehr erholsamen Ort. Neben dem nahegelegenen *Coco-Beach* ist er eine der wenigen geeigneten Park- und Übernachtungsoptionen für Overlander mit großen Fahrzeugen in Lomé. Enrico kocht übrigens ganz ausgezeichnet; seine Rösti sind sagenhaft, allerdings kassiert er dafür auch Schweizer Preise!

Der Fetischmarkt

Wir unternehmen einen Ausflug in die Stadt. Brian Nowak, ein amerikanischer Entwicklungshelfer, der aber gerade als Musikforscher unterwegs ist, bringt uns zum legendären Fetischmarkt, einem der größten in Westafrika für Zauberei- und Voodoo-Bedarf.

Ich habe zwar den Verdacht, dass dieser vor allem den Touristen den gewissen Gruselfaktor liefern soll, doch die nagelgespickten Voodoo-Püppchen und grotesk getrockneten Tierleichen verfehlen nicht ihre beeindruckende Wirkung auf uns. Was tun uns diese armen Viecher leid!

Der junge Voodoo-Priester möchte uns gern unsere Zukunft vorhersagen, wir sind aber skeptisch.

All die Spinnen, Schlangen und Stacheltiere haben eindeutig Besseres verdient als in der Sonne müffelnd auf eine Verwertung als Aphrodisiakum zu warten. Interessante morbide Fotomotive geben die Mumien trotzdem ab. Dumm: Beim blutjungen Voodoo-Priester des Marktes lassen wir uns zwei unverschämt teure Reisezauber andrehen. Ich ärgere mich schon während des Kaufes so darüber, dass ich dann bei den Anweisungen gar nicht mehr richtig aufpasse. Wie war das noch mal? Erst die Dinger besprechen und dann den Mund mit einem Holzstock verschließen? Oder war die Reihenfolge umgekehrt? Mich stresst die Sache schon jetzt. Offensichtlich bin ich abergläubischer als gedacht ...

Die beste Art, Lomé zu erkunden, ist auf einem Zemijan – so heißen hier die heimischen Motorradtaxis. Und hat man beziehungsweise frau erst einmal die Scheu vor dem Mitfahren ohne Helm überwunden, macht die Sache plötzlich richtig Spaß. Mit knatterndem Auspuff geht es durch die am Sonntag eher verschlafen wirkende Landeshauptstadt.

Wir amüsieren uns prächtig, als wir im Vorbeifahren die Schilder sehen, die für Wunderheiler aller Art werben. Eine der begehrtesten Dienstleistungen in diesem Land scheint die magische Penisvergrößerung zu sein. »Gros pénis!« lesen wir überall.

Doch schon geht es weiter, und während mir der lauwarme Fahrtwind meine Haare zerzaust und Kühle vorgaukelt, stelle ich fest, dass sich das Motorradfahren doch sehr vom Reisen mit einem Lkw unterscheidet: Man sitzt tiefer, ist näher am Geschehen dran und auch direkt mit seiner Umwelt in Kontakt, während vom Auto aus die Umgebung stets gefiltert und wie durch eine (Matt)scheibe betrachtet wird.

Ein kurzer Moment der Euphorie stellt sich ein. Plötzlich ist da eine ganze Palette wunderbarer und teils widersprüchlicher Gefühle: Freiheit und Unsicherheit, das pure Leben und die stets darin enthaltene Gefahr: Unfall, Krankheit und Tod.

Manchmal bin ich doch ein arger Angsthase, fantasiere stets das Schlimmste aller Szenarien herbei. Was, wenn wir jetzt vom Motorrad stürzen und uns alle Knochen brechen? Was, wenn Frau Scherer schlapp macht? Was, wenn wir Malaria bekommen? Was, wenn unser Hund einen Rückfall bekommt? Doch, Moment mal, warum mache ich mir überhaupt Sorgen? Mit unseren soeben erworbenen Reisefetischen kann uns doch wirklich nichts mehr passieren!

Gangbé Brass Band – Aou Whan

Die Gangbé Brass Band *ist ein zehnköpfiges beninisches Blasmusikensemble, das 1994 gegründet wurde. Das Wort »gangbe« bedeutet in der Fon-Sprache »Klang des Metalls«. Die Gruppe schafft es auf ungewöhnliche Weise, traditionelle Voodoo-Musik mit westlichem Jazz und Big-Band-Sounds zu vereinen.*

Benin

Die Ölwanne

Von wegen! Hätte ich bei den Anweisungen zum Besprechen unserer Fetische nur besser aufgepasst! Kaum im Benin angekommen, geht der Ärger nämlich bereits los.

Doch – seien wir ehrlich – außer uns selbst kann in diesem Fall wirklich niemandem ein Vorwurf gemacht werden. Wir verstehen es nämlich ganz gut, uns selbst auf Trab zu halten. Obwohl mich kaum darüber zu schreiben traue, will ich euch unsere Peinlichkeit nicht ersparen. Wer weiß, vielleicht bewahre ich den einen oder anderen von euch sogar davor, die gleichen Fehler zu machen wie wir? Merke: Wenn nach dem Ölwechsel zu viel Öl im Motor ist, benutze die Ölablassschraube und komme nicht auf die vermeintlich gute Idee, mit einer großen Spritze und einem Plastikschlauch das überschüssige Öl abzusaugen! Das funktioniert zwar erstaunlich gut, doch der Moment wird kommen, an dem du den Plastikschlauch in deiner Ölwanne versenkst. Und dann ist guter Rat teuer. Drinnen lassen wäre eine Option. Aber was ist, wenn sich der Schlauch zersetzt? Oder wenn er irgendetwas verstopft? Die Sache endet damit, dass wir mitten auf der Straße unsere Ölwanne abmontieren.

Manchmal machen wir uns unsere Probleme auch selbst.

Eigentlich wäre dieser Ort wie geschaffen dafür, sich an den weißen Sandstrand unter wiegende Palmen zu legen, doch wir beschmieren uns stattdessen lieber mit Motoröl.

Ach, wenn es nur damit getan wäre, allein die Wanne abzumontieren ... Diese muss sogar noch zerlegt werden und das Öl wieder in die Kanister zurückgeschüttet werden. Auch sollte die ausnahmsweise mal ziemlich saubere Straße der Strandpromenade lieber nicht mit Ölflecken verunstaltet werden. Nun gilt es, den versenkten Plastikschlauch zu entfernen und – schwierigster Teil – die Ölwanne erneut abzudichten! Zum Glück haben wir den passenden Kleber dabei.

Demontage, Abdichtung und Montage einer Ölwanne ist Premiere für uns. Sechs Stunden brauchen wir für diese völlig unnötige Operation!

Erschwerend kommt hinzu, dass wir mit unserer Schrauberei natürlich die Aufmerksamkeit der Bevölkerung erregen. Insbesondere der Security-Mann des Hauses, vor dem wir parken, stört sich an unserer Aktion: »Schaut, dass ihr verschwindet!«, schnauzt er uns an. Dass wir gerade nicht fahren können, weil unsere Ölwanne ausgebaut ist, will er einfach nicht verstehen. Nun schreit er uns an und beginnt sogar handgreiflich zu werden. Gut, dass uns ein paar Leute zu Hilfe eilen. Sie ergreifen für uns Partei und halten den Aggressiven in Schach. Wir bleiben cool unter unserer Karre liegen und tun, was wir eben tun müssen. Es hilft ja nichts!

Der Schlangengott trinkt Limo

In Ouidah stehen überall in der Stadt verteilt Skulpturen aus dem Voodoo-Kosmos. Papa Legba, der Vermittler zwischen den Welten, ist mit seinem riesigen Phallus ein beliebtes Fruchtbarkeitssymbol.

Rund um die Stadt Ouidah dominiert eine gespenstisch wirkende Lagunenlandschaft. Ein Mangrovensumpf geht direkt ins Meer über. Auf feuchtem Grund, auf Morast oder direkt in das brackige Wasser gebaut, stehen da windschiefe Hexenhäuschen, die wahrscheinlich den Krabbenfischern als Unterschlupf dienen. Es ist dunstig, diesig und sehr, sehr warm.

Der graue Harmattan-Himmel hängt schwer über den ehemals schmucken Kolonialbauten der Stadt. In die Jahre gekommen, zeigen sich diese in allen Stadien des Verfalls. Viele haben eine aufregende Patina angenommen oder schimmern grünlich.

Auf unserem Weg zum Hotel folgen wir der Route des Esclaves. Bunte Betonskulpturen, die den Götterkosmos des Voodoo illustrieren, begleiten uns auf unserem Weg. Auch ihnen hat das Klima zugesetzt. An vielen Stellen blättert bereits die Farbe ab, fehlen Arme und Hände, Füße und Beine. Der gehörnte Papa Legba mit riesigem Phallus ist dort ebenso zu sehen wie eine furchtlose Amazone, ein dreiköpfiger Krieger oder das Chamäleon, ein bekanntes Totemtier.

Ein tropisches Paradies hatte ich mir irgendwie anders vorgestellt. Das Morbide, das Trübe und die Feuchte tragen jedoch zu einer magisch-mystischen Atmosphäre bei, die uns prima auf das bevorstehende Voodoo-Ereignis einstimmt.

Das Hotel *Diaspora* stammt aus einer anderen Zeit. Der große, hellblau gekachelte Betonklotz verströmt den Charme sozialistischer Betonbauten. Später lerne ich, dass es in der Geschichte des Landes unter der Führung von General Mathieu Kérékou tatsächlich eine marxistisch-leninistische Periode gab, und zwar von 1974 bis 1990.

Abends gehen wir in eine Kneipe, die »Buvette« – frei übersetzt: »Trinkbude« – genannt wird. Schnell finden wir heraus: Diese Etablissements erkennt man stets an ihren bunten Lichterketten und bemalten Holzverschlägen.

Emile, der Gérant, also der Manager, gesellt sich zu uns. Bald gibt er gruselige Voodoo-Geschichten zum Besten, und

Frau Scherer harmoniert farblich sehr gut mit dem *Hotel Diaspora*. Heppos Hemd bildet einen spannenden Kontrast dazu.

Die Anhänger des Schlangengottes tragen auffällige Narben im Gesicht. Diese werden bereits bei Kindern angebracht.

wir fragen uns, ob er sie bloß zu unserer Unterhaltung zusammen mit den eisgekühlten Bieren serviert, oder ob er wirklich derart ungewöhnliche Dinge erlebt hat.

»Der Nachtwächter, der hier am Strand arbeitet, kann sich mit Hilfe von Voodoo-Zauberei unsichtbar machen!«, meint Emile. »Abends steigen betörende Meerjungfrauen aus dem Wasser. Ihr Anblick kann einen Mann in den Wahnsinn treiben! In solchen Nächten darf man nur mit bedeckten Augen an den Strand gehen. Auch gibt es Voodoo-Priester, die das Meer teilen können wie Jesus. Weiße jedoch, die versucht haben, ihnen zu folgen, wurden sofort von den Wassermassen verschlungen«, erzählt er.

Wir gucken skeptisch. Doch Emile lässt sich nicht beeindrucken und legt noch mit einem ganz persönlichen Voodoo-Erlebnis nach. »Ich war pleite. Also ging ich zum Schlangengott, Damballah oder Dan genannt. Dieser ist für Fruchtbarkeit und Reichtum zuständig. Ich habe ihm eine Orange, eine Banane und eine Sprite geopfert und danach um Geld gebeten. Kaum gehe ich zurück auf die Straße, finde ich 100.000 CFA[8], richtig viel Geld also! Ich sage euch: Dan hilft immer.«

Unser Geschichtenerzähler grinst verschmitzt, dann aber wird er unvermittelt ernst: »Ihr dürft jedoch auf keinen Fall den Fehler machen und dem Schlangengott Schnaps anbieten. Er mag keinen Alkohol. Merkt euch das, sonst seid ihr für immer verloren!«

Die Voodoo-Göttin Mamie Wata wird oft als Meerjungfrau dargestellt. Sie ist weiß und erinnert ein bisschen an die Gallionsfiguren der Schiffe der Kolonisatoren.

[8] *ca. 150 Euro*

Der Schlangengott Damballah mag keinen Alkohol! Er bevorzugt Limonade.

Der Hexenschuss

Diese Voodoo-Sache macht mich noch ganz kirre. Ich träume wildes Zeug von Zauberern und verwunschenen Vögeln. Diese verhalten sich komisch: Wie erstarrt sitzen sie in einem Baum, sie singen und fliegen nicht …

Schweißgebadet wache ich aus diesem Alptraum auf. Doch, was ist das? Auch ich kann mich nicht mehr bewegen. Herrje, ich habe einen Hexenschuss, und zwar einen richtig schlimmen. Mein ganzer Körper schmerzt!

Langsam wird mir wirklich ein bisschen komisch zumute. Wer weiß, was diese Voodoo-Anhänger hier so treiben? Zwar wächst mein Unbehagen, doch gleichzeitig bin ich amüsiert. Die Stimmung in Ouidah ist wirklich interessant; das Zusammenwirken von seltsamer Landschaft, tropischem Klima und praktiziertem Voodoo-Glauben lässt auch aufgeklärte Geister ins Grübeln kommen. Wenn irgendetwas Voodooartiges zwischen Himmel und Erde existieren sollte, dann befindet es sich in Ouidah.

Hervé, unser Guide, der uns durch unseren Bekannten Apollo vermittelt wurde, empfiehlt uns zur Einstimmung auf das bevorstehende Voodoo-Festival eine Stadttour zum Thema mitzu-

Voodoo ist im Süden von Benin so allgegenwärtig, dass es mich bis in meine Träume verfolgt. Dieser Mann zeigt uns einen Fetisch. In der Flasche sitzen zwei Püppchen, ein Zwillingspaar.

Hexenschuss: Steif und schmerzgeplagt sitze ich hinter Hervé auf dem Sozius.

machen. Auch lockt er uns mit einer privaten und sehr geheimen Voodoo-Zeremonie.

Steif und schmerzgeplagt platziere ich mich hinter Hervés jungem Praktikanten Omar auf dem Rücksitz seines Motorrades. Ich fühle mich, als ob ich achtzig Jahre alt wäre. Das kann ja heiter werden. Bereits jetzt habe ich eine Heidenangst vor jedem einzelnen Schlagloch auf der vor uns liegenden Strecke. Zum Glück tun die Schmerztabletten jedoch bald ihre gewünschte Wirkung, und ich kann dem Tag gelassener entgegenblicken.

Über eine sandige Piste geht es am Strand entlang bis zu einem Denkmal. Als einziger Hafen Benins war Ouidah einst ein wichtiger Stützpunkt für die Verschiffung von Sklaven. Etwa zehn bis zwölf Millionen Menschen wurden von hier nach Nord- und insbesondere nach Südamerika transportiert. Viele von diesen wollten jedoch lieber sterben, als sich den bevorstehenden Torturen und einem Leben in Sklaverei auszusetzen. Sie stürzten sich ins Meer oder aßen Sand. Auch kursierten Gerüchte unter den Einheimischen, dass die weißen Leute Kannibalen wären. Dies schien nämlich die einzig schlüssige Erklärung für die hohe Nachfrage nach Menschen zu sein. Heute erinnert eine mit finanzieller Unterstützung der UNESCO errichtete Pforte direkt am Meer an diese schreckliche Periode der Geschichte Westafrikas. Es ist die »Porte du Non-Retour«, übrigens nicht zu verwechseln mit der »Door of no Return« in Elmina, Ghana.

Am »Baum des Vergessens« wurde damals kurz vor der Abreise ein Abschiedsritual durchgeführt. Frauen sollten den Stamm siebenmal umrunden, Männer neunmal. Jeder Gedanke an Heimat und Herkunft sollte dabei ausgelöscht werden.

Auch am »Arbe du Retour« legen wir einen kurzen Stopp ein. Dieser beeindruckende Baum, wahrscheinlich Kigelia africana aus der Familie der Trompetenbaumgewächse, wird wegen seiner langen wurstförmigen Früchte auch Leberwurstbaum genannt. Der »Arbe du Retour« wurde in Ouidah zum Symbol für die Wiederkehr in die Heimat.

Diese Rückkehr dürfte jedoch in den allermeisten Fällen nie stattgefunden haben. Zumindest die Seele sollte aber nach dem Tod des Menschen ihren Weg zurück nach Afrika finden dürfen.

Ohne die Kollaboration der Könige und Stammesfürsten von Abomey mit den europäischen Sklavenhändlern wären diese Rituale und Praktiken übrigens nie entstanden. Auch das ist Teil der Geschichte des westafrikanischen Geschäfts mit den Sklaven, das anscheinend höchst lukrativ war.

Im Voodoo-Village zeigen uns Hervé und Omar verschiedene Voodoo-Schreine. Manche davon hätte ich kaum als solche erkannt; da bin ich wohl ähnlich banausig wie einst die Putzleute, die im Jahr 1986 in der Düsseldorfer Kunstakademie Beuys Fettecke einfach wegwischten. In meinen Augen sehen die Schreine nicht sonderlich liebevoll gestaltet oder dekoriert aus. Da sind nur Fettbatzen auf Steinen, vermischt mit leuchtend gelbem Maismehl und schmuddeligen Stofffetzen. In einem Verschlag liegt eine Menge Müll, der sich bei näherem Hinsehen dann doch als eine Ansammlung von Opfergaben entpuppt: Schnapsflaschen und Zigarettenschachteln sind darunter.

Am Altar von Ogún, dem Eisengott, sieht es ziemlich martialisch aus. Allerlei Metallspitzen, Zahnräder und Schrottteile wurden mit Blut und Hühnerfedern besudelt. Der Schutzpatron der Schmiede hilft auch Mechanikern, Taxifahrern, Chauffeuren, Ingenieuren und Soldaten.

Schon wieder werden wir von einem Voodoo-Priester im Hinterhof eines Familienhauses empfangen. Er sieht toll aus, wie er da inmitten seiner zahlreichen Fetische im schummrigen Licht sitzt. Mit Hühnerfedern, Fett, Blut und Vorhängeschlössern beklebte Plastikflaschen haben

Der junge Voodoo-Priester und ein paar seiner Fetische. Wie gern würden wir ihn ausgiebiger fotografieren.

an diesem Ort eine Transformation zu mächtigen Kultgegenständen durchgemacht.

Der Priester möchte uns unsere Zukunft vorhersagen. Doch nach kurzem Zögern lehnen wir ab. Was, wenn er uns das vorzeitige Ende unserer Reise offenbart? Oder Schlimmeres? Da gehen wir lieber weiter fröhlich und unwissend unserem Schicksal entgegen. Die sich selbst erfüllende Prophezeiung ist schließlich spätestens seit ihrer ausführlichen Beschreibung durch den Soziologen Robert K. Merton ein nicht zu unterschätzendes Phänomen.

Dann treibt uns Hervé zur Eile an, denn die angekündigte, private Voodoo-Zeremonie hat bereits begonnen. Unter einem schönen, Schatten spendenden Mangobaum sitzen die Anhänger von Zakpata, dem Gott der Pocken und der Erde, im Kreis. Die Männer trommeln bereits, die Frauen haben sich schon warm getanzt. Zwei hochrangige Priester thronen auf einem Stuhl vor dem Autel. So wird der mit Stoffbahnen abgehängte Altarbereich genannt, aus dem die Initiierten und Voodoo-Adepten hervortreten und hinter dem sie stets auch wieder verschwinden. Zwei hübsche, kleine Ziegen werden nun hereingeführt. Bevor einer der Priester dem Tier mit einem scharfen Messer die Kehle durchschneidet, flüstert er diesem sanft ein paar Worte ins Ohr. Oh Schreck, irgendwie hatte ich gehofft, so ein Voodoo-Ritual würde unblutig ablaufen. Doch Brian Nowak, der amerikanische Entwicklungshelfer und Musikethnologe, den wir vor wenigen Tagen getroffen hatten, hatte uns bereits vorgewarnt. »I assure you. This will be very bloody. They will kill so many animals!«

Innerlich versuche ich mich von den Geschehnissen zu distanzieren. Ich will einen beobachtenden Blick einnehmen, denn am Tod dieser und zukünftiger Opfertiere werde ich wohl leider nichts ändern können. Doch es fällt mir schwer; und auch von Heppo weiß ich, dass er, der große Tierfreund, mit der Sache Probleme hat. Mit einer Mischung aus Faszination und Abscheu beobachten wir dennoch das Ritual. Zum Glück verbluten die Ziegen schnell. Furchtlos, wie diese Tiere nun mal sind, scheint ihnen auch erst im allerletzten Moment ihr Schicksal zu dämmern. Dann ist es auch

Diese zwei Männer besitzen eine besondere Autorität. Sie beobachten genau, wie die Voodoo-Zeremonie verläuft. Die Geschehnisse während der Trance sind wichtig.

Das Opfertier wird den Würdenträgern dargeboten. Leider verstehen wir wenig von dem, was hier wirklich vor sich geht.

schon vorbei, aus den neugierigen und wachen Augen entweicht das Leben. Dieser Moment der Transformation ist die Initialzündung für das Ritual. Die Adepten fallen in Trance.

Mit Blut und Federn beschmiert kriecht nun einer von ihnen hinter dem Vorhang hervor. Wie eine Raubkatze bewegt er sich, lauernd und elegant zugleich. Als er die Ziege erblickt, stürzt er sich auf das noch warme und blutende Tier. Er packt es mit seinen Zähnen und schüttelt es heftig. Die Trommler bearbeiten ekstatisch ihre Instrumente, die Frauen tanzen wilder und beginnen nun auch zu singen.

Wieder öffnet sich der Vorhang und ein kleiner Junge kullert auf die Bühne. Akrobatisch vollführt er Sprünge und Vorwärtsrollen. Auch eine Frau scheint nun von einem Geist »geritten« zu werden. Laut kreischend läuft sie umher, sorgt für Unordnung und Chaos. Sie schnappt sich eine Limonade. Mit der klebrigen Flüssigkeit bespritzt sie nun die Musiker. Viele der Zuschauer können sich ein Lachen nicht verkneifen. Schade, dass wir die Codes des Rituals und die Charaktere der Besessenen nicht wirklich deuten können. Verkörpert doch jede und jeder einen bestimmten Geist und übernimmt dessen Eigenschaften.

Eine uralte Frau, die ebenfalls zum Kreis der Initiierten gehört und zwei Zwillingspup-

Der junge Mann ist in tiefer Trance, er wird von einem Geist »geritten.«

Naiv wie wir sind, hatten wir gehofft, dass das Ritual ohne Blutvergießen auskommen würde.

Vieles ist bei einem Voodoo-Ritual unberechenbar. Diese Frau stürzt sich auf die Musiker und bespritzt sie mit Limonade.

Die nette Oma mit den Zwillingspüppchen ist hier noch unauffällig, nur wenig später wird sie mit zahnlosem Grinsen die jungen Männer anbaggern.

pen an ihrer Brust trägt, beginnt nun junge Männer im Zuschauerraum anzubaggern. »Na, findest du mich attraktiv? Möchtest du mich heiraten?«, ruft sie selbstbewusst in die Menge und offenbart dabei ein so charmantes, zahnloses Lächeln, dass man die Lustige am liebsten wirklich gleich zur Frau nehmen möchte.

Aber, ist das nun schon Teil der Zeremonie oder ist die alte Dame einfach immer so kokett? Hervé, den ich ausfragen möchte, gibt sich leider zugeknöpft. Von ihm werden wir während der Zeremonie nicht sonderlich viel erfahren.

Dann müssen wir auch schon wieder gehen. Auf uns wartet noch der Heilige Wald, »la Fôret Sacrée«. In dem kleinen Wäldchen stehen Statuen der verschiedenen Könige von Abomey. Dieser Ort wird von Voodoo-Anhängern für geheime Rituale genutzt.

Als letzte Station an diesem Tag besuchen wir schließlich auch noch den Python-Tempel, ein Must-see ganz oben auf der Liste der Sehenswürdigkeiten von Ouidah. Allerdings glaube ich kaum, dass es den armen Pythons gefällt, in diesem kalten, steinernen Gebäude eingeschlossen zu sein. Trotzdem lasse ich mir eine der Schlangen um den Hals hängen und posiere für ein Foto. Auch Heppo tut es mir gleich. Tierfreund und gleichzeitig Tourist im Land des Voodoo zu sein ist auf jeden Fall ein Thema, das sich nicht ohne tiefe Gewissensbisse vereinbaren lässt.

Voodoo? Das können wir auch!

Auch beim nächsten Voodoo-Fest geht es nicht ohne Opfergaben. Und dieses Mal müssen sogar wir dran glauben. Doch von Anfang an:

Am frühen Morgen erleben wir den Auszug der Königsfamilie samt Würdenträger aus dem Palais Royal in Allada, einer Stadt, die etwa 40 Kilometer nördlich von Ouidah liegt. Wir folgen den Hoheiten auf ihrem Weg zum Festplatz. Insbesondere die Damen haben nicht an Make-up, falschen Haarteilen, Schmuck und opulenten Kleidungsstücken gespart. Doch auch die Herren haben sich einiges einfallen lassen, schimmernde Stoffe, goldene Gehstöcke und ausladende Glitzerhüte. Der Voodoo-Feiertag scheint eine prima Gelegenheit zum modischen Schaulaufen zu sein.

Während wir den Festzug eifrig knipsend begleiten – zur Abwechslung lassen sich die Menschen hier nämlich ausgesprochen bereitwillig fotografieren –, heftet sich eine junge Frau an unsere Fersen. Ich schätze sie auf etwa 18 Jahre. Anita heißt sie und kommt aus Togo. Weitere Informationen kann ich ihr aber nicht entlocken, denn sie spricht kaum Französisch.

Der eine macht sich einen Spaß daraus, mit der Python zu posieren. Die andere ist da schon etwas angespannter.

Dennoch weicht sie uns von nun an nicht mehr von der Seite. Ich vermute, dass sie von uns den Eintritt zum Festivalgelände spendiert haben möchte. Kein Thema, Heppo zahlt den moderaten Betrag für sie mit. Als sie uns aber auch dann noch weiterhin wie ein Schatten über das Festivalgelände bis zu den Verkaufsständen folgt, finde ich das seltsam.

»Zu nah!«, denke ich mir und versuche Anita loszuwerden. Erst als Heppo und ich uns in einer der Sitzreihen einen Platz suchen, um die Zeremonie zu beobachten, haben wir unsere stumme Verfolgerin vermeintlich abgeschüttelt.

Der Festakt ist langweilig: Voodoo-Delegationen aus aller Welt verlesen Grußworte und verbreiten Salbungsvolles. Dazwischen werden immer wieder neue Königsfamilien angekündigt, die mit großem Gefolge auftreten. Zur Auflockerung in diesem eher trockenen Programm sind verschiedene Show-Einlagen eingestreut, zum Beispiel eine Darbietung des im Benin sehr bekannten Popsängers GG Lapino. Mit schrecklich verzerrter Stimme singt er ein richtig scheußliches Lied, wie wir finden, noch dazu in Playback.

Vielleicht ist jetzt eine gute Gelegenheit, mich unter das Heer der Fotografen zu mischen, um unverhohlen all die Königinnen und Könige abzulichten. Während ich meine Runde drehe, ist plötzlich Bewegung in die Veranstaltung gekommen. Der formelle Teil scheint sich dem Ende zuzuneigen. Am Rande des Geländes vollführen Stelzenläufer waghalsige Sprünge und Tänze. Das wollen wir uns genauer ansehen.

Plötzlich ist Anita wieder da. Das Mädchen kommt mir wiederholt so nahe, dass ich mich unwohl fühle. Doch noch immer läuten bei uns die Alarmglocken nicht. Aufdringlich und unangenehm finden wir die junge Dame, schreiben das aber einem kulturellen Missverständnis zu. Sie scheint allein hier zu sein und niemanden zu kennen. Vielleicht sucht sie Anschluss? Bald haben wir Anita erneut aus den Augen verloren.

Am anderen Ende des Festgeländes muss neben einer Ziege nun auch ein wunderschöner weißer Stier sein Leben lassen. Als mehrere Männer das verängstigte Tier niederringen, wird es mir zu viel. Bereitwillig lasse ich mich von anderen Schaulustigen abdrängen, denn dieses grausame Ritual mag ich mir nicht ansehen. Der letzte Blick auf das Opfertier, den ich durch die immer dichter werdende Menge hindurch erhasche, genügt mir bereits vollauf: Das arme Vieh verblutet langsam und elendig. Seine Augen weiten sich angsterfüllt.

Besonders die Frauen betreiben einen großen Aufwand mit ihren Haaren, Schmuck und Gewändern.

Zum Voodoo-Feiertag wirft sich jede/r in Schale, auch wenn das eine oder andere Outfit in unseren Augen ziemlich kurios erscheint.

Doch nicht genug des grässlichen Spektakels, nun drängen sich tatsächlich die Voodoo-Delegationen aus aller Welt um das sterbende Tier und trinken von seinem Blut. Schaudernd wende ich mich ab.

Heppo schicke ich jedoch zum Fotografieren mit meiner Kamera nach vorn, doch auch er hält diesem Anblick nicht lange stand.

Dem Opfertier schwant bereits Böses. Beim Ritualhöhepunkt, der Opferung des weißen Stieres, werden Heppos Geldbörse und Handy entwendet.

Einer Eingebung folgend greift er an seine schwarze Umhängetasche, deren Reißverschluss nun plötzlich weit offensteht: »Jemand hat mir mein Handy und meinen Geldbeutel geklaut!« Unser erster Gedanke gilt natürlich Anita. Das Mädchen hatte an diesem Tag mehr als genug Gelegenheiten, uns auszuspionieren. Natürlich muss sie es nicht zwangsläufig gewesen sein, auch jeder andere kommt in dieser Menschenmenge als Dieb infrage. Doch wie oft habe ich mir an diesem Tag bereits »Zu nah!« gedacht? Und auch ein anderes Wort war da und auch ein Misstrauen, das ich aber nicht zulassen wollte, weil ich nicht immer nur das Schlechte in einem Menschen sehen will: »Taschendieb! Pickpocket!«

Tatsächlich sollten wir tatsächlich öfter auf unsere Intuition hören. Von Anita ist nun natürlich nichts mehr zu sehen. Dass wir den Verlust von Handy und Geldbeutel (mit dem Gegenwert von etwa 20 Euro) nach Ende der Veranstaltung über die Bühne durchsagen lassen, bringt leider ganz und gar nichts. Die Menge zerstreut sich bereits. Auch zur Polizei von Allada zu gehen, ist reine Zeitverschwendung, trotzdem geben wir dort eine Anzeige auf. Doch bereits jetzt ist klar, dass wir unser Hab und Gut nie wiedersehen werden.

Wie ärgerlich! Das ist nun also schon das zweite Handy, das auf dieser Reise verloren geht und damit alle bisher gesammelten Kontakte, abgespeicherten Waypoints und Fotos. Der eigentliche Verlust ist aber der des Vertrauens in unsere Mitmenschen.

Die Sache zieht uns ziemlich runter. Wir sinnen auf Rache. Doch plötzlich bessert sich unsere Laune schlagartig, denn wir haben eine prima Idee: Alle Freunde und Familienmitglieder, die schwarzen Humor, Furchtlosigkeit, hexerische Fähigkeiten und Französischkenntnisse besitzen, halte ich dazu an, Voodoo-Verwünschungen auf unser geklautes Handy zu schicken; Adressat: der Dieb oder die Diebin.

Überraschend: Offenbar warten ein paar meiner Bekannten nur darauf, mal endlich so richtig loszutrollen, denn die Verwünschungen sind stellenweise richtig übel:

»Bringen Sie das Telefon sofort zur Polizeistation in Allada, sonst brechen wir Ihnen beide Beine. Ja, beide Beine! Das ist verrückt? Du verstehst mich schon richtig? In fünf Minuten!"
Oder, auch nicht schlecht:

»Du hast das Handy meines ‚Bruders' gestohlen. Was für eine blöde Idee! Ich gebe Dir 24 Stunden Zeit, um es zurückzubringen. Sonst verfluche ich dich! Du wirst das Augenlicht verlieren, dein Mund wird schrecklich stinken, wie ein altes krankes Schwein ... für immer ... und alle deine Zähne werden herausfallen!«

Die Flüche heitern uns immens auf. Auch wenn die Nachrichten wahrscheinlich nie gelesen werden, weil Diebe umgehend die Simkarten entfernen und Handys sowieso meistens nicht genug Akkuladung haben, so gehe ich doch davon aus, dass sich die Ganoven demnächst beide Beine brechen und erblinden werden. Verwünschung ist eben Verwünschung, und Voodoo-Zauber wirken auch aus der Ferne!

Kindisch ist es schon, aber irgendwie auch erheiternd: Wir lassen uns von Freunden und Bekannten Verwünschungen auf unser Handy schicken!

Das Voodoo-Festival in Ouidah

Das Wetter ist schwül und drückend, der Himmel ist trüb und grau, und ich bin schlechter Laune. Nicht gerade die besten Voraussetzungen, um einen langen Tag im Zeichen des Voodoo durchzustehen.

Heute findet das große und berühmte Festival in Ouidah statt. Menschen aus aller Welt sind eigens zu dieser Veranstaltung angereist. Die Besucherzahlen gehen in die Tausende. Doch eher langatmig beginnt die Veranstaltung wieder mit stundenlangen Reden und Aufmärschen der Voodoo-Delegationen.

Viele von ihnen preisen Voodoo als friedensstiftende Weltreligion. Wenig Erhellendes ist da dabei, stattdessen viel Blabla. Eine Rednerin wird dann endlich mal konkreter. Sie spricht davon, dass Voodoo die Rache der Sklaven an ihren Ausbeutern war, ein Mittel zur Selbstermächtigung und etwas, womit man den Weißen (bis heute) so richtig Angst einflößen kann. Das leuchtet mir ein; und ich halte diese Erklärung für ziemlich ehrlich, wenn auch nur für einen Teilaspekt dieser ziemlich komplexen Weltanschauung.

Zeit, die Zuschauer und Akteure genauer zu betrachten. Ich mache mir einen Spaß daraus, die Berufe der Menschen zu erraten und zu hinterfragen, warum gerade sie ein Voodoo-Festival in Benin besuchen. Viele europäische Reiserentner sind unter den Besuchern; pensionierte,

Zeit die Zuschauer zu betrachten: Bei manchen erführen wir zu gern, welches Interesse sie an Voodoo haben.

schwäbische Studienräte scheinen ganz klar ein Faible für Voodoo zu haben. Auch Hobby- und Berufssatanist/innen scheint das Spektakel anzuziehen.

Esoteriker/innen haben sich ebenfalls hierher verirrt, befinden sich aber ganz offenbar im falschen Film: Ihr entsetzter Blick spricht Bände.

Wir haben einen sehr guten Sitzplatz in der Nähe seiner Majestät Daagbo Hounon Houna gefunden. Der König hat einen fantastischen Pailettenhut auf und sieht angenehm gütig aus. Seine Frau Dòwoti Désir-Hounon Houna II Guely fällt vor allem wegen ihrer gelblich schimmernden Haut auf – wahrscheinlich das Ergebnis ungesunder Bleichcremes. Aber auch sie wirkt sehr sympathisch. Der zur Entourage gehörende – extrem gutaussehende – Voodoo-Priester mit aufregenden Schmucknarben im Gesicht zieht nicht nur meine Blicke wie magisch an. Wie er da so vor seinem Zeremonienstab mit geschnitzter Teufelsfratze sitzt und seiner Fetischflasche Beschwörungen zu murmelt, hat etwas Unwiderstehliches. Die offiziellen und weniger offiziellen Berichterstatter aus aller Welt haben seine Fotogenität erkannt. Nun wird er regelrecht von ihnen belagert. Mehrmals muss sogar die Polizei einschreiten, um freien Blick für alle auf seine Rituale und Zauber zu gewährleisten.

Endlich haben die Reden ein Ende gefunden. Das Blutopfer steht an. Dieses Mal wird dieses aber – zum Glück – wenig spektakulär im abgetrennten Heiligtum, dem Autel, abgehalten.

»Nigerianischer Voodoo!« raunt mir Apollo, der extra für diesen Event aus Ghana ange-

Zu seiner Entourage gehören nicht nur wunderschöne Frauen, sondern auch der »sexiest voodoo priest alive«.

Seine Majestät Daagno Hounon Houna. Wir finden, er sieht sympathisch aus.

reist ist, den nächsten Programmpunkt verschwörerisch ins Ohr. Heppo möchte unbedingt dabei sein, während ich hingegen den Rest des Tages lieber zusammen mit Sidi im Schatten vor unserem Lkw verbringen werde.

Am Abend kehrt Heppo aufgeregt von der Egungun-Zeremonie zurück. Im Kult der Yoruba ist ein Egungun ein Medium, das in einem speziellen Ritual von einem Ahnen besessen wird. Fast bedauere ich es, nicht mit dabei gewesen zu sein, denn Heppos Fotos sehen wirklich sagenhaft aus. Die Körper der Tänzer sind von Kopf bis Fuß mit einer Maske bedeckt, die Erinnerungen an eine fantastische Ritterrüstung weckt. Ihre Gesichter werden von Stoffhelmen mit Visieren aus Kaurimuscheln verhüllt. Weite Mäntel ermöglichen, den Geistern wie rotierende, bunte Scheiben über den Platz zu tanzen. Doch Heppo weiß noch mehr Unglaubliches zu berichten, augenzwinkernd spricht er sogar von Zauberei. Die Egungun beherrschen nämlich den Trick, sich hinter einer ausgerollten Bambusmatte in Luft aufzulösen. Doch trotz allem Unterhaltungswert ist eine derartige Zeremonie nicht gerade ungefährlich. Wer aus Versehen einen der Geister berührt, muss bald darauf sterben. Auch werden die Besessenen zu später Stunde immer gewalttätiger. Mit Eisenketten und Stöcken gehen sie dann auf Beobachter und Zuschauer los.

Heppo ist auf jeden Fall schwer beeindruckt vom nigerianischen Voodoo, und ich bin heilfroh, dass er unversehrt geblieben ist.

Voodoo-Delegationen aus ganz Benin zeigen Tänze, treten in Masken auf, trommeln und singen.

Die Egungun (r. u.) verkörpern im nigerianischen Voodoo die Geister der Ahnen. Angeblich schrecken sie auch vor körperlicher Gewalt nicht zurück.

Die Geisterpolizei von Possotomé

Mit Anna und Heiner, jungen Reisenden aus Stuttgart, die bereits seit vier Jahren mit ihrem Toyota Land Cruiser durch die Welt fahren, wollen wir noch zwei letzte Voodoo-Veranstaltungen besuchen. Zusammen mit ihnen brechen wir auf nach Possotomé.

Als wir abends in dem kleinen Ort ankommen, der sehr schön am See Ahémé gelegen ist, geht es gleich mit einer Zeremonie los. Dieses Mal sind wir (fast) die einzigen Weißen. Die Männer trommeln bereits eifrig, während sich die Mädchen gegenseitig mit ausgefallenen Tanzschritten herausfordern. Auch die Kinder haben ihren Spaß. Die Vorfreude auf den Auftritt der Zangbeto ist ihnen anzusehen.

Diese Geister sehen aus wie wandelnde Heuhaufen. Als übernatürliche Nachtwächter und Dorfpolizisten sind sie für die spirituelle Sicherheit der Bewohner zuständig. Ein Zangbeto tritt übrigens nie allein auf. Ein sogenannter Kregbeto leitet den Geist und hält ihn in Schach, wenn er wieder einmal zu wild auf Frauen und Kinder losgehen sollte. Jeder Zangbeto scheint einen eigenen Charakter und ein individuelles Aussehen zu haben. Einer trägt ein blinkendes Plastikflugzeug am Kopf, ein anderer eine lustige, bunte Ponyfrisur, ein dritter schmückt sich mit einem Mantel mit einem aufgemalten Drudenfuß. Wild wirbeln sie wie Derwische durcheinander. Nach einer Weile rufen die Treiber ihre Geister zu sich und weisen ihnen schließlich einen Platz am Rande des Geschehens zu. Immer wieder durchläuft sie ein Schaudern und Zittern. Ungeduldig schütteln sie sich, so als ob sie ihre Energien kaum kontrollieren könnten.

Einzeln werden die Zangbeto nun in die Mitte geführt, wo sie ein wenig tanzen. Schließlich werden sie auf die Seite gekippt. Unglaublich, aber wahr: Unter den mit Stroh ummantelten Holzgestellen befindet sich: nichts! Niemand ist darunter zu sehen! Doch halt, was ist das? Plötzlich liegt da eine Holzpuppe. Und damit nicht genug. Das gruselige Ding kann seinen Kopf um 360 Grad verdrehen, ganz so wie die zwölfjährige Regan im Horrorfilmklassiker *Der Exorzist* von 1972. Nacheinander werden die Geisterpolizisten umgedreht und offenbaren weitere Überraschungen, z. B. einen kleinen Mini-Zangbeto, der mit Eiern gefüttert wird oder einen Kindersarg mit sich daraus erhebender Holzleiche. Großer Spaß, Klamauk, gute Show und Geisterglaube sind hier gar nicht so einfach voneinander zu trennen.

Doch warum wundert mich das eigentlich? Auch christliche Kirchen veranstalten ein ziemliches Spektakel. Wenn da bei den Katholiken der Weihrauchkessel geschwenkt wird, die Orgel dröhnt und dazu ein simples

Die Frauen und Mädchen fordern sich gegenseitig beim Tanzen heraus.

Endlich folgt der Auftritt der Zangbeto, der Geister-Polizei.

Die Zangbeto werden umgekippt, um zu beweisen, dass sie nur von Geisterhand bewegt werden.

Glas Wein und eine einfache Oblate sich in das Blut und den Leib Christi verwandeln, dann hat auch das etwas von einer großen, dramatischen Inszenierung. Nur schade, dass bei uns nicht so viel gelacht, getanzt und getrommelt wird. Da sollten die Christen vielleicht mal drüber nachdenken, den Partizipationsgedanken weiterspinnen und beim nächsten Gottesdienst ein paar Trommeln und Rasseln verteilen. Doch irgendwie kann ich mir gerade nicht so recht vorstellen, dass Freunde und Familie bei der nächsten Taufe oder Hochzeit derart aus sich herausgehen könnten. Wobei, – da bin ich ganz ehrlich – den einen oder die andere aus meiner lieben Verwandtschaft würde ich schon gern mal in Trance durch die Sakristei hüpfen sehen.

Heppo reißt mich aus meinen Tagträumen. Er mutmaßt, dass es sich bei den Initiierten der Zangbeto um eine geheime Akrobatengruppe handelt. Besonders kleinwüchsig oder außerordentlich gelenkig müssen die Burschen sein, sodass sie sich in den dicken Schilfwänden verstecken und die Mechanismen der eigenwilligen Apparaturen bedienen können. Dies ist keine schlechte Erklärung für die dargebotenen Wunder. Denn echte Geister würden sich doch niemals mit so billigen Tricks wie wackelnden Holzpuppen zufriedengeben, oder?

Geisterträume

Später wird es wirklich noch richtig unheimlich: Als wir nach der Show mit Anna und Heiner noch ein Bier in der nahen Buvette trinken, werden wir von den Dorfbewohnern gewarnt: »Geht zurück zu euren Fahrzeugen. Schließt diese fest ab, und bleibt dort bis zum Tagesanbruch. Wagt es nicht einmal aus den Fenstern zu sehen!«
Neugierig geworden fragen wir nach.

»Heute Nacht findet eine besondere Zeremonie für unser Dorf statt! Für euch kann diese allerdings sehr gefährlich werden!«

Ach, wenn bei uns nur auch so ausgelassen gefeiert würde. Ganz anders als in Deutschland.

Die Kinder wirken gleichermaßen erheitert wie erschreckt über den Auftritt der Geister. Nähert sich ihnen eines der wandelnden Grasbüschel, dann laufen sie kreischend davon.

Die Antwort macht uns auch nicht klüger und lässt uns mit vielen Fragen zurück, doch wir halten uns besser an den Ratschlag der Leute aus Possotomé.

Wir zahlen, gehen die paar Meter zurück zu unseren Fahrzeugen, wünschen den beiden anderen leicht amüsiert und halb verlegen eine gute Nacht und schließen uns wie geheißen in unsere Wohnkabine beziehungsweise in das Dachzelt ein. Wirklich, die machen uns noch ganz wahnsinnig mit ihrem Voodoo! Nein, Angst haben wir keine, aber ein gewisser Gruseleffekt stellt sich doch bei uns ein. Schon bald dringen die monotonen Klänge der sich durch das Dorf bewegenden Trommeln bis in unseren Lkw vor. Die ganze Nacht werden diese zu hören sein.

Heppo träumt, dass er die Macht besitzt, in der Duschkabine unseres Wohnmobils ein geisterhaftes Wesen zu erschaffen. Doch plötzlich bekommt er es mit der Angst zu tun. Nun möchte er den Homunkulus wieder vernichten. Dieser Akt erfordert jedoch eine immense körperliche Kraftanstrengung und verursacht ihm starke Schmerzen. Das Wesen wehrt sich heftig und sinnt auf Rache! Nun eilen die Dorfbewohner von Possotomé herbei, um Heppo zu helfen. Sie klettern auf Frau Scherers Dach und schneiden ein Loch in unsere Wohnkabine. Erst jetzt kann der Geist in Form von Rauch aus der Dusche abziehen. Die Gefahr ist gebannt!

Benommen sitzen wir am nächsten Morgen vor unserem Kaffee. Die Gespenster der Nacht haben uns noch fest im Griff.

Irgendwie will es uns nicht recht gelingen, diesen ganzen Voodoo-Wahnsinn mit unserem eher nüchternen Weltbild in Einklang zu bringen. Auch Anna und Heiner schauen etwas mitgenommen aus. Wer weiß, was die beiden geträumt haben?

Kein Wunder, dass wir alle nervlich etwas angeschlagen sind. Seit Tagen wird um uns herum

Am Abend dürfen wir nicht mehr durch das Dorf gehen. Wir müssen in unserem Fahrzeug bleiben. Die stattfindende Voodoo-Zeremonie könnte uns angeblich gefährlich werden.

Wird hier ein magisches Wesen erschaffen oder ein Mensch von bösen Geistern geheilt?

Nicht nur wir blicken nachdenklich über den See Ahémé.

ständig geopfert, getanzt und getrommelt. Selbst wenn auf dieser Erde nur ganz kleine und schwache Geistwesen existieren sollten, so werden sie durch all die gebündelte Aufmerksamkeit an diesem Ort auf jeden Fall mächtig mit Energie aufgeladen. Wenn also irgendwo gezaubert, gehext und verwünscht werden kann, dann definitiv hier im Benin.

Nachdenklich blicken wir über den See. In einiger Entfernung treiben die Zangbeto, die wir bisher nur als wilde Geister an Land kennengelernt hatten, nun still und friedlich auf der spiegelglatten Wasserfläche. Was für ein magischer Moment.

Vor der nächsten Voodoo-Zeremonie treffen wir eine ungarische Touristin, die zurzeit in Ghana wohnt. Heppo hatte die ältere Dame bereits bei der nigerianischen Voodoo-Veranstaltung der Egungun in Ouidah kennengelernt. Als wir ihr von unserer seltsamen Nacht erzählen und der Anweisung, »auf keinen Fall unser Expeditionsmobil zu verlassen«, raunt sie uns einen schrecklichen Gedanken ins Ohr: »Vielleicht haben die Dorfbewohner ein Kind geopfert! Das liest man manchmal in der Zeitung!«

Das sensationslüsterne Leuchten in ihren Augen jagt mir – mehr als der grässliche Verdacht selbst – einen Schauer über den Rücken. Über derartige Dinge mag ich nicht einmal nachdenken.

Wer will bei diesem Anblick an Böses denken?

Nicht, dass ich solche Praktiken generell für ausgeschlossen halte – auf dieser Welt gibt es schließlich nichts, was es nicht gibt –, aber ich finde es schon ein bisschen seltsam, dass es immer weiße Menschen sind, die solche Schauermärchen zum Besten geben.

Das anstehende Spektakel ist zum Glück jedoch komplett harmlos, zumindest für uns Menschen. Einige Ziegen und Hühner werden aber heute sicherlich wieder auf die andere Seite, ins Reich der Geister, wechseln müssen.

In den Reihen unserer Königsfamilie aus Ouidah zeigen sich nach drei Tagen Non-Stop-Voodoo bereits erste Lücken. Ich kann es ihnen nicht übelnehmen, ehrlich gesagt, ich hätte ebenfalls Ermüdungserscheinungen angesichts der ununterbrochenen Repräsentationspflichten und nicht enden wollenden Feierlichkeiten.

Der Tag nähert sich seinem Höhepunkt, als die noch immer auf dem See schwimmenden Zangbeto sich dem Ufer nähern. Dort konzentriert sich nun die Menschenmenge. Mit einem verängstigten Huhn wedelt ein Priester aufgeregt in Richtung der sich nähernden Geister. Als die Zangbeto schließlich dem Wasser entsteigen – ich versuche ganz genau aufzupassen, kann aber unter der dicken Schilfwand weder Füße noch Beine erkennen –, muss auch eine Ziege ihr Leben lassen. Das grell leuchtende, rote Blut ist ein starker Kontrast zu den grünlich schimmernden Algenpfützen, die sich am Ufer gebildet haben. Das Plastikflugzeug auf dem Kopf eines Zangbeto blinkt auf einmal aufgeregt. Es scheint, als wolle der Geist der Menge etwas Wichtiges mitteilen. Mit der überbrachten Botschaft scheinen Priester, Könige und Zuschauer sehr zufrieden zu sein. Nun wird getanzt. Wir verstehen natürlich kein Wort, lassen uns aber von der aufgekratzten Stimmung anstecken. Erstaunlich abrupt endet die Veranstaltung. Innerhalb von nur fünf Minuten ist der Platz wie leergefegt, alle Menschen sind verschwunden. Verwundert blicken wir uns an. War etwa alles nur ein Traum?

Für was Voodoo auch noch gut ist!

Der Abschied von Anna und Heiner soll gebührend gefeiert werden. In unserer Stammkneipe ordern wir süße und eisgekühlte Youki-Limonaden, die gibt es in den Geschmacksrichtungen Mokka-Café, Orange, Pampelmuse und Fruchtcocktail, dazu große Teller voller leckerer Spaghetti. Ja richtig gelesen: Spaghetti.

»Typisch Benin!«, spöttelt Heiner und streicht sich verschmitzt über seinen beeindruckend langen und gepflegten Hipsterbart. »Benin, wie wir es kennen, das ist doch Kickern, Spaghetti und Voodoo!«

Ein wahrlich wundersamer Kopfschmuck.

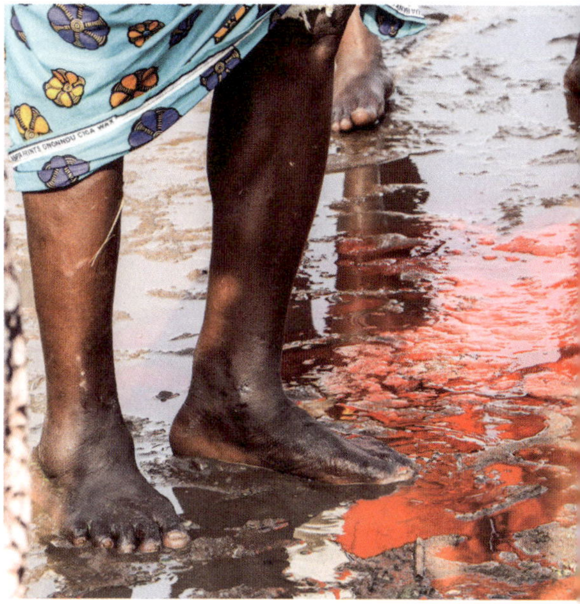

Tierblut färbt den Sand am Ufer rot.

Und tatsächlich: Neben den allgegenwärtigen Voodoo-Altären und Schreinen für die Götter bestimmen landesweit auch die gelben Kickerkästen das Straßenbild, an denen vorzugsweise kleine Jungs zu kleben scheinen. Und Spaghetti, die man hier eigentlich nicht unbedingt vermuten würde, finden sich auf (fast) jeder Speisekarte.

Bald jedoch wechseln wir von Limo zum leckeren Bier mit dem klingenden Namen La Beninoise, die Beninerin. Problem: Immer wenn ich Alkohol trinke, habe ich auch Lust eine Zigarette zu rauchen. Ich schicke also einen der Jungs aus der Kneipe los, mir von irgendwoher eine Packung Kippen zu besorgen. Besser, ich hätte das Wort »irgendwoher« nicht so betont, denn die schmutzig-staubige Schachtel der mir völlig unbekannten Marke Craven A, die schon bald darauf vor mir liegt, wirkt auch so schon abschreckend genug. Doch meine Sucht ist stärker! Ich stecke mir also wider besseren Wissens eine Zigarette an. Sofort bekomme ich einen schrecklichen Hustenanfall.

»Moder! Schimmel! Verwesung!«, keuche ich. »Die schmecken wie vom hinterletzten Voodoo-Altar hervorgezogen!«

»Das sind sie wahrscheinlich auch!«, antwortet Heppo lakonisch und kann sich ein hämisches Lachen nicht verkneifen.

Ich bedenke ihn dafür mit einem derartig bösen Blick, der jeden Voodoo-Priester vor Neid erbleichen lassen würde. Entnervt trete ich den ekligen Glimmstängel aus.

»Zigaretten zum Abgewöhnen sind das!«

Die folgenden zwei Monate werde ich tatsächlich keine Kippe mehr anrühren. Da sieht man mal, wofür Voodoo dann doch so alles gut ist!

Wir sind fasziniert von den vielen bunten Mustern. Heppo erwischt das Stofffieber mit voller Wucht. Er verfällt in einen Kaufrausch.

Auf der Route de Pêches

Zurück in Ouidah nutzen wir die Gelegenheit, unsere Vorräte aufzufüllen und für Heppo ein neues Smartphone zu kaufen. Angesichts seiner hohen Verlustquote entscheiden wir uns für das denkbar billigste chinesische Modell für umgerechnet etwa 30 Euro.

Dabei verfallen wir in einen kleinen Kaufrausch. Den wunderschönen, bunten Stoffen, Waxprints genannt, können wir keine Sekunde länger widerstehen. Etwas ernüchternd ist, dass diese in Holland oder in China produziert werden. Vor allem Heppo ist begeistert und visualisiert vor seinem inneren Auge bereits die modischen Hemden und Anzüge, die er sich nähen lassen möchte. Dabei greift er zu den verrücktesten und ausgefallensten Mustern. Ich hoffe nur, dass uns die Stoffe daheim noch genauso gut gefallen werden, wie jetzt hier, mitten in Westafrika, wo es kaum bunt und wild genug sein kann.

Weiter geht es auf der sogenannten Route des Pêches. Dieser Begriff, der wahrscheinlich von der Tourismusindustrie des Landes Benin erfunden wurde, beschreibt einen etwa 40 Kilometer langen, traumhaften, unverbauten Strandabschnitt, der von Ouidah nach Porto Novo führt. Auf dieser Strecke, die nur auf einer Sandpiste befahrbar ist, können wir endlich mal wieder frei stehen, ohne uns an ein Hotel oder Dorf anschließen zu müssen. Am weißen Strand parken wir in der Nähe einiger Fischerhütten direkt neben Palmen.

Am nächsten Morgen erwachen wir schon wieder zu Trommelklängen. Etwa 30 Männer stehen am Strand. Sie ziehen gemeinsam an einem Seil, um ein Fischernetz an Land zu befördern. Einer trommelt auf einer alten Gasflasche einen eindringlichen Rhythmus dazu. Im Hintergrund warten bereits Frauen und Kinder auf den Fang. Sie sind es, die die Fische verteilen, verarbeiten, weitertransportieren und schließlich verkaufen und zubereiten werden.

Zur Abwechslung setze ich mich ans Steuer von Frau Scherer, denn es mangelt mir an Fahrpraxis. Das soll geändert werden. Sollte Heppo zum Beispiel einmal ausfallen, etwa an Malaria erkranken, wäre es doch gut, wenn ich ihn sicher zum nächsten Krankenhaus bringen könnte! Doch das Fahren im weichen Sand ist schwieriger als gedacht. Um Sprit zu sparen, wollen wir die Strecke weitgehend ohne Allrad bewältigen. Eine ziemliche Herausforderung. Was bin ich froh, als wir endlich in Porto Novo ankommen.

Morgendliche Szene auf der Route des Pêches. Die Fischer ziehen zu Trommelklängen ihre Netze ein. Das ist Schwerstarbeit!

Vom Tauziehen bekommen die Männer wunde Hände.

Die Halbwüchsigen müssen die Seile heranschaffen.

Wir bekommen eine Führung durch das Songhai-Zentrum, dem ökosozialen Projekt von Pater Godfrey Nzamujo.

Im Songhai Zentrum

Vom Ecovillage Songhai haben wir schon viel gehört. Anfang der 1980er-Jahre hatte der dominikanische Pater Godfrey Nzamujo, Träger mehrerer Doktortitel, die Idee zur Gründung des ersten Songhai-Zentrums. Es war die Zeit, als die Bilder von afrikanischen Hungersnöten, insbesondere von Äthiopien, um die Welt gingen. Afrika wurde in der internationalen Presse als ein Kontinent dargestellt, der von blutigen Kriegen, Krisen, Dürre und Armut heimgesucht wird. Nzamujo, damals Universitätsprofessor in den USA, kehrte mit dem festen Vorsatz nach Afrika zurück, die Dinge zum Positiven zu ändern.

So konnte er die Regierung von Benin überzeugen, ihm im Stadtteil Ouando von Porto-Novo ein einen Hektar großes Landstück zur Verfügung zu stellen. Dort entstand 1985 das erste Songhai-Zentrum, dessen Name auf ein mächtiges westafrikanisches Reich des 15. Jahrhunderts zurückgeht. Als Grundwerte für die junge Gemeinschaft definierte er Vision, Mut, Kreativität, Gemeinschaftsgefühl, Disziplin und Solidarität. Bereits vier Jahre nach der Gründung wurde in Songhai damit begonnen, landwirtschaftliche Unternehmer auszubilden. Bald erweiterte das Zentrum seine Aktivitäten auf weitere Standorte in Benin und in der westlichen Subregion Afrikas.

Songhai hat es sich zur Aufgabe gemacht, der Abwanderung aus den ländlichen Gebieten in Städte und dem allgemeinen »Brain Drain« in Afrika entgegenzuwirken. Probleme wie eine importabhängige Wirtschaft, eine Subsistenzlandwirtschaft, die primär der eigenen Versorgung

Alte Mercedes Kurzhauber interessieren uns immer. Hier finden wir ein etwas mitgenommenes Exemplar mitten im Songhai-Zentrum.

dient, aber auch Umweltzerstörung und die Perspektivlosigkeit junger Menschen – unter anderem bedingt durch das übermäßige Bevölkerungswachstum – waren Themen, die in den Fokus rückten. Songhai setzt, neben einer Landwirtschaft, die in nachhaltigen Kreisläufen denkt, insbesondere auf ein erhöhtes Umweltbewusstsein.

Der Ansatz ist dabei systemisch. Der Grundgedanke: Alles ist mit allem verbunden. Es wird verstärkt auf Synergien gesetzt. Viehhaltung, Pflanzenproduktion, Energieproduktion und Aquakultur regen sich gegenseitig an. Auch Tourismus spielt als zusätzliche Einkommensquelle eine immer größer werdende Rolle.

Diesen besonderen Ort wollen wir uns nicht entgehen lassen. Vor dem zentrumseigenen Hotel bekommen wir einen Stellplatz zugewiesen. Klos und Duschen befinden sich in einem Nebengebäude, dessen langer, dunkler Gang und der mit Wasser überflutete Betonboden mich allerdings ziemlich an den Horrorfilmklassiker *Shining* erinnern. Etwas beunruhigt überprüfe ich die Spiegel, ob sie nicht mit dem unheilvollen Wort »Redrum«[9] beschmiert sind. Nichts dergleichen, doch das Gebäude hat eine wirklich unangenehme Ausstrahlung.

»Es wäre nicht schlecht, wenn Songhai auch noch die Lehren des Feng-Shui in sein tolles Gesamtkonzept miteinbeziehen würde«, schießt es mir durch den Kopf.

Als dann nachts eine Frau in einem Gebäude nebenan auch noch einen etwa dreißigminütigen lauten Heul- und Schreikrampf bekommt, sind wir etwas verunsichert.

»Meinst du, die ist von einem Geist besessen?«, meint Heppo mit einem leichten Zittern in der Stimme.

»Wahrscheinlich bekommt sie gerade nur ein Kind!«, versuche ich uns beide zu beruhigen.

Richtig gut schlafen wir aber nicht in dieser Nacht.

Bei Tag wirkt das Songhai-Zentrum deutlich freundlicher. Bei einer Führung über das Gelände sehen wir die sorgfältig angelegten Gemüsegärten, die Fischteiche, die Bereiche zur Hühnerhaltung, die Schweinemast und sogar eine Schneckenzucht. Unser Guide führt uns zu den

[9] *Erklärung: Rückwärts gelesen ergibt »Redrum« das englische Wort »Murder«, also Mord.*

Räucheröfen, wo Fisch und Fleisch haltbar gemacht werden und zur Bäckerei. Eine Anlage zur Herstellung von Palmöl gibt es, eine andere zum Abfüllen von Getränken und wieder eine andere, in der Plastik recycelt wird. Eine Werkzeugmacherei mit angeschlossenem Ausbildungsbetrieb befindet sich ebenfalls vor Ort. Im Hof-
laden kaufen wir gedörrte Mangoscheiben, verschiedene Sirupsorten und eine große Portion frischer, grüner Bohnen. Songhai scheint wirklich ein Erfolgsmodell zu sein. Vermutlich könnten sich sogar die Europäer hier ein Beispiel nehmen.

Das Geheimnis der Yoruba

Das *Museum of Yoruba Art und History* in Porto-Novo gibt sich abweisend. Das Tor zu dem Wohnhaus am Boulevard Lagunaire ist scheinbar verschlossen; irgendwo dahinter keift böse ein Hund. Als wir an der vorgelegten Kette rütteln, stellen wir aber fest, dass diese nur lose um die Metallstäbe geschlungen ist. Vorsichtig treten wir ein und wagen uns über den Innenhof weiter vor ins Haus.

»Ist hier jemand?«, rufe ich zaghaft in den düsteren Raum, der durchdringend nach Insektenvernichtungsmitteln riecht, ein ekliger Geruch, den ich nun bereits mit dem Süden Benins verbinde und der bei mir einen starken Würgereiz verursacht. Schon mehrmals ist es uns nun passiert, dass wir Lebensmittel, die wir am Straßenrand aus den typischen Glasvitrinen kauften, direkt entsorgen mussten. Sie waren ungenießbar und schmeckten nach dem Gift. Statt zu putzen scheint es für manch einen Gewerbetreibenden bequemer zu sein, Kakerlaken und anderes Ungeziefer mit der Spraydose zu bekämpfen. Wie widerlich!

Gerade als wir den Rückzug antreten wollen, schlurft ein verschlafen wirkender Mann aus einem Hinterzimmer hervor. Er betätigt den Lichtschalter und blinzelt uns verwundert an. Besucher scheinen sich nicht allzu oft hierher zu verirren. Dann wird er jedoch schnell gesprächig, erklärt uns ausgiebig die ausgestellten Kunstwerke und deren Kontext im spirituellen Weltbild der Yoruba. Doch wer oder was sind die Yoruba eigentlich? Manchmal werden sie definiert als eigene homogene, ethnische Gruppe. Richtiger dürfte jedoch sein, dass sich die Yoruba durch eine gemeinsame Sprache auszeichnen, die hauptsächlich im Südwesten von Nigeria, Benin und Togo beheimatet ist. Auch das außerordentlich komplexe, religiöse Weltbild ist eine verbindende Komponente. Stark verkürzt: Die Yoruba glauben an einen untrennbaren Kosmos. Zwischen dem unsichtbaren Bereich Orun und dem sichtbaren Bereich Ayee bestehen zahlreiche Wechselwirkungen. Olodumare, der über den unsichtbaren Bereich herrscht, ist Schöpfer und Lebensenergie zugleich.

Besonders das Orakel Ifa sorgt bei Außenstehenden immer wieder für ungläubiges Staunen. Das mit einer Muschelkette und einem Wahrsagebrett ausgeführte Divinationssystem wird nämlich als binärer Code notiert und führt in seiner literarischen Auslegung zu 256 Texten, Odu genannt. Dies lässt Mathematiker und Informatiker stutzen. Sie ziehen Parallelen zum 8-Bit-System, der Grundlage vieler Programmiersprachen, mit dem sich eines von 256 möglichen Zeichen beziehungsweise Zuständen darstellen lässt.

Allgegenwärtig in Westafrika: Den widerlichen Gestank von Insektenvernichtungsmitteln werden wir wohl nie vergessen.

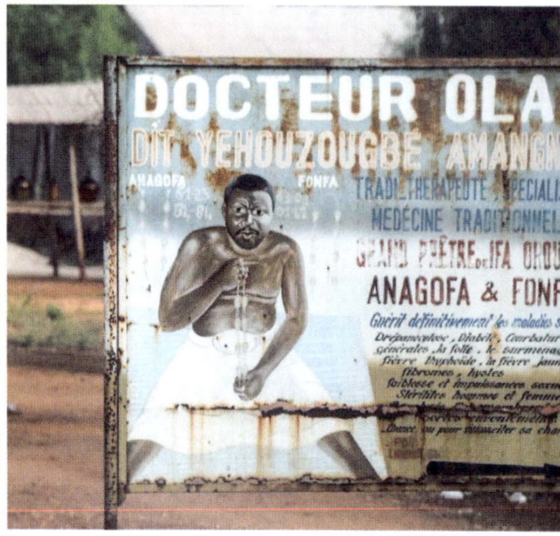

Beim Orakel Ifa spielt eine Kette aus Kaurimuscheln eine wichtige Rolle.

Bereits in Deutschland hatte ich mich mit der faszinierenden Religion der Yoruba beschäftigt und war bei meinen Vorabrecherchen auf die österreichische Künstlerin Susanne Wenger gestoßen.

Zusammen mit ihrem Ehemann, dem Sprachwissenschaftler Ulli Beier, wanderte sie 1950 nach Nigeria aus. Als sie dort an Tuberkulose erkrankte, wandte sie sich der Yoruba-Religion zu. Später wurde sie selbst eine sehr einflussreiche Priesterin. Sie war Gründerin der archaisch-modernen Kunstschule *New Sacred Art* und Hüterin des Heiligen Hains der Göttin Osun an den Ufern des gleichnamigen Flusses in Oshogbo. Zusammen mit lokalen Künstlern machte sie sich an die Renovierung und künstlerische Aufwertung zahlreicher Kultstätten. Der Heilige Hain gehört seit 2005 zum UNESCO-Weltkulturerbe. Susanne Wenger starb 2009 in Oshogbo, sie wurde 94 Jahre alt.

Als ich den Namen der ungewöhnlichen Künstlerin erwähne, beginnen die Augen meines Gegenübers zu leuchten. »Mama!«, haucht er ehrfürchtig. »Ich hatte die Ehre, sie kennenzulernen, sogar bei ihr in die Lehre zu gehen! Sie war eine große Frau und hat viel für uns getan!« Bei diesen Worten strahlt er über das ganze Gesicht.

Wohl weil wir ihm sympathisch sind, verrät uns unser Gesprächspartner John O. Afolayan, zum Abschied noch ein großes Geheimnis. »Seht ihr dieses Zeichen?«, deutet er auf ein von ihm bemaltes Hemd, das mit zwei Reihen von je vier untereinanderstehenden Punkten verziert ist. Wir nicken gespannt. »Ich codiere sogar meine Kleidung!«, sagt er ernst. »Dieses Muster kommuniziert direkt mit den Göttern. Es zieht Erfolg und Geld an. Das wirkt hundertprozentig!«

Liebe Leser, weil ich ein netter Mensch bin und einfach mal davon ausgehe, dass unser Erfolg nicht von eurem geschmälert wird, teile ich dieses Geheimnis nun großzügig mit euch. Also los: Zwei mal vier Punkte aufs Hemd malen und Kontostand beobachten! Ihr werdet überrascht sein!

Ein Hauch von Südamerika

Obwohl Porto-Novo die Hauptstadt von Benin ist und etwa 270.000 Einwohner hat, wirkt der Ort erstaunlich verschlafen. Das mag vielleicht daran liegen, dass hier zwar die Nationalversammlung und der Präsident ihren Sitz haben, die meisten Ministerien sich jedoch im wirtschaftlichen Zentrum des Landes befinden, nämlich in Cotonou.

Heppo würde liebend gern ein Livekonzert besuchen, das Nachtleben scheint in dieser Stadt jedoch nicht viel herzugeben. Eine einzige Disco finden wir im kulturellen Zentrum Espace Ubuntu, aber die Räume riechen schon wieder so schlimm nach dem allgegenwärtigen Insektenvernichtungsmittel, dass ich dort keine Sekunde verbringen möchte, geschweige denn tanzen. Vor dem *Charles de Gaulle Stadion* stehen ein paar Stühle und Tische; neben Grillgut werden auch kalte Getränke serviert. Auf einer großen Leinwand laufen südamerikanische Telenovelas, und aus den Lautsprechern dringt schnulzige, brasilianische Musik. Ja, richtig gelesen: brasilianisch! Zwischen 1500 und 1850 wurden circa fünf Millionen Menschen von Benin nach Brasilien verschleppt. Nach der als Revolta dos Malês bekannt gewordenen Sklavenrebellion in Bahia, Brasilien, im Jahre 1835, wurden etwa 200 der Aufständischen nach Benin zurück deportiert. Es folgten weitere Auswanderungswellen. Auch heute noch begrüßen sich die Afrobrasilianer mit »Como passou?« auf der Straße. Der große brasilianische und auch kubanische Einfluss spiegelt sich heute in Porto-Novo nicht nur in den Gesichtern der Menschen wider, sondern auch in der Musik, der Architektur und in den gefeierten Festen. So findet in der Hauptstadt alljährlich ein brasilianischer Karneval statt.

Monsieur da Silva als Goldstatue im Innenhof seines Anwesens in Porto-Novo.

Das Museum Da Silva ist eine um etwa 1870 erbaute Villa, die an die Kolonialarchitektur Brasiliens erinnert. Das Haus an sich ist allerdings schon das Interessanteste. Die lieblos präsentierte Sammlung, bestehend aus Familienfotos und Haushaltsgegenständen, ist hingegen nicht der Rede wert. Kurios ist allenfalls der letzte Raum, der in einem Nebengebäude für uns geöffnet wird. Hier hat ein kritikloser Geist eine geschmacklose Galerie vermeintlich bedeutender Männer der Geschichte zusammengetragen. Dieses Horrorkabinett zeigt Politiker, die sich in erster Linie als gewissenlose Massenmörder hervorgetan haben; von Adolf Hitler über Josef Stalin bis hin zu Ugandas diktatorischen und wahnsinnigen Präsidenten Idi Amin ist das Schreckenskabinett perfekt.

Die Wassermenschen

Ganvié ist das größte in einem See errichtete Dorf in Afrika. 20.000 Einwohner leben hier in Pfahlbauten. Tofinu-Leute gründeten es im 17. und 18. Jahrhundert, als sie sich auf der Flucht vor den Furcht und Schrecken verbreitenden Fon-Kriegern verstecken mussten. Die Bewohner von Ganvié gelten als eigenwillig und mürrisch. Auch Touristen gegenüber geben sich die »Wassermenschen« oft ungehalten – insbesondere, wenn sie ungefragt fotografiert werden. Schon bei den Preisverhandlungen werden die Jungs ihrem Ruf gerecht. Sie haben absolut keine Lust zu diskutieren, und es ist ihnen völlig egal, was auf der offiziellen Preisliste steht. Die Tarife hätten sich eben geändert. Alle weiteren Diskussionsversuche verhärten nur die Fronten. Also gut, für den Besuch des schwimmenden Dorfes müssen wir 8000 CFA pro Person berappen, dazu kommen 4000 für unseren Guide, macht zusammen etwa 30 Euro. Ein ziemlich teurer Spaß!

Die Exkursion dorthin beginnt in einem kleinen Boot: Auch unser Hund Sidi darf mit. Anfangs fürchtet er sich ein bisschen, dann scheint ihm der Ausflug zu Wasser aber zu gefallen. Etwa eine Stunde rudern wir zu dem außergewöhnlichen Ort. Unser Guide erklärt uns unter-

Der Ort Ganvié wurde mitten im See gebaut. Die Bewohner fanden hier einen sicheren Platz und waren vor ihren wasserscheuen Feinden geschützt.

Unser Guide in Ganvié will absolut nicht mit sich handeln lassen.

dessen das ausgeklügelte System des Fischfangs, neben dem Tourismus eine der Haupteinnahmequellen des Dorfes. Mitten im See werden künstliche Uferzonen angelegt. Palmblätter simulieren einen natürlichen Bewuchs. Dieser lockt bestimmte Fische an, die so besonders leicht gefangen werden können. Bis zu ihrem Abverkauf am Markt werden die Tiere in Reusen gehalten, so bleiben sie garantiert frisch!

In Ganvié angekommen, sind wir fasziniert. So etwas haben wir noch nicht gesehen: Das Leben spielt sich hauptsächlich auf Booten ab. Frauen verkaufen aus ihnen heraus Waren am schwimmenden Markt. Mitten im Dorf spielt eine Blaskapelle auf einer künstlich angelegten Insel. Natürlich! Wieder einmal handelt es sich dabei um eine dieser bunten, lauten und seltsam ausgelassenen Beerdigungsfeiern. Die Gäste sind einheitlich schwarz und rot gekleidet und werden in Scharen zu der Veranstaltung gebracht. Schon kleine Kinder betätigen sich als »Chauffeure« und lenken geschickt die Barken zwischen Häusern und Anlegestegen hin und her.

Hätten wir keine solche Angst vor den Moskitos, würden Heppo und ich am liebsten eine Weile in Ganvié bleiben. In das Leben der Wassermenschen würden wir gern tiefer eintauchen.

Ganviés Bewohner gelten als eigenwillig und Touristen gegenüber eher abweisend. Ein paar der Frauen und Mädchen lassen sich aber dennoch gern fotografieren.

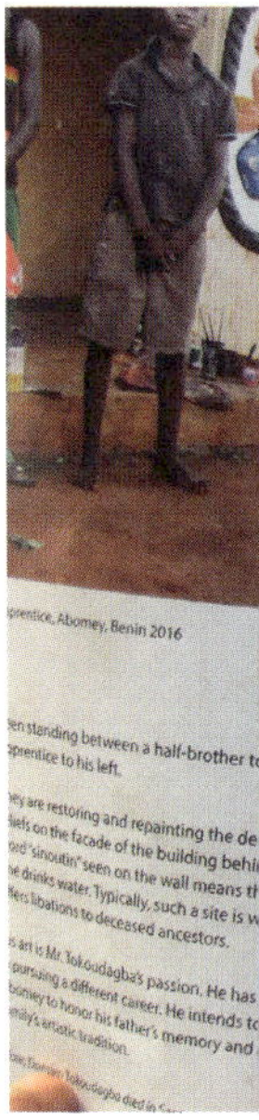

Party bei Arolando

Auf *iOverlander* entdecken wir in Abomey folgenden Eintrag: »Chez Arolando et Soniart. A young family of artists who have escaped a life in the streets (...). Extremely friendly and united.«

Die Beschreibung der Künstlerfamilie liest sich interessant und sympathisch, also steuern wir die genannten Koordinaten direkt an. Doch die Fahrt durch Abomey ist kompliziert. Der Ort scheint nur aus Baustellen und irrwitzigen Umleitungen zu bestehen, sodass wir immer wieder im Kreis fahren. Irgendwann haben wir es geschafft, uns durch das Labyrinth zu kämpfen und stehen vor dem extrem zugewachsenen Grundstück von Arolando. Da er selbst gerade unterwegs ist, werden wir von seinen zwei jüngeren Zwillingsbrüdern, dem lustigen Duo Jean-Pierre und Jean-Paul, empfangen.

Positiv ausgedrückt hat der Platz noch ziemliches Entwicklungspotenzial. Er ist kaum mehr als ein Stück Busch, auf dem ein paar Skulpturen aus Müll stehen. Eine Parkmöglichkeit für unseren großen Lkw gibt es dort eigentlich nicht. Irgendwie schaffen wir es aber, uns neben einen Feldweg hinter das Grundstück zu quetschen.

Die Zwillinge möchten 20 Euro pro Nacht von uns kassieren. Angesichts des Null-Komforts – kein Wasser, kein Klo, keine Elektrizität – einigen wir uns mit den Jungs auf den deutlich realistischeren Preis von 1,50 Euro. Zum Vergleich: Ein Stellplatz bei einem Hotel kostet etwa 5 Euro.

Als Arolando selbst endlich zusammen mit ein paar Freunden erscheint, ruft er sogleich eine Party aus. Er bittet uns, für Schnaps und Lampenöl weitere 1000 CFA beizusteuern, was wir gern machen.

Heppo packt nun auch sein mitgeführtes Reiseschlagzeug aus, schnell sind Cajon – sie ist zugleich Bass Drum und Sitz – und die kleine Stand-Tom mit Hi-Hat aufgebaut. Nun ist die Freude riesengroß. Die Zwillinge sind total aufgeregt und freuen sich wie kleine Kinder. Obwohl sie wahrscheinlich zum ersten Mal in ihrem Leben an einem »richtigen« Schlagzeug sitzen, sind sie echte Naturtalente. Der junge Rapper Mello improvisiert dazu, Arolando tanzt und singt und schenkt eifrig eine Runde nach der anderen vom Palmschnaps, Sodabi genannt, ein. Ein schrecklich scharfes und starkes Gebräu ist das. Aus Höflichkeit nippe ich nur ein einziges Mal von dem mir angebotenen Glas.

Wie in Afrika allgemein üblich, sind auch die Kinder zu später Stunde noch immer dabei. Es verwundert uns also nicht, dass auch Arolandos vierjähriger Sohn und seine einjährige Tochter bei der Feier anwesend sind. Aber ich glaube, nicht richtig gesehen zu haben, als Arolando seinem Jungen ein gut gefülltes Schnapsglas reicht und dieser es, ohne zu zögern, einfach austrinkt. Beim zweiten Glas bleibe ich immer noch stumm. Nun fällt mir auch der schrecklich gierige Blick in den Augen des Kindes auf. Ich kann es nicht fassen, aber es ist offensichtlich: Der Kleine trinkt nicht zum ersten Mal Hochprozentiges! Er ist süchtig danach! Ich schreite ein, als sein Vater ihm nun auch noch ein drittes Glas einschenken will. Ich möchte Arolando jedoch nicht vor versammelter Mannschaft bloßstellen und nehme ihn beiseite. Da ich nicht besserwisserisch wirken möchte, versuche ich es mit Diplomatie. Ich hoffe, dass die Dringlichkeit in meiner Stimme ihm aber hoffentlich

Roland Akouèdénoudjè, *artist*, Abomey, Benin 2016

Arolando

Roland Akouèdénoudjè is 36 years old. He is from Abomey. His father was a civil servant, and his mother was a seamstress and artist. Mr. Akouèdénoudjè calls himself Arolando.

Arolando is a visual artist with interests in both painting and sculpture. He makes his sculptures with found objects. He has used such materials to create installations of humanlike figures in public spaces throughout Abomey. The masks depicted in the photo were constructed with trash and discarded items found in his surroundings.

Years ago his father had expectations that Arolando would excel in school, attend university and find a good job. However, the young man was not interested in his studies. He clashed with his father and was put out of the family home.

He began a search for self-discovery. He traveled for five years in West Africa and met other artists who encouraged his creativity and supported his concern for the environment. He eventually returned to Abomey where he sold one of his pieces to a European tourist. His father was impressed and welcomed him back.

Today, while continuing his own work, Arolando introduces art to young people whose prospects for future success are limited. By mentoring them he hopes to foster their artistic development, build their sense of self-worth and expand their awareness of environmental issues.

Der Künstler Arolando ist eigentlich ein sympathischer Kerl, nur bei der Kindererziehung ist er überfordert.

Selbstgebrannter Schnaps, Sodabi genannt, ist ein echtes Problem. Leider werden oft bereits auch schon Kinder mit dem harten Getränk konfrontiert.

auch die Drastik der Situation klar werden lässt.

»Bitte, Arolando, du darfst deinem Kind keinen Schnaps geben, er wird dumm davon!« Arolando bedankt sich für meinen Ratschlag und flüchtet sich in eine Ausrede. »Das war nur eine Ausnahme! Sonst bekommt er nie Sodabi!«

Ich weiß, dass das gelogen ist, und Arolando weiß, dass ich das weiß. Kein Kind der Welt trinkt derart harten Schnaps mit dieser Gier und Routine, wie ich sie eben beobachten musste. Ich bin wirklich schockiert und habe genug für heute.

Die eigentlich schöne und ausgelassene Party überlasse ich ab sofort sich selbst und gehe ins Bett. Heppo, der von der ganzen Sache nichts mitbekommen hat, wird noch ein paar Stunden fröhlich weiterspielen.
Am nächsten Tag steht Arolando mit seinen beiden Kindern an der Hand bettelnd vor unserem Lkw. Zusätzlich zu den für den Stellplatz vereinbarten 1000 CFA will er nun noch weitere 5000 »für seine Kinder« herausschlagen. Da platzt mir der Kragen. Angesichts meiner nächtlichen Beobachtung reagiere ich wahrscheinlich deutlich heftiger als angebracht. »Was für ein unprofessionelles Geschäftsgebaren!« schimpfe ich. »Wenn du mit Touristen ein Business machen möchtest, dann solltest du dich lieber an die Vereinbarungen halten.
Wir haben bereits 1000 CFA bezahlt, außerdem für die musikalische Unterhaltung gesorgt.

Wir haben das Essen für alle beigesteuert, wir haben euer Lampenöl und den schrecklichen Schnaps bezahlt! Ich bin es wirklich langsam leid, andauernd für blöd verkauft zu werden!«
Arolando bekommt nun meinen kompletten angestauten Afrikafrust zu spüren. Er zieht den Kopf ein und lässt das Unwetter über sich ergehen.

»Je vais me debrouiller!« – »Ich komme schon zurecht!«, sagt er geknickt.

Dann nimmt er seine beiden Kinder an den Händen und geht die staubige Straße hinunter. Drei immer kleiner werdende Punkte auf dem Weg zum Horizont. Was für eine fiese Nummer! Denn nun habe ich den ganzen restlichen Tag ein höllisch schlechtes Gewissen.

Sightseeing in Abomey

Abomey war einst die Hauptstadt des sagenumwobenen Königreiches von Dahomey. Dieses wurde vom Volk der Fon im frühen 17. Jahrhundert gegründet. Die Gesellschaft war stark hierarchisch gegliedert. An der Spitze standen die Könige und Priester, dann kamen die Bauern und Handwerker. Zuunterst standen Sklaven und ihre Nachkommen. Nicht gerade zimperlich waren die Fon, wenn es darum ging, andere Königreiche zu erobern und anschließend deren Völker zu unterjochen. Bis ins späte 19. Jahrhundert hinein dominierten sie den Sklavenhandel. Die Geschäfte mit den Europäern liefen ziemlich gut. Heute ist Abomey eine eher ruhige Stadt, die bei Touristen vor allem für ihre makabren Sehenswürdigkeiten beliebt ist.

Im königlichen Palastmuseum, seit 1985 Teil des UNESCO Weltkulturerbes, kann der Thron König Ghézos (1818–58) besichtigt werden. Der relativ schlicht gehaltene Stuhl wäre nicht der Rede wert, würde er nicht auf vier Schädeln stehen, nämlich auf den abgeschlagenen Köpfen von im Kampf besiegten Königen. Weitere gruselige Artefakte im Museum sind unter anderem ein königlicher Fliegenwedel, der aus einem Stück Menschenschädel und einem Pferdeschweif besteht. Auch der spiralförmige Tempel im Innenhof einer der Paläste, dessen Baumaterial Lehm angeblich mit dem Blut von 41 Sklaven vermischt wurde, zeugt von der großen und grausamen Macht der abomeyischen Könige.

Aho Houegbadja (Regierungszeit 1645–85) war es hingegen, der die berühmte Amazonen-Armee ins Leben rief. Diese Eliteeinheit, denen nur weibliche Offiziere vorstanden, stellte die persönliche Garde des Königs. Wegen ihrer Unbeugsamkeit wurde sie außerordentlich gefürchtet.

Wie es zur Entstehung der Amazonen-Kriegerinnen kam, ist weitgehend ungeklärt. Es wird jedoch vermutet, dass die Amazonen ursprünglich für den Schutz der Haremsdamen im Palast zuständig waren. Männer konnten für diese sensible Aufgabe natürlich nicht eingesetzt werden, denn ihnen war es unter Todesstrafe verboten, den Frauentrakt zu betreten. Bald erkannten die Könige das Potenzial der skrupellosen Soldatinnen und setzten sie daraufhin auch für andere Aufgaben ein.

Abomey wirkt für afrikanische Verhältnisse verschlafen, dafür gibt es tolle Gebäude. Zum Beispiel einen Chamäleon-Tempel. (o.) Gleich gegenüber ist ein anderer, dessen Eingang dem Kopf einer Raubkatze nachempfunden ist. (u.)

Als Behanzin, der letzte unabhängige König von Dahomey, im November 1892 durch französische Kolonialtruppen besiegt wurde, setzte er Abomey in Brand und floh nach Norden. Ihm folgte sein Bruder Prinz Agoli-agbo, der unter französischem Protektorat als »traditioneller Häuptling« aber nicht als Staatsoberhaupt einer souveränen Nation auf den Thron berufen wurde. Er regierte nur sechs Jahre lang, unterstützt von einem französischen Vizekönig.

Neben Sightseeing haben wir noch eine weitere Mission: Wir lassen uns wunderschöne Kleidungsstücke nähen. Mit dem Schneider Monsieur Sissko und seiner Nachbarin, der Ansprechpartnerin für die Damen, haben wir einen echten Glücksgriff getan. Heppo bekommt zwei herrlich exzentrische Anzüge mit Hühnern und Händen drauf, für mich gibt es ein Kleid im Fifties-Look mit einem kühnen Muster aus Regenschirmen in rot und blau. Die Teile passen wie angegossen und sind perfekt genäht. Dass ein Teil nur knapp vier Euro kostet, können wir fast nicht glauben. Also: Für den Fall, dass ihr in Abomey demnächst mal einen guten Schneider oder eine gute Schneiderin brauchen solltet, hier die GPS-Daten: 7°10'31.9"N 1°59'49.6"E.

Heppo ist krank

Heppo entpuppt sich als ein Fashion Victim. Da soll noch mal einer behaupten, dass Mode nur für Frauen sei.

Heppo ist krank, hoffentlich hat er nichts Ernstes. Die Symptome Müdigkeit und Fieber lassen uns, hier in Westafrika, natürlich sofort an Malaria denken. Der trockene Husten passt allerdings nicht so recht ins Bild. Sicher ist sicher, also ab ins Krankenhaus und einen Schnelltest machen lassen. Nach nur 30 Minuten liegt das Ergebnis vor: negativ. Zum Glück. Doch wir sind beunruhigt, Heppo ist schwach. Wir brauchen dringend einen Ort, wo wir ein paar Tage ungestört bleiben können.

In Dassa-Zoumè finden wir im riesigen Areal einer katholischen Kirche einen schönen und ruhigen Übernachtungsplatz. Die Kirche erinnert mich an eine Filmkulisse. Von vorn sieht sie aus wie eine schicke, moderne Kathedrale. Von hinten betrachtet ist sie jedoch ein hässlicher und roher Betonbunker, der eher einem alten Fabrikgebäude ähnelt als einem Ort der Andacht. Die Mariengrotte hingegen, nebenan am Fuße des malerischen Felsens gelegen, ist offenbar ein bekannter Wallfahrtsort und sehr hübsch hergerichtet.

Heppo ist kaum ansprechbar und schläft mehr als 24 Stunden durch. Ab und zu wecke ich ihn auf, versuche ihn mit Tees und Süppchen zurück ins Leben zu holen. Ich mache mir Sorgen. Wenigstens Sidi ist wohlauf, doch auch er verdöst die heißen Stunden im Schatten unseres Wohnmobils.

Am nächsten Morgen scheint es meinem Mann wieder etwas besser zu gehen, sodass wir weiter in Richtung Norden fahren. Die Landschaft wird zusehends trockener. Statt christlicher Kirchen rücken nun vermehrt Moscheen in unser Blickfeld. Mit der Verschiebung der religiösen Präferenzen ändert sich auch der Kleidungsstil der Menschen. Statt lustiger, bunter Frisuren tragen die Damen nun wieder häufiger Kopftuch. Die Rocksäume wandern nach unten und verdecken züchtig erst Oberschenkel, dann Knie und Waden, bis irgendwann nur noch nackte Zehen aus den beflipflopten Füßen unter den langen Stoffbahnen hervorlugen.

An diesem Abend parken wir in einem kleinen Dorf, neben der Moschee und der öffentlichen Wasserstelle. Sofort werden wir umringt von Kindern, Männern und Frauen. Zur Abwechslung bekommen auch wir mal etwas geschenkt. Ein älterer Mann bringt uns eine große Yamswurzel. Zu sich nach Hause ans Feuer einladen mag uns aber leider niemand, schade irgendwie. Wehmütig denken wir an Marokko, wo wir so oft Gast in fremden Häusern und Hütten waren, egal wie bescheiden diese auch sein mochten. Vielleicht liegt es aber auch an uns? Sollten wir einfach etwas forscher sein und uns selbst einladen? Bei uns kommen die Leute auch ungefragt vorbei und suchen unsere Gesellschaft. Warum nicht mal den Spieß umdrehen? Doch an Wanderungen durchs Dorf ist im Moment wirklich nicht zu denken: Heppo ist schon wieder ein Häufchen Elend. Er hustet sich die ganze Nacht die Seele aus dem Leib. Ich bin ratlos; von den Medikamenten unserer umfangreichen Reiseapotheke und den zahlreichen Mittelchen, Sirupe, Tabletten, Cremes und Säftchen will kein einziges so recht helfen.

In Dassa-Zoumé steht die hässlichste Kirche, die wir je gesehen haben.

Der Dorfplatz ist kein sonderlich guter Stellplatz, um sich auszukurieren, deshalb fahren wir noch einmal weiter. Die Kota-Wasserfälle in der Nähe von Natintingou scheinen uns ein angenehmer und ruhiger Ort zu sein. Hier stehen wir inmitten einer hübschen, kleinen Hotelanlage, die nur aus ein paar runden Steinhäusern besteht. Da diese gerade erst wieder für den Tourismus hergerichtet wird, sind wir im Moment die einzigen Gäste.

Während Heppo krank und fiebernd im Lkw liegt, erkunde ich die Gegend. Von einem Pavillon aus habe ich einen wunderbaren Blick über das steil abfallende Gelände und den imposanten Wasserfall einige Meter unter mir, der sich in ein rundes Becken ergießt. Heppo allerdings ist unfähig, auch nur einen Fuß vor die Tür zu setzen; er bleibt im Bett.

Auch Sidi macht sich Sorgen um Heppo, der kaum noch ansprechbar ist.

Die 50-Euro-Rentner

Obwohl wir uns an den Kota-Wasserfällen nur auf etwa 500 Metern über dem Meeresspiegel befinden, ist es nachts so kalt, dass wir frieren. Angesichts der angenehm kühlen Temperaturen schlafe ich seit langem mal wieder länger als bis um 6 Uhr. Ein Blick auf den Wecker verrät mir: Es ist bereits 9 Uhr vormittags! Schnell springe ich aus dem Bett. Bevor die große Hitze des Tages kommt, möchte ich mit Sidi zum Wasserfall wandern.

Im Gegensatz zum Vortag bin ich heute allerdings nicht allein hier. Eine Gruppe deutscher und französischer Rentner ist schon da. Sie haben eine Rundreise durch Benin gebucht. Mit Karina und Ralf aus Stuttgart komme ich ins Gespräch. Interessiert fragen sie mich über unsere Route aus. Als ich schon wieder zurück am Lkw bin, um nach Heppo zu schauen, der immer noch tief und fest schläft, drückt mir Karina plötzlich 50 Euro in die Hand.

»Warum denn das?«, frage ich irritiert.

Das Geschenk möchte ich nicht annehmen. Doch die ältere Dame insistiert.

»Das geben wir gern!«, sagt Ralf, der plötzlich neben seiner Frau steht.

»Wir haben doch so viel Geld…!«, fügt seine Frau sanft hinzu. »Wissen Sie, wir machen so etwas öfter. Normalerweise bekommen das die Einheimischen, aber Sie können es doch sicherlich auch brauchen!«

Verdattert bleibe ich zurück. So ganz möchte ich die Sache aber dann doch nicht auf sich beruhen lassen. Bevor der Kleintransporter mit der Gruppe wieder losfährt, reiche ich dem

Ehepaar noch das letzte meiner mitgeführten Exemplare meines Buchs *Roadtrip mit Frau Scherer* durch das Fenster.

So etwas ist uns bisher auch noch nicht passiert! Und aufschlussreich ist dieser Vorfall obendrein. Ab jetzt werde ich mich wirklich nicht mehr wundern, wenn uns die Afrikaner gleich nach großen Beträgen fragen.

Ich selbst ertappe mich dabei, jede vorbeikommende Touristengruppe sogleich als »50-Euro-Rentner« abzustempeln. 50 Euro, das sind im Benin ein ganzer Monatslohn! Da würde ich an Stelle der Einheimischen auch sämtlichen Stolz über den Haufen werfen, mich aufs Betteln verlegen und jeden Touristen anpumpen, der des Weges kommt.

In Zukunft werde ich auf jeden Fall um einiges duldsamer sein, wenn wir wieder einmal von Menschen umringt sein werden, die uns statt mit einem freundlichen »Bonjour!« mit einem gebrüllten »Cadeau!« begrüßen. Hiermit nehme ich alles zurück, was ich bisher an Negativem über die fordernden Afrikaner gedacht oder geschrieben habe!

Der Berg brennt

Auch am nächsten Tag ist Heppo noch nicht gesund. Ich mache mir wirklich schreckliche Sorgen um ihn. Immerhin schafft er es, mit mir zum Wasserfall zu gehen. Dort schläft er nur und hustet. Ich leiste ihm Gesellschaft und sorge dafür, dass er regelmäßig trinkt. Gegen 17 Uhr breche ich zusammen mit Sidi zu unserem abendlichen Spaziergang auf. Doch auf halber Strecke weigert sich unser Hund, auch nur einen einzigen Meter weiterzugehen. Kein Wunder, der gegenüberliegende Berghang brennt lichterloh. Noch ist das Feuer etwa einen halben Kilometer entfernt, aber spätestens seit unserer Steppenbrand-Erfahrung in Kasachstan samt überstürzter Flucht mitten in der Nacht, weiß ich, wie schnell Feuer auch viel größere Distanzen überwinden kann. Sidi und ich eilen zurück zu Heppo, der komplett ahnungslos am Wasserfall döst. Ich dränge auf sofortigen Aufbruch. Mein Mann ist allerdings tatsächlich so schwach, dass ich befürchte, dass er es nicht einmal auf dem Beifahrersitz schaffen wird.

Immerhin der Hund blüht bei den etwas kühleren Temperaturen im Norden Benins deutlich auf. Während Heppo sich noch von seiner Krankheit erholt, unternehme ich mit Sidi lange Spaziergänge,

In Lebensgefahr zu geraten ist aber auch keine Option. Ich beginne zu packen. Auch an das ältere, nette Paar, das auf die Hotelanlage aufpasst, denke ich und fühle mich heldenhaft, als ich die Senioren, zum sofortigen Aufbruch dränge. Doch die beiden wirken kaum beunruhigt.

Sie lachen mich und meine Panik einfach nur aus. »Das Buschfeuer ist nicht gefährlich,

Uns wird beim Anblick des sich nähernden Buschfeuers ziemlich mulmig zumute. Die Einheimischen aber bleiben gelassen.

Phönix aus der Asche: Diese wunderschöne Blume, Cochlospermum tinctorium, erschien buchstäblich über Nacht.

da ist doch der Wasserfall dazwischen. Macht euch kein Sorgen! Bleibt einfach! Es wird doch auch schon dunkel ...«

Ich lasse mich überreden: Wenn die Sache angeblich so harmlos ist, dann dokumentiere ich den Brand eben anstatt zu flüchten. Mutig positioniere ich mich am Pavillon und fotografiere, wie das Feuer innerhalb von nur zwei Stunden den gesamten gegenüberliegenden Hang von einer weiß und gelb blühenden Buschlandschaft in eine schwarze und rauchende Kohlenhalde verwandelt. Oft sind es Jäger, die das Feuer legen, um Wildtiere aufzustöbern, damit sie diese dann bequem fangen können. Bush-Meat ist hierzulande nämlich eine begehrte Spezialität auf dem eher kargen Speiseplan.

Savannen waren schon immer instabile Ökosysteme. Regelmäßig brennen in der Trockenzeit von Oktober bis April die ausgedörrten, hohen Gräser großflächig ab. Einige Pflanzen haben sich an das leichtentzündliche Ökosystem erstaunlich gut angepasst. Manche von ihnen scheinen bewusst zu besonders gutem Brennmaterial heranzuwachsen, um konkurrierende Bäume gezielt kurzzuhalten. Doch leider helfen die Menschen immer wieder nach. Es brennt oft, viel zu oft. Die Folgen sind verheerend: Die Natur hat kaum noch Zeit sich zu erholen, zahlreiche Tierarten sind durch die intensive Bejagung fast komplett ausgerottet worden, und Feuerholz wird immer knapper. Kaum ein Baum oder Strauch schafft es noch, eine gewisse Größe zu erreichen.

»Wieder mal ein Beispiel dafür, wie der Mensch systematisch seine eigene Lebensgrundlage zerstört!«, murmele ich düster vor mich hin, während ich das Schauspiel vor mir betrachte. Als ich am nächsten Morgen das Ausmaß des Schadens begutachten möchte und dabei feststelle, dass das angeblich so harmlose Feuer über Nacht dann doch bis auf etwa 100 Meter an unseren Kurzhauber herangerückt ist, entdecke ich etwas Zauberhaftes. Wie ein Phönix aus der Asche steht inmitten kokelnder Holzreste und noch immer lodernder Feuernester eine wunderschöne, leuchtend gelbe Blüte. Gestern war diese definitiv noch nicht da! Cochlospermum tinctorium, Schneckensamenbaum, heißt die Blume, die tatsächlich vorzugsweise auf frisch verbrannten Böden erscheint. Sie ist nicht nur schön, sondern auch sehr nützlich, insbesondere für die afrikanische Heilkunde. Darm- und Lebererkrankungen, sogar Hepatitis, können aufgrund ihrer entzündungshemmenden Eigenschaften effektiv behandelt werden. In Kombination mit anderen Wirkstoffen soll sie sogar als Malariaprophylaxe dienen. Ihre Wurzel wird darüber hinaus verwendet, um Stoffe zu färben. Das wundersame Gewächs bringt mir meine gute Laune zurück. Auch wenn wir Menschen unseren eigenen Lebensraum zerstören und uns damit selbst in Gefahr bringen, die Erde wird sich wohl von uns erholen.

Das Virus

Vielleicht sollte ich Heppo mit dem Schneckensamenbaum behandeln? Sein Zustand ist immer noch unverändert. Jetzt jammert er über Schmerzen und Gliederschwäche. Seit zehn Tagen ist er nun krank. Ich bestehe darauf, dass er sich noch einmal auf Malaria testen lässt.
In der Klinik in Natintingou dauert der Schnelltest dieses Mal sogar nur fünf Minuten. Das Ergebnis ist wieder negativ. Eigentlich gut, aber irgendwie wäre es uns fast lieber, er wäre positiv, denn dann wüssten wir wenigstens, was zu tun wäre. Wir sind ratlos. Was Heppo wohl für eine seltsame Krankheit erwischt hat? Der Doktor macht den Harmattan verantwortlich. Der trockene Wüstenwind führe eben nicht nur jede Menge Sand aus der Sahara mit sich sondern auch Schmutz, Bakterien und Viren. Jeder sei krank zu dieser Jahreszeit, der Hals kratze dann, und die Augen würden tränen. Alle husten und schniefen.

»Völlig normal!«, versucht uns der Arzt zu beruhigen.

Es ist der 27. Januar 2020. Wir verfolgen in Afrika so gut wie keine internationalen Nachrichten. Von dem bald als Corona bekannt werdenden Virus COVID-19 haben wir noch nie gehört.

Angeblich hat dieses zu diesem Zeitpunkt auch gerade erst Europa erreicht. Erst am 14. Februar wird der erste Fall in Ägypten auftauchen, eingeschleppt von einer »33-jährigen ausländischen Person«. Auch die von uns konsultierten Ärzte haben offenbar keinen blassen Schimmer von der Gefahr einer drohenden Pandemie. Jetzt, mit einigem Abstand denke ich mir, wie unwahrscheinlich oder – besser gesagt – wie wahrscheinlich ist es eigentlich, dass bei einem internationalen Voodoo-Festival, bei dem Tausende Menschen aus aller Welt zusammenkamen, ein kleiner Virus mit anreiste, um seine eigene, lustige Voodoo-Party zu feiern? Alles nur Spekulation? Natürlich! Doch ausgeschlossen ist es nicht, dass Heppo bereits Ende Januar 2020 an Corona erkrankt war!

Nach fast 14 Tagen mit Fieber, Mattigkeit und trockenem Husten ist mein Liebster endlich wieder so weit hergestellt, dass wir weiterreisen können.

Elefanten und Terroristen

Lange hatten wir überlegt, ob wir das Risiko wirklich eingehen und den Pendjari Nationalpark ansteuern sollen. Dieser gilt seit Mai 2019 als gefährliche rote Zone. Damals waren dort zwei französische Touristen entführt und deren Fahrer und Guide getötet worden. Die militanten Islamisten verschleppten die Geiseln nach Burkina Faso. Französische Spezialkräfte stürmten daraufhin das Lager der Terroristen und fanden dort nicht – wie erwartet – zwei, sondern sogar vier gekidnappte Ausländer vor: Neben den beiden Franzosen waren da noch eine US-Amerikanerin und eine Südkoreanerin. Bei der Befreiungsaktion kamen zwei französische Soldaten ums Leben. Bis zu diesem Zeitpunkt galt Benin als ein unbedenkliches und sicheres Reiseland. Doch seit über zehn Jahren breiten sich in der Sahelzone zunehmend islamistische Terrorgruppen aus.

Wir gehen getrennt voneinander auf Safari. Ein junger Mann aus der Reisegruppe fasziniert durch beeindruckende Schmucknarben, die ihn als das Mitglied der Königsfamilie in Abomey ausweisen.

Mali, Niger, Burkina Faso und der Norden Nigerias gelten mittlerweile als sehr gefährlich. Die Nationalparks eignen sich leider auch perfekt als Rückzugsgebiete für bewaffnete Gruppen.

Mit diesem Hintergrundwissen und all den Warnungen, die wir seit Ghana immer wieder von den verschiedensten Menschen gehört haben, sind wir einigermaßen verunsichert. Eigentlich hatten wir den Nationalpark schon abgeschrieben. Aber kurz vor unserer Reise wurde er unter neuer Leitung wieder geöffnet, und die ersten Touristen kehrten zurück. Was also tun? Wir sind ziemlich nah dran an diesem Park, der mit 4.700 Quadratkilometern eines der letzten Siedlungsgebiete von Elefanten in Westafrika ist. Darüber hinaus bietet sich uns hier wahrscheinlich unsere einzige Gelegenheit, weitere heimische Tiere wie Antilopen, Büffel, Nilpferde, Krokodile, Gnus und Affen in freier Wildbahn zu sehen. Westafrika ist in diesem Punkt leider nicht Ostafrika. Nationalparks sind hier rar, und die ursprüngliche Tierwelt ist fast überall stark dezimiert. Und überhaupt: Was sollen wir denn unserer dreijährigen Nichte erzählen, die für echte Löwen schwärmt? Nur zu gern würden wir ihr zumindest ein Foto der Raubkatzen schicken können. So schlagen wir also alle Warnungen in den Wind und werden schnell mal eben zu den »gedankenlosen Touristen«, wie der Bürgermeister von Toulon die beiden Entführten bei der Trauerfeier für die getöteten Soldaten nannte.

Da wir Sidi nicht mit in den Park nehmen dürfen und auch keinesfalls einen ganzen Tag im heißen Lkw lassen können, müssen Heppo und ich getrennt auf Safari gehen. Kurzerhand schließe ich mich einer beninisch-togolesisch-deutschen Reisegruppe an, die einwilligt, mich in ihrem Toyota mitzunehmen. Den relativ günstigen Preis bezahle ich allerdings mit einem Rasierplatz am Notsitz hinter einer verdunkelten Scheibe.

Trotzdem lohnt sich der Ausflug: Ich bin überrascht, wie viele Tiere wir zu Gesicht bekommen. Springböcke und Antilopen sind so häufig, dass uns ihr Anblick bald schon zu langweilen beginnt. Aber auch einen kleinen Schakal, eine paar Warzenschweine, einige Paviane, Krokodile und exotische Vögel erspähen wir. Besonders gut gefällt mir der Nashornvogel, ein lustiger Geselle mit einem Horn auf dem Schnabel. Am sogenannten Mirador, einem Aussichtspunkt am See, treffen wir sogar auf eine Elefantenherde.

Nur die Löwen halten sich fern von uns. Unsere Nichte muss sich wohl mit einem Elefantenfoto zufriedengeben. Aber morgen ist ja auch noch ein Tag. Dann hat Heppo vielleicht die Chance, den König der Tiere vor die Linse zu bekommen.

Am erhöhten Aussichtspunkt im Pendjari-Park hat man einen guten Blick auf das Wasserloch, das zur heißen Mittagszeit viele Tiere aufsuchen.

Der Höhepunkt der Safari ist die Begegnung mit der kleinen Elefantenherde.

»Antilope« ist eine Sammelbezeichnung für verschiedene Arten von Hornträgern, in der Antike wurde damit ein besonders flinkes Fabelwesen bezeichnet, das seinen Jägern immer entkam.

Der große Nashornvogel ist zwar kein klassisches Safari-Tier. Über seine Sichtung freuen wir uns dennoch besonders.

Vielleicht hat Heppo mehr Glück und er sieht einen Löwen. Dieses zahme Exemplar entdeckten wir im Museum Da Silva in Porto Novo.

Heppo ist mittlerweile mit Hund und Frau Scherer näher an den Park gezogen, und zwar ins *Numi Camp*, das dem Franken Alfred gehört. Der hält uns glatt für eine Geistererscheinung, seit der Geiselnahme 2019 hat sich nämlich niemand mehr zu ihm verirrt. Die Einheimischen hatten uns übrigens vorgewarnt: Alfred sei verrückt!

Doch wir finden den kleinen Mann mit dem langen, grauen Rumpelstilzchenbart sehr sympathisch. Allerdings ist offensichtlich, dass er viel allein ist, denn – plötzlich in der Gesellschaft von Menschen – redet er ohne Punkt und Komma. Dabei kann er auch nach über 30 Jahren in Afrika nur schlecht seinen fränkischen Dialekt verbergen. Unsere Anwesenheit versetzt den Campbesitzer und Lastwagenmechaniker in eine euphorische Hochstimmung. Er schmiedet bereits Pläne, wie wir den Abend mit ihm verbringen sollen: »A Bier wär' doll und dazu a Film, – am liebsten *Easy Rider*.« Mit beidem können wir dienen, und Alfred ist im siebten Himmel. Im Gegenzug beglückt er uns am Nachmittag mit einem leckeren Kuchen aus seinem Solarbackofen. Dazu fragt er uns über die politischen Entwicklungen in Europa und Deutschland aus. Obwohl wir durchaus interessiert sind, haben wir dennoch Probleme, ihm Rede und Antwort zu stehen. Sein Wissensstand bezieht sich nämlich auf eine etwa drei Jahre alte Ausgabe des Nachrichtenmagazins *Der Spiegel*, die irgendwie den weiten Weg bis nach Benin gefunden hat. Was für uns schon längst der Schnee von gestern ist, ist für unseren neuen Freund noch die politische Realität Deutschlands. So ähnlich muss es sich anfühlen, wenn man eine Zeitreise unternimmt.

Heute habe ich sturmfrei. Ich darf Alfreds Anwesen hüten, während er zusammen mit Heppo und Guide Jean-Paul in den Park aufbricht. Zu diesem Zwecke hat Alfred eine recht abenteuerliche Sitzkonstruktion auf eines seiner reichlich ramponierten Fahrzeuge geschraubt. Alle sind aufgeregt.

»Ich war bestimmt schon seit zehn Jahr' nimmer in dem Park drin!«, sagt Alfred. Dabei rollt er das R, dass es kaum schön'er geht.

Aber auch ich freue mich: Ein ganzer, langer Tag liegt vor mir, nur für mich allein. Ich habe Lust, kreativ zu sein und mache mich daran, aus den bunten afrikanischen Stoffen Shorts und ein T-Shirt zu nähen.

Auch Sidi macht es sich im Schatten eines Karité-Baums[10] gemütlich, der, von weitem betrachtet ein bisschen an eine Eiche erinnert. Aus seinen Nüssen wird übrigens ein kostbares Pflanzenfett gewonnen, das als Sheabutter in der Kosmetikindustrie einen hohen Stellenwert einnimmt.

[10] *Vitellaria paradoxa*

Alfreds waghalsige Dachkonstruktion macht Heppo keine Angst.

Paviane befinden sich nicht nur im Park. Sie kommen sogar auf Alfreds Grundstück.

Eine Familie sogenannter Grünmeerkatzen wohnt in seiner Krone. Sie machen sich einen Spaß daraus, unseren Hund zu beschimpfen. Der regt sich anfangs noch wahnsinnig über deren Provokationsversuche auf, bis er irgendwann resigniert. Ohne sein wütendes Kläffen verlieren auch die Meerkatzen schnell den Spaß an der Sache, und es kehrt Ruhe ein.

Abends kehren Alfred und Heppo glücklich von der Tour durch den Pendjari zurück. Löwen bekamen auch sie leider nicht zu Gesicht, dafür aber Elefanten, Antilopen und eine Büffelherde. Meine vorbereitete Tajine und die von mir im Dorf besorgten eisgekühlten Biere werden von den Männern freudig aufgenommen. Der gelungene Tag wird mit einer weiteren gemeinsamen Filmsession abgerundet. Auf dem Programm steht *The Hateful 8* von Quentin Tarantino. Bei diesem grausamen Kammerspiel verschwende ich – ehrlich gesagt – nur einen klitzekleinen Gedanken daran, dass unsere beiden Touren durch den Nationalpark vielleicht auch ein böses Ende hätten nehmen können.

Ade, Alfred!

Es ist Zeit, Alfred »Ade« zu sagen. Wir hatten eine angenehme und entspannte Woche bei dem fast 70-jährigen, er ist uns in diesen Tagen richtig ans Herz gewachsen. Mehrmals führten wir in den vergangenen Tagen eine von ihm selbst angestoßene Diskussion. Wie soll es mit ihm weitergehen? Alfred ist nicht mehr der Jüngste, die Nachbarn halten ihn für verrückt, sein Camp ist renovierungsbedürftig, und Touristen verirren sich leider kaum noch in den Norden von Benin. Von den gelegentlichen Motorrad- oder Autoreparaturen kann er kaum leben. Das Geld ist knapp, und Visionen für die Zukunft sind ebenfalls Mangelware. Zwar besitzt er eine Wohnung in Cotonou, doch in dieser lebt seine Frau, mit der er sich jedoch schon seit langem nicht mehr besonders gut versteht. Auch seine erwachsene Tochter, ebenfalls in der Hauptstadt, sieht er nur selten.

Ein kühles Bier wird immer gern genommen, auch wenn es einen gewöhnungsbedürftigen Namen hat.

»Ach, was soll ich in der Stadt? Der Dreck, der Gestank, der Lärm, der Verkehr!«, findet Alfred weitere Einwände. Auch zurück nach Deutschland mag er nicht gehen: »Da bin ich doch schon im Supermarkt total überfordert! Was will ich denn mit 20 verschiedenen Sorten Joghurt? Das ist doch komplett verrückt!«

Die Situation scheint verfahren, auch wir haben keine Lösung für ihn parat. Alfred kann seine Tränen nur schlecht verbergen, als wir winkend in Frau Scherer klettern, die bereits mit laufendem Motor auf uns wartet.

»Jetzadla, schaut's, dass ihr endlich weiter kommt!«, will er den Abschied verkürzen.

»Keine Sorge! Man sieht sich immer zweimal!«, rufen wir unserem neuen Freund zu, ohne selbst so recht an unsere Worte zu glauben.

»Ach, der Alfred!«, seufzen wir, als wir schon längst wieder über die staubige und holprige Piste zurück bis nach Natintingou gefahren sind.

»Wahrscheinlich werden wir dem Guten niemals wieder begegnen!«, meint Heppo theatralisch.

»Ja, so ist das mit dem Reisen!«, antworte ich, selbst um Fassung bemüht. »Heute hier, morgen dort!«

Das tiefe, grübelnde Schweigen, in das Heppo und ich anschließend verfallen, hat fast die Kraft, Frau Scherers ohrenbetäubenden Motorenlärm zu ersticken ...

Kurz vor der Kleinstadt Cobli – im Dreiländereck Togo, Burkina Faso und Benin – finden wir einen freien Platz, der endlich mal wieder zum Wildcampen einlädt. Doch sonderlich lange stehen wir dort nicht. Bald kommt die Polizei. Sie lädt uns ein, mit ihr aufs Revier zu fahren, um dort zu übernachten. Angesichts der nahen Grenze zu Burkina Faso scheinen die Männer ehrlich um unsere Sicherheit besorgt zu sein. So schwierig hatten wir uns das Wildcampen in Westafrika wahrlich nicht vorgestellt. Freie Stellplätze unter einer rotglühenden, afrikanischen Sonne, im Hintergrund der Scherenschnitt einer Herde Elefanten; wenn es das denn jemals gegeben haben sollte, so ist es lange her. Mein romantisches Savannenklischee wurde längst von der Realität eingeholt. Jetzt heißt es: zu gefährlich, zu dicht besiedelt, zu wenig Natur. Seufzend packen wir zusammen und folgen der Streife in den Innenhof der Polizeistation. Wir haben keine Wahl.

Wer hätte gedacht, dass es in Westafrika so schwierig ist, wild zu campen? Alles Bitten und Betteln hilft nichts. Wir müssen mit zur Polizei. Natürlich zu unserem eigenen Schutz.

Hinter konfiszierten und verunfallten Motorrädern findet Frau Scherer einen sicheren Stellplatz auf dem Gelände der Polizei von Cobli.

Wo das Hirsebier in Strömen fließt

Am nächsten Tag fahren wir durch eine Gegend, wo – laut unserem Reiseführer – das Hirsebier in Strömen fließen soll.

»Das hört sich super an!«, meint Heppo und hält eifrig nach dem Selbstgebrauten Ausschau. Sorghum heißt die Hirse, die eine der wichtigsten Getreidepflanzen in Afrika ist. Bei uns weitgehend unbekannt, ist sie trotzdem eine nicht zu unterschätzende Futterpflanze. 2016 stand sie – nach Anbaufläche gerechnet – weltweit an fünfter Stelle, gleich nach Weizen, Mais, Reis und Gerste.

»Gefunden!«, ruft mein Mann glücklich und legt dabei eine riskante Vollbremsung mit Frau Scherer hin.

Freudig hüpft er aus unserem Fahrzeug und stürzt sich sogleich – ohne ein weiteres Wort zu verlieren – ins Marktgetümmel des Dorfes Boukoumbé. Wenig später kommt er zurück, eine halb gefüllte Kalebasse in der Hand, die er mir nun aufgeregt unter die Nase hält: »Probier mal!« Das alkoholische Getränk ist wirklich lecker, hat aber wenig mit dem zu tun, was wir unter einem Bier verstehen. Mich erinnert es an einen Federweißen, also an jungen Wein, dessen Gärung gerade erst begonnen hat. Das Gebräu steigt direkt in den Kopf und macht lustig.

»Weißt du, wie es heißt?«, fragt mich Heppo. Als ich verneinend den Kopf schüttele, antwortet er grinsend: »Choukachou sagen die hier dazu. Da macht schon allein der Name gute Laune, oder?"

An das schnell vergorene Hirsebier »Choukachou« könnten wir uns gewöhnen. Es steigt so schnell zu Kopf wie Sekt und macht ziemlich gute Laune.

Beschwingt fahren wir weiter bis nach Koussoucoingou, wo schon das nächste Sorghum-Bier-Fest auf uns wartet. Jetzt verstehen wir auch, warum der Markt in dieser Gegend nie an einem festen Wochentag stattfindet, sondern stets verschoben, in einem Rhythmus von etwa vier bis fünf Tagen. Genauso lange dauert es nämlich, bis das Choukachou gebraut ist. Der Brauvorgang läuft – stark verkürzt – etwa so ab: Die Hirsekörner werden an den Fluss gebracht und dort eine Nacht lang in einem Gefäß in Wasser eingeweicht. Anschließend werden sie auf flachen Steinen neben dem Flussbett ausgebreitet und mit Blättern bedeckt. So werden sie zum Keimen gebracht. Das ist das, was man bei uns Mälzen nennt. Anschließend werden die Keime getrocknet und zu einer Paste vermahlen, die wiederum mit Wasser angerührt wird. Angeblich verfärbt sich diese dabei tiefrot. Der Brei wird nun zum Kochen gebracht. Bei uns nennt man das Maischen. Den abgekühlten Sud lässt man nun einige Stunden stehen, bis ein natürlicher Gärprozess eintritt. Danach kann das Getränk auch schon bald konsumiert werden.

Der Umtrunk in diesem schönen Dorf am Rande der Atakora-Bergkette wird schnell zur Party. Ungezwungen plaudern wir – soweit es uns über die Sprachbarriere hinweg überhaupt möglich ist – mit den Dorfbewohnern. Bald drehen sich alle Gespräche um unseren Hund. Dass Sidi schon neun Jahre alt ist, kann kaum einer fassen. Kein Hund hat jemals in diesem Dorf ein derart biblisches Alter erreicht. Ohne Scheu diskutieren die Leute nun, ob er – so alt wie er schon ist – noch als anständige Mahlzeit taugen würde. Auf die Idee, dass eine derartige Diskussion unsere Gefühle verletzen könnte, scheint hier niemand zu kommen. Allerdings setzt in diesem Dorf nicht jeder Hunde auf seinen Speiseplan. Die gläubigen Muslime unter den Anwesenden lehnen diese Kost strikt ab. So richtig trauen wir aber auch ihnen nicht, denn wer bereits beim Hirsebier eine so großzügige Ausnahme macht, der nimmt es bestimmt auch mit der Herkunft des Fleisches auf seinem Teller nicht so genau.

Trotz aller kultureller Differenzen wird es noch ein richtig lustiger Abend. In der Dorfdisko, einer einfachen, runden Hütte aus Lehm, geht es hoch her: Es wird getanzt, und das Hirsebier fließt tatsächlich in Strömen.

Phillippe, unser Guide, der uns am nächsten Tag zu einer mehrstündigen Wanderung abholt, sieht sehr beeindruckend aus. Sein Gesicht ist von einem feinen Netz aus Linien durchzogen. Diese Schmucknarben werden meist schon bei Kindern angebracht und dienen dazu, die Zugehörigkeit zu einem bestimmten Klan kenntlich zu machen. Ich ertappe mich dabei, wie ich ihn immer wieder unverwandt anstarre. Die Narben sind so zahlreich, dabei derart fein und kunstvoll, dass ich mir kaum vorstellen mag, wie schmerzhaft das für das Kind damals gewesen sein muss. Phillippe winkt lachend ab: »Wir Afrikaner sind Schmerzen doch gewohnt!«

Die Temperaturen in dieser Gegend sind angenehm, und das Wandern durch die Hügel

Wunderschön sind die feinen Schmucknarben, die die Bewohner von Koussoucoingou tragen. Allerdings möchte ich mir nicht die Schmerzen vorstellen, die ihr Anbringen einst verursachte.

und Täler rund ums Dorf macht uns große Freude. Phillippe weist uns auf einige Kulturpflanzen hin. Besonders faszinierend finde ich den Cashew-Baum[11]. Dieser bildet birnenförmige Scheinfrüchte aus, die Cashew-Äpfel genannt werden. Die Frucht schmeckt verblüffend nach Hubba Bubba-Kaugummi und hat sogar eine ganz ähnliche Konsistenz. Unter der Frucht hängt ein nierenförmiger Kern, dieser ist als Cashew-Nuss bekannt. Auch bewundern wir die Kalebassenbäume[12], an denen die zukünftigen Trinkgefäße für das Hirsebier wachsen.

Die eigentliche Attraktion dieser Gegend ist jedoch die außergewöhnliche Architektur. Die sogenannten Tata Somba sind traditionelle burgartige Behausungen, die sich jahrhundertelang als effektiver Schutz vor wilden Tieren und Angreifern bewährt haben.

Ein Tata ist immer zweistöckig. Unten leben die Tiere, aber auch die Küche befindet sich hier. Ältere Menschen, die es nicht mehr über die Leiter nach oben schaffen, schlagen ebenfalls im unteren Stock ihr Lager auf. Der obere Stock gleicht einer Dachterrasse mit kugelförmigen Aufbauten, den einzelnen Zimmern. An der Südseite befindet sich das größte, es steht dem männlichen Familienoberhaupt zu. Falls es mehrere Frauen gibt, erhält jede ebenfalls einen eigenen Raum, der dann zusammen mit ihren Kindern bewohnt wird. Außerdem befinden sich mehrere Getreidespeicher auf dem Dach. Diese großen bauchigen Gefäße sind in drei Kammern unterteilt, sodass in diesen, getrennt voneinander, verschiedene Körner aufbewahrt werden können. Ein Hut aus Stroh schützt die Körner vor Feuchtigkeit und Ungeziefer.

Blütenstand von Parkia biglobosa. Der fermentiere Samen wird Néré genannt und von den Einheimischen als Gewürz verwendet.

Die Nuss des Cashew-Baums befindet sich nicht in der Frucht, sondern hängt wie ein kleiner Wurmfortsatz an ihrem unteren Ende.

[11] *Anacardium occidentale*
[12] *Crescentia cujete*

Bei den Tata Sombas im Norden von Benin handelt es sich um traditionelle Familienburgen.

Auch interessant: Während die Tata einfach direkt aus der roten, lehmigen Erde gebaut werden, bestehen die Getreidespeicher aus dem pulverisierten Material von Termitenhügeln. Dieses Lehm-Pappmaschee-Gemisch ist offenbar widerstandsfähiger und besser zu modellieren. Später lese ich in dem sehr interessanten Buch *Verwobenes Leben* von Merlin Sheldrake über die westafrikanischen Macrotermes-Termiten, die den Großteil ihres Lebens mit der Suche nach Holz verbringen, obwohl sie es selbst gar nicht verdauen können. Diesen Prozess übernimmt der Weißfäulepilz Termitomyces für sie. Die bis zu neun Meter hohen Termitenhügel dienen dazu, ein besonderes Klima für die Pilzzucht zu schaffen. Die besonderen Eigenschaften der Erde aus dem Inneren der Bauten blieben auch den Menschen in Westafrika nicht verborgen. Diese Erde ist nicht nur ein mineralstoffhaltiges Nahrungsergänzungsmittel, sondern auch ein Gegenmittel gegen verschiedene Gifte und ein wirksames Antibiotikum. Kein Wunder also, dass dieses Material beim Bau der Vorratskammern bevorzugt zum Einsatz kommt.

Leider werden heute immer weniger Tata Sombas gebaut. Die traditionellen Burgen werden mehr und mehr durch einfache, gemauerte Häuser ersetzt. Das ist schade, denn ihnen fehlt das Organische, sie sind viereckig – und schrecklich langweilig.

Hallo Alfred!

Als wir am nächsten Tag weiter Richtung Togo fahren möchten, stellt Heppo mit Entsetzen fest, dass Frau Scherers Bremsflüssigkeitsbehälter fast komplett leer ist. Diesen Verlust können wir uns nicht recht erklären. Nun ist guter Rat teuer! Was tun? Nach langem Überlegen beschließen wir, zurück zu Alfred zu fahren. Wenn uns einer helfen kann, dann der fränkische Mechaniker.

»Ist was? Gebt es zu, ihr habt doch ein Problem, oder?«, wirkt unser Freund ehrlich überrascht, als wir wieder in seinem Camp auftauchen.

»Nein, wir haben dich einfach nur vermisst!«, antworte ich und lüge dabei nur ein kleines bisschen.

Alfred strahlt über das ganze Gesicht: »Super, dann können wir heute Abend wieder Fernsehen! Habt's ein Bier mitgebracht?«

Der alte Spruch stimmt eben doch: Man sieht sich immer zweimal im Leben! Dank Alfred bekommen wir das Bremsenproblem schnell wieder in den Griff. Doch auch unsere Bremsbeläge sind nicht mehr die besten. Sie zu erneuern ist eine Aufgabe, vor der sogar er kapituliert. Er empfiehlt uns das *Centre de Formation Litweiaris (CFL)* in Natintingou. Dort hat der Schweizer Heini eine Ausbildungsstätte für Elektriker, Mechaniker, Polymechaniker und Schweißer ins Leben gerufen. Angeschlossen an diesen Vorzeigebetrieb sind außerdem ein großer Selbstversorgergarten, in dem Gemüse produziert wird, eine Kantine und zahlreiche Unterkünfte für die Azubis. Zudem verströmt Heini eine unglaubliche Zuversicht.

»Es gibt nichts, was wir nicht machen können! Zur Not drehen wir einfach einen neuen Bremszylinder, oder?«

Aber auch an diesem Ort, an dem alles möglich scheint, gibt es Grenzen. Nach einer Begutachtung unserer Beläge rät uns Heini, diese besser nicht zu erneuern.

»Das Material, das ihr in Afrika bekommt, ist mit Sicherheit schlechter als das, was ihr drauf habt. 50 Jahre alte Beläge aus Deutschland sind besser als alles, was ihr hier kaufen könnt: Das kommt nämlich aus China.«

Unsere Bremsbeläge bleiben also drauf. Fast finden wir es allerdings schade, das *CFL* so schnell wieder verlassen zu müssen. Der Betrieb macht einen supersympathischen Eindruck. Vor Arbeitsbeginn wird gemeinsam getrommelt, um 10 Uhr gibt es für alle Bouillie, einen heißen Brei, und um 13 Uhr Mittagessen. Wir müssen weiter in Richtung Togo. Schade, denn Benin hat uns wirklich gut gefallen.

Zum Abschied zeigt sich das Land noch einmal von seiner besten Seite. Ein Tipp der Schweizer Zivildienstleistenden führt uns in einen Biergarten, wo uns das leckerste Essen dieser Reise serviert wird. Das Igname Pilée, also gestampfte Yamswurzel, andernorts auch bekannt als Fufu, kommt hier zusammen mit einer leckeren sämigen Soße und gebratenen Tofustreifen auf den Tisch. Als uns dazu auch noch ein eisgekühltes Radler gereicht wird, sind wir mehr als nur glücklich!

Togo

***Napo de mi Amor* – Leki santchi**

Tchandikou Mama Napo *alias* De Mi Amor *wurde 1943 in Lomé geboren. Seine Musik kombiniert traditionelle Klänge mit ghanaischem Highlife, kongolesischem Soukouss und amerikanischem Soul und Funk. Leki* Santchi *wurde auf dem beliebten Sampler* African Scream Contest *veröffentlicht.*

In einem Stausee bei Mango leben friedvolle Flusspferde. Sie scheinen derart an Menschen gewöhnt, dass wir uns ihnen gefahrlos nähern können.

Tierbeobachtungen in Togo

Das schräge Abendlicht am See beschert uns einen entspannten Moment mit den Frauen, die zum Wasserholen an den See kommen.

Mango gilt als der heißeste Ort Togos. Wir sind gewillt, dieser Information unseres Reiseführers Glauben zu schenken, denn heute schlägt der Harmattan wieder besonders unbarmherzig zu. Die Luft ist staubig-trüb, und es ist so trocken, dass unsere Schleimhäute schmerzen. Diese Wetterlage ist wirklich anstrengend. Trotzdem ziehen wir diese aber dem tropisch-feuchten Klima vor, das uns wieder im Süden des Landes erwarten wird.

Hier sollen an einem Stausee Flusspferde leben. Schon bald stehen wir zusammen mit unserem Guide an dem morastigen Ufer. Vor uns entdecken wir eine Gruppe von etwa 15 Tieren mit mehreren Kälbern. Kaum 30 Meter von uns entfernt planschen sie vergnügt im Wasser. Ich bin jedoch argwöhnisch; Hippos gelten als sehr gefährlich und aggressiv. Doch diese Exemplare scheinen an Menschen gewöhnt zu sein, denn sie lassen sich nicht stören. Das schräge Abendlicht ist besonders schön, als wir zurück zum Lkw gehen. Frauen und Kinder, die mit orangen Plastikkanistern auf dem Kopf Wasser holen, lächeln, als wir sie fotografieren.

In Sarakawa kann man zwei Tierparks besuchen. Den einen lassen wir gleich links liegen, denn die Elefanten dort sind nur hinter einem Gehege zu bestaunen. Den anderen steuern wir aber an; er verspricht deutlich mehr Safaricharakter. Bei einem sogenannten Game-Drive

Die Zebras waren ursprünglich in ganz Afrika verbreitet. Heute leben sie aber nur noch in Süd- und Ostafrika in freier Natur.

werden die Besucher mit einem Jeep durch das weitläufige Areal gefahren. Neben vielen einheimischen Tierarten wie Büffel und Wasserböcke wurden allerdings auch Zebras und Gnus aus Südafrika ausgewildert. Da sich diese aber freiwillig in großer Anzahl von uns fotografieren lassen, sind wir nicht sonderlich kritisch und freuen uns stattdessen über die Gelegenheit, wilde Tiere aus nächster Nähe bestaunen zu können.

Das arme Äffchen muss im Tierpark Sarakawa an einen Baum gekettet leben. Sein Aktionsradius beträgt nur wenige Meter.

Doch was wir dann entdecken, versaut uns leider unsere gute Laune. Auf dem Gelände werden in einem komplett ausgetrockneten Betonbecken Krokodile gehalten.

Etwas weiter fristen zwei verstörte Äffchen ein eintöniges Leben in Gefangenschaft. Weil ihre schweren Eisenketten sich immer weiter um einen Baumstamm wickeln, verkleinert sich ihr winziger Bewegungsspielraum auch noch ständig.

»Warum lasst ihr die Affen nicht frei?«, wollen wir wissen.

»Weil sie uns sonst nur nerven würden!«, antwortet einer der Ranger. »Sie machen einfach alles kaputt! Selbst wenn wir sie freiließen, gehen sie nicht fort von hier. Sie sind schon so sehr an diesen Ort gewöhnt.«

Wir sind entsetzt. Nicht mal etwas zu trinken haben sie in ihren Plastikbehältern. Heppo entwirrt die Kette der kleinen Kerle und füllt frisches Wasser auf.

Irgendetwas müssen wir tun. Wenigstens für die Krokodile wollen wir uns einsetzen und drohen mit einer Sitzblockade. Die Ranger versprechen, sofort zu handeln, bleiben aber dann tatenlos im Schatten sitzen.

»Die schlechte Tierhaltung wirkt sich auch negativ auf eure Jobs aus! Niemand möchte leidende Tiere sehen!«, halte ich ihnen eine Standpauke.
Wahrscheinlich bestätige ich in den Augen der Pfleger gerade alle Klischees einer besserwisserischen Weißen. Warum also nicht selbst mit gutem Beispiel vorangehen?

»Wir werden das Becken einfach selbst auffüllen!«, verkündet Heppo nun und macht sich an der Wasserpumpe zu schaffen.

Nun verstehen die Männer, dass wir es wirklich ernst meinen. Seufzend stehen sie auf, organisieren einen Schlauch und schließen diesen an die Wasserleitung an. Geht doch!

Trotzdem, den Sarakawa-Park können wir nicht empfehlen. Wer dennoch auf einen Besuch nicht verzichten möchte, dem raten wir, eine Kneifzange mitzunehmen. Mal sehen, ob die Affen wirklich Lust auf ein Leben in Gefangenschaft haben?

Das hochgeheime Naturreservat

Heppo hat noch nicht genug. Er will unbedingt zu einem weiteren Naturreservat bei Fazao. Ich habe allerdings bereits das Gefühl, dass sich die Sache als Reinfall entpuppen wird. Und tatsächlich, der *Fazao-Melfacassa-Nationalpark* hat bereits seit ein paar Jahren geschlossen. Ausnahmegenehmigungen für einen Besuch scheint es dennoch manchmal zu geben. Leider, so teilt man uns im Dorf mit, sei der Schlüssel zur Schranke am Parkeingang unauffindbar. Das ehemals schöne und große Hotel am Ortsrand, wo wir einen schattigen Stellplatz unter Bäumen finden, ist verlassen und verfällt.

»Wie schade!«, denke ich mir. »Warum nur lässt man all das derartig verkommen? Der Ort ließe sich doch prima für Touristen vermarkten. Wird das Areal vielleicht mittlerweile zu anderen Zwecken benutzt?«

Wie so oft geht meine Fantasie mit mir durch, und ich denke an geheime Folterlager oder Trainingscamps für militante Gruppen ... Wahrscheinlicher ist jedoch, dass schlichtweg die Gelder zum Erhalt der Infrastruktur fehlen.

Der Mitarbeiter der Nationalparkverwaltung hält uns hin. Wir sollen uns gedulden, vielleicht tauche der Schlüssel ja wieder auf. Aber untätiges Herumsitzen ist nicht unser Ding. So ziehen wir auf eigene Faust los, um die Umgebung des Dorfes zu erkunden. Zuerst steigen wir auf den Hügel, der malerisch über dem Ort liegt. Von dort haben wir eine tolle Aussicht: Mindestens zehn Moscheen zählen wir, ziemlich viele für die paar tausend Einwohner. Weiter folgen wir einem schmalen Pfad, der in den Wald hineinführt. Eigentlich wollen wir nur ein oder zwei Stunden unterwegs sein, doch dann haben wir Lust, einfach weiter zu wandern. Aus unserem Spaziergang wird eine mehrstündige Tour. Entlang eines ausgetrockneten Flusslaufs geht es vorbei an Obstplantagen, wir geraten immer tiefer in den Busch. Dabei hoffen wir natürlich, auf eigene

Im Norden von Togo finden wir schöne Landschaften und halbwegs angenehme Temperaturen um 25 Grad Celsius.

Der Zutritt zum Fazao-Melfacassa-Nationalpark bleibt uns zwar verwehrt, aber auch so finden wir schöne Fotomotive.

Faust einen Zugang zum Nationalpark zu finden, um dort wilde Tiere zu erspähen. Doch die haben offenbar Besseres zu tun, als für unsere Kameras Modell zu stehen. Plötzlich stoßen wir auf bewaffnete Jäger. Oder haben wir uns diese etwa nur eingebildet? Gerade schienen sie noch vor uns auf dem Weg zu stehen, nur einen Wimpernschlag später sind die beiden verschwunden, wie vom Erdboden verschluckt. Ich habe ein mulmiges Gefühl. Vielleicht sollten wir doch besser umkehren?

Unser Entdeckergeist ist dennoch geweckt. Auf unserer digitalen Landkarte glauben wir, die Zufahrt zum Park ausgemacht zu haben. Die staubige Piste führt erst ein Stück durchs Dorf in Richtung Norden, dann weiter in den Busch hinein. Ihr Zustand wird immer schlechter, aber sogar mit unserem dicken Lkw kommen wir gut voran. Bald schon stehen wir vor einem Schild, auf dem »Nationalpark« steht. Bingo! Und die Schranke dahinter ist nicht(!) abgesperrt. Von wegen Schlüssel verlegt!

Leider hören wir nun aber bereits die Geräusche eines sich nähernden Motorrads. Offenbar stehen wir unter strenger Beobachtung, denn Dorfpolizist und Forstbeamter sind uns gefolgt. Beide sind ziemlich sauer, dass wir ihre Regeln derartig missachtet haben.

»Moment mal, welche Regeln?«, kontere ich. »Es hieß, wir sollten warten, bis der Schlüssel wieder auftaucht, aber dann ist die Schranke noch nicht einmal abgesperrt!«

Jetzt geht der Ärger erst richtig los.

Was will man hier wohl vor uns geheim halten?. Der strenge aber nette Dorfpolizist von Fazao verfolgt uns hartnäckig mit seinem Motorrad. Nach einigem Hin und Her einigen wir uns darauf, sein Benzingeld zu zahlen.

»Habt ihr denn gar keinen Anstand?«, schimpfen die beiden nun. »Hier geht es nicht nach euch! Ihr könnt doch nicht einfach in ein fremdes Haus gehen und euch dort Zutritt verschaffen!«

Oh je, das Argument ist gut. Sie haben Recht. Das gehört sich wirklich nicht. Der Polizist, eigentlich ein netter, wechselt im Tonfall zwischen stark verärgert und freundlich amüsiert. Verärgert tut er vor allem dann, wenn er uns für unser Fehlverhalten schilt, belustigt ist er hingegen, wenn wir hektisch versuchen, den lästigen Minifliegen zu entkommen, die alles daransetzen, in unsere Augen, Nasen und Ohren zu kriechen. Während wir wortreich unser Verhalten entschuldigen, hüpfen wir wild mit beiden Armen und Händen fuchtelnd umher. Diese Viecher sind echt zum Aus-der-Haut-Fahren! Der Polizist sieht unsere Not, unterbricht daraufhin seine Schimpftirade, um uns sehr liebenswürdig die richtige Wedeltechnik mit einer farnartigen Pflanze zu zeigen, nur um uns dann, als wir es endlich draufhaben, weiter ordentlich die Leviten zu lesen. Immerhin stimmt die Grundsympathie zwischen uns, und so lassen wir die Standpauke der Form halber über uns ergehen. Die Situation hat schließlich auch etwas absurd Komisches. Unverrichteter Dinge werden wir zurück zum verlassenen Hotel eskortiert.

Um die Sache gut abzuschließen, wollen wir den beiden das Benzingeld nicht vorenthalten, das sie zuletzt von uns verlangen. Der Forstwirt fordert Utopisches. Der Polizist, ein Mann mit Ehre, hält seinen gierigen Kollegen zurück. »Es geht hier nicht um Geld. Die Sache soll einfach aus der Welt geschafft werden.« Dann fügt er etwas kryptisch hinzu: »Wir wollen doch in erster Linie alle keine Probleme bekommen.«

Hoch und heilig müssen wir ihnen versprechen, keine weiteren Ausflüge zu unternehmen. Auch sollen wir gleich morgen früh Fazao verlassen.

Die leidige Essensfrage: Fischköpfe sind, ehrlich gesagt, nicht so ganz unser Ding.

Immerhin einmal schaffen wir es, Brot im Solarofen zu backen. Zwar fehlt am Schluss die dunkelbraune Kruste, ansonsten ist es aber sehr lecker geworden.

Meiner Meinung nach kann sich das Dorf wirklich glücklich schätzen, so einen besonnenen, strengen und zugleich humorvollen Polizisten zu haben. Was für ein guter Mann! Was in dem Nationalpark allerdings vor sich geht, werden wir wahrscheinlich nie erfahren. Vielleicht ist das aber auch besser so?

Die leidige Essensfrage

Wir sind um jeden Übernachtungsplatz froh, den wir erstens nicht teuer bezahlen und zweitens nicht mit Dutzenden schaulustigen Menschen teilen müssen. So ist das ruhige Grundstück neben den verlassenen Gebäuden einer ehemaligen Feriensiedlung ein echtes Himmelsgeschenk für uns. Wir bleiben ganze zwei Tage in dieser selbstgewählten Einsamkeit und freuen uns, dass nur ein einziges Mal ein Peulh mit seinem Sohn vorbeikommt. Weil beide nur sehr löchrige Kleidung anhaben, schenken wir ihnen einige T-Shirts.

Die Peulh – auch Fulbe genannt – sind ein in ganz Westafrika verbreitetes und nomadisierendes Hirtenvolk, das mittlerweile aber weitgehend sesshaft lebt. In Ihrer Kultur haben Kühe eine religiöse Bedeutung. Gott Geno schuf aus einem Tropfen Milch die Welt. Dann schuf er die Kuh, den Mann und die Frau. Das Hirtenvolk der Peulh produziert einen wirklichen leckeren Käse, erinnert in Konsistenz und Geschmack an Mozzarella, wenn auch deutlich weniger mild. Das Milchprodukt ist eine echte Bereicherung auf unserem Speiseplan. Obst und Gemüse gibt es auf den Märkten zwar in ausreichenden Mengen zu kaufen, doch haben wir wenig Lust darauf, in unserem sowieso schon brütend heißem Lastwagen abends auch noch ein warmes Essen zuzubereiten. Ein schnelles Gericht vom Straßenimbiss ist uns meistens lieber. Allerdings stellt sich für uns als Vegetarier dort ein weiteres Problem: Fast alle Speisen sind mit Fleisch, Fisch und dem obligatorischen Maggi-Brühwürfel versetzt. Das schöne frische Gemüse wird in der westafrikanischen Küche leider so lange gekocht, bis davon nur eine undefinierbare, braune Soße übrigbleibt. Was genau da nun mitpüriert wurde, weiß anschließend niemand mehr genau zu sagen. Für Heppo, der seine Diät deutlich ernster nimmt als ich, bleibt da meistens nur trockener Reis mit Bohnen, während ich ab und zu eine Ausnahme mache und zu einem Fischeintopf greife. Peulhkäse und Tofu sind in Westafrika also echte Highlights in der ansonsten leider eher eintönigen kulinarischen Landschaft.

Auch richtiges Brot fehlt uns sehr. Unserer Meinung nach – da sind wir ausnahmsweise einmal sehr patriotisch veranlagt – können nur die Deutschen gutes Brot backen. Selbst die Franzosen, die wirklich etwas vom Kochen verstehen, haben es nicht drauf. Die Westafrikaner gewinnen allerdings mit Abstand den ersten Preis in der Kategorie »Schlechtestes Brot ever«. Und ich schreibe hier bewusst Westafrika und nicht etwa Togo, Benin oder Ghana. Angeblich bereiten es Frauen in den Dörfern in Handarbeit zu. Hätte man uns allerdings gesagt, es käme aus einer einzigen zentralen Brotfabrik, dann hätten wir das sofort geglaubt, denn es schmeckt in jedem Land absolut gleich, nämlich nach labberigem englischen Toast.

Da wir das westafrikanische Brotmysterium nicht aufklären können, wollen wir uns stattdessen selbst mit der Herstellung des Grundnahrungsmittels befassen. Unser neu erworbener Solarofen soll uns dabei helfen. Diesen haben wir im *CFL* in Natintingou gekauft. Das Ding ist simpel gebaut. Es ist einfach ein großer Kasten. Sein Deckel ist mit einem Spiegel und sein Inneres mit schwarzer Folie ausgekleidet. Den Rest erledigen Sonne und Zeit.

Nach vier Stunden haben wir tatsächlich zwei fertige Brote. Zwar fehlt ihnen die braune Kruste, aber ansonsten sind sie sehr lecker geworden. Am Lagerfeuer verzehren wir unser frisches Solarbrot zusammen mit Peulhkäse und Tomatensalat. Manchmal braucht es nicht viel, um glücklich zu sein!

Wahlen in Togo

Auf dem Weg nach Tomegbé fallen uns die vielen Wahlplakate sowie erhöhte Polizei- und Militärpräsenz auf. Die Präsidentschaftswahlen sind in vollem Gange, und der Amtsinhaber befürchtet anscheinend Ausschreitungen.

Immer noch faszinieren uns die Schilder mit (für uns) manchmal absurden und unfreiwillig komischen christlichen Bezügen.

Auch im Dorf selbst ist die Stimmung angespannt. Die Bewohner haben sich vor dem Gemeindezentrum neben der Kirche versammelt. Gespannt warten sie auf die ersten Hochrechnungen Die Fernsehgeräte vor den Lebensmittelläden haben regen Zulauf. Normalerweise sieht man dort gemeinsam Fußball oder eine Telenovela, heute sind es die Nachrichten, die über den Bildschirm flimmern.

Schreibe ich von einem »Lebensmittelladen«, ist das allerdings etwas irreführend. Die einfachen Bretterbuden werden aus billigsten Materialien zusammengeschustert. Betreten kann man sie meistens nicht; sie bieten gerade so viel Platz, dass der Verkäufer die gewünschte Ware über den improvisierten Tresen reichen kann. Liebevoll dekoriert sind sie oft trotzdem. Bei der Namensgebung der Läden legen sich die Besitzer richtig ins Zeug.

Die windschiefen Baracken tragen oft erstaunlich hochtrabende Bezeichnungen, etwa *Beauty Palace* für das Kosmetikstudio. *Amazing Grace Investment* nennt sich der Handyladen nebenan. Manchmal sind die Namen aber auch unfreiwillig abschreckend geraten. Was haltet ihr etwa von *ça-va-aller-coiffeur,* also *Wird-schon-werden-Friseur*? Oder von einem anderen Haarkünstler, der seinen Salon *Avec-l'aide-de-dieu*, also *Mit-der-Hilfe-Gottes* nennt? Es scheint, als seien die Betreiber selbst nicht so ganz überzeugt von ihren Künsten. Hoffentlich bleiben beim Hantieren mit Schere und Rasiermesser die Ohren der vertrauensseligen Kundschaft dran. Ein Stoßgebet zum Allmächtigen mag in diesem Fall tatsächlich helfen!

Doch zurück nach Tomegbé: Nervosität liegt in der Luft. Aus den Gesprächen mit den Einheimischen hören wir heraus, dass die meisten im Dorf der Opposition und damit Agbéyomé Kodjo vom Mouvement Patriotique pour la Démocratie et le Développement (MPDD) anhängen. Zum Glück hat die erste Auszählung ergeben, dass dieser im Ort ganz klar im Vorteil ist. So entspannt sich die Stimmung, und so mancher gönnt sich zur Feier des Tages einen kleinen Schnaps.

Auch wir sitzen in einer der grob zusammengezimmerten Kneipen, trinken kalte Biere und blicken gespannt auf die hier so alltäglichen, für uns aber äußerst unterhaltsamen Dorfszenen. Wieder spielt sich alles auf der Straße ab. Kleine Kinder sind bis spätnachts draußen. Junge Männer versuchen, ihren Herzensdamen mit ihren Motorrädern zu imponieren. Andere stehen in Grüppchen beisammen, kiffen oder lassen eine Schnapsflasche kreisen. Hüftschwingend und kokett flanieren die Mädchen an den Kerlen vorbei. Alte Männer stehen diskutierend im Kreis, während ihre Frauen schwere Lasten nach Hause tragen und dabei bissige Bemerkungen in Richtung ihrer trinkenden Ehemänner fallen lassen. Auch Hunde, Katzen, Hühner und Ziegen sind auf den staubigen Straßen unterwegs. Es duftet nach Gebratenem und stinkt nach dem Öl-Benzin-Gemisch der Mofas und Motorräder. Der Lärm der knatternden Maschinen mischt sich mit den Stimmen der Marktfrauen und lauter Musik. Wenn wir wieder daheim sind, wird uns unser Land sicherlich schrecklich still vorkommen, wie ausgestorben. Unser aufgeräumtes und spießiges Deutschland ist vermutlich ein krasser Kulturschock für alle Menschen, die es aus Afrika zu uns geschafft haben. Was sich diese angesichts leerer Dorfstraßen wohl denken mögen?

»Wo sind nur all die Leute? Sind sie krank oder gar tot?« Dass bei uns viele nur im Haus, allein(!) vor ihrer Glotze sitzen, ist sicherlich unglaublich befremdlich für alle, die es so bunt und lebhaft gewöhnt sind.

Doch eigentlich sind wir in Tomegbé wegen des 80 Meter hohen Wasserfalls. Um dorthin zu gelangen, geht es vorbei an großen, prächtigen Mangobäumen, steil den Berg hinauf. Dann folgen wir dem Flusslauf. Endlich stehen wir vor einem kleinen Becken, das leider keine Schwimmtiefe hat. Das Wasser reicht uns nur etwa bis an die Knie. Trotzdem legen wir uns in das kühle Nass.

Vor allem in stehenden Gewässern muss in Westafrika mit Infektionen gerechnet werden. Bilharziose heißt eine der fürchterlichen Tropenerkrankungen, die durch einen Wurm – den Pärchenegel – ausgelöst wird. Über die Haut dringt dieser in die Blutbahn ein und breitet sich von dort zu den Organen aus. Vorzugsweise nistet der Parasit sich dann in Leber, Lunge und Darm ein, wo er zu schwerwiegenden Schädigungen führt. Die Gewässer in Togo gelten aber als relativ ungefährlich, und angesichts des kühlen Wasserbeckens werfen wir alle Bedenken über Bord. Vielleicht dumm von uns, aber im Moment zählt nur eines: Erfrischung! Jetzt!

Und dann sind da noch die Wahlen: Bei den Präsidentschaftswahlen wird schließlich, entgegen der in Tomegbé vorherrschenden Hoffnung, der amtierende Präsident Faure Gnassingbé wiedergewählt. Seine Familie ist in Togo bereits seit 53 Jahren an der Macht. Da internationalen Wahlbeobachtern die Akkreditierungen verweigert worden waren, übernahm die Bürgerrechtsbewegung Togo Debout diese Aufgabe, um Manipulationen zu verhindern. Erfolg hatte sie dabei aber scheinbar keinen.

In Togo gibt es so schöne Wasserfälle, dass wir alle unsere Bedenken bezüglich Bilharziose über Bord werfen ...

Im Künstlerort Kpalimé

Kpalimé ist die viertgrößte Stadt Togos. In unserem Reiseführer wird sie als ein Paradies für Künstler angepriesen. Sogar eine Kunstschule soll es geben, an der Malerei, Bildhauerei und das Schneiderhandwerk gelehrt wird. Auch Färbetechniken und Batik stehen auf dem Lehrplan. Die Gegend rund um die Stadt gilt übrigens als eine der schönsten des Landes. Uns locken vor allem die zahlreichen Wasserfälle rund um die Stadt Kpalimé.

Doch die Jungs, die dort Souvenirs verkaufen, sind echte Halsabschneider. 40.000 CFA (etwa 60 Euro) wollen sie von uns für den Eintritt. Aus gesicherten Quellen wissen wir jedoch, dass dieser offiziell nur 1000 CFA pro Person kosten darf. Diese Art der Abzocke ärgert mich maßlos. Ich frage mich, ob die uns wirklich für so dumm halten. Die Antwort erhalte ich fast direkt.

»Letzte Woche war jemand da, der hat, ohne mit der Wimper zu zucken, diesen Preis bezahlt!«, meint einer der Burschen.

»Ja, probieren kann man es mal!«, gifte ich ihn an. »Aber nicht mit uns!«

Da fahren wir lieber weiter in die Stadt. Leider haben wir keine Ahnung, wo wir heute Nacht bleiben werden, und es wird bereits dunkel. Doch das Schicksal meint es gut mit uns: Kaum haben wir das Ortsschild passiert, überholt uns ein bleicher, rothaariger Sportfreak mit seinem Rennrad. Lutz begrüßt uns überschwänglich auf Deutsch. Dann zückt er sein Handy und telefoniert mit seinem Kollegen Thomas. Dieser willigt sofort ein, uns bei sich aufzunehmen. Als wir bei ihm ankommen, ist er dennoch leicht gestresst:

»Macht es euch gemütlich. Leider habe ich im Moment nur gar keine Zeit für euch. Meine Band ist zum Proben hier! Wir haben einen Auftritt, auf den wir uns vorbereiten müssen.«

Nächste Woche soll nämlich im Dorf Agou-Nyogbo, etwas außerhalb von Kpalimè, das Ital-Fest, ein veganes Reggae- und Yogafestival, stattfinden. Der Name »Ital« hat übrigens nichts mit Italien zu tun, sondern bedeutet bei den Rastafaris angeblich Achtsamkeit. Wir können unser Glück kaum fassen und bieten spontan an, zu bleiben und bei den Vorbereitungen mitzuhelfen.

Kolonialistischer Kapitalisten-Kaffee

Da es aber mit dem Aufbau erst am übernächsten Tag so richtig losgehen soll, bleibt uns noch etwas Zeit für Sightseeing. Wir unternehmen noch einmal einen Anlauf, den Wasserfall bei Kpimé anzusehen.

Den gierigen Jungs am Eingang drücken wir kommentarlos die offiziellen 1000 CFA pro Person in die Hand und wandern los. Steil geht es eine breite geschobene Piste in Serpentinen bergauf. Die stechende Sonne setzt uns bei dieser Wanderung ziemlich zu, und so sind wir froh, als wir eineinhalb Stunden später endlich bei Karim, dem algerischen Besitzer der *Auberge Verte*, ankommen. Gestärkt durch Limo und Bier nehmen wir bald darauf den letzten, steilen Anstieg in Angriff. Oben am Wasserfall haben wir ein schönes erfrischendes Wasserbecken – so groß wie ein kleiner Swimmingpool – fast für uns allein. Welche Wohltat! Auf dem Rückweg kehren wir noch mal bei Karim ein. Sein von Hand verarbeiteter Kaffee in Bioqualität ist richtig lecker.

Westafrika ist klimatisch ideal für den Kaffeeanbau. Doch guten Kaffee gibt's vor Ort fast nicht zu kaufen. In dieser Region erhält man meistens nur den löslichen Kaffee einer ebenso bekannten wie umstrittenen Schweizer Firma. Zu tun hat das mit der verqueren Steuerpolitik Europas und Deutschlands: Auf den Import unverarbeiteter Kaffeebohnen fallen nämlich keine(!) Steuern an. Der Rohkaffee wird daher bei uns geröstet, nur um anschließend wieder teuer nach Afrika reimportiert zu werden. Ein Unding, das diesen Ländern die Möglichkeit für weitere Einnahmequellen nimmt. Da ein Großteil der Bohnen der Sorte Robusta in den Export geht, bleibt nur wenig davon im Ursprungsland zurück. Diese relativ kleine Menge wird dort teuer von Hand veredelt. Übrig bleibt ein Produkt, das sich die Normalbevölkerung nicht leisten kann. Selbst der billigere, reimportierte, lösliche Kaffee ist für die Mehrheit im Lande ein unerschwingliches Luxusgut. Da läuft einiges schief in unserer Welt. Die Kolonialzeit hat – so könnte es provokativ formuliert werden – nie ein Ende gefunden, sondern hat einfach nur einen anderen Anstrich bekommen, nämlich den des Raubtierkapitalismus, der noch immer den Kontinent Afrika nach Strich und Faden ausbeutet: Kaffee- und Kakaoanbau in der Elfenbeinküste und seinen Nachbarländern, der Abbau von Coltan, einem selten Erz, das nahezu in jedem elektrischen Gerät Verwendung findet, im Kongo, der von Diamanten in Botsawana – diese Liste ließe sich beliebig weiterführen. Politiker, auch afrikanische, sowie internationale Großkonzerne sind die Gewinner, die sich auf Kosten armer Arbeiter bereichern. Jene verdienen schlecht, werden stellenweise sogar versklavt, und nicht wenige bezahlen sogar mit ihrem Leben für den Gewinn der begehrten Rohstoffe. Es schadet nicht, sich diese Dinge öfter mal bewusst zu machen. Es muss nicht immer das allerneueste Handy sein! Benutzt eure verdammten Telefone, bis sie auseinanderfallen. Es klebt Blut an den Dingern. Jetzt hab' ich mich in Rage geschrieben und stelle fest, dass ich mich auch an der eigenen Nase packen sollte. Denn, während ich dies schreibe, trinke ich bereits die zweite Tasse Kaffee …

Das Fest der Achtsamkeit

Baliku Roots

Baliku Roots ***lernten wir in Togo kennen. Da die Gage nicht für alle reichte, reiste*** **Baliku** ***ohne seine Band aus Burkina Faso an, und so durfte Heppo kurzerhand als sein Schlagzeuger beim Auftritt auf dem*** **Ital-Festival** ***in Togo einspringen.***

Im Orgateam des *Ital-Fests* sind neben Thomas, der sich als ausgebildeter Koch vor allem um das leibliche Wohl kümmern wird, auch Ayelevi, eine hübsche, großgewachsene Togolesin und Marco, der das Permakulturprojekt *Zion Gaia* ins Leben gerufen hat. Weitere Helfer sind Natascha aus Frankreich, die einige Zeit in Kpalimé lebte und die Jungs von der Rasta-Family, einer

Eindrücke vom *Ital-Fest* in Agou-Nyogbo: Tänzer aus Lomé freuen sich bereits über ihren gelungenen Auftritt, während der junge Künstler Oswald noch immer an der Deko arbeitet.

Der Zauberkünstler unterhält vor allem die Jüngsten in den Zuschauerreihen mit seinen Tricks.

togolesischen Aussteiger-Community. Diese nette, kleine Gemeinschaft hat sich am höchsten Berg Togos, dem Mont Agou (986 Meter über dem Meeresspiegel) niedergelassen, um dort als Selbstversorger zu leben.

Wir freuen uns, endlich mal Rastas mit Idealen zu treffen. Für viele ist dieser Rastafari-Fimmel wohl einfach nur eine Masche, um bei den Touristinnen zu landen. In Butre in Ghana setzte sich vor ein paar Wochen einer von diesen Selbsternannten zu uns an den Strand und mampfte fleischiges Fast Food aus einer Styroporschachtel, das er wortreich als »Soul Food« anpries. Nachdem er fertig gegessen hatte, ließ er die Verpackung einfach an Ort und Stelle fallen. Voll »One Love«, Alter! Deine Umwelt wird es dir danken! Die Rasta-Family hingegen scheint sich deutlich mehr Gedanken über ihren Lebensstil zu machen.

Die Familienmitglieder essen nur, was sie mit biologischer Landwirtschaft selbst produzieren, sie achten auf ihre Umwelt und leben strikt vegetarisch!

Beim *Ital-Fest* in Agou-Nyogbo bei Kpalimè ist viel geboten. Von links oben nach rechts unten: Ein Theaterstück bietet Lehrreiches zum Thema Umweltschutz, die Kleine von der Rasta-Family probiert sich als Sängerin und Heppo unterstützt *Baliku* am Schlagzeug. Auch die *Hot Fingers* spielen und sogar Yoga-Kurse werden angeboten.

In Kpalimé lernen wir richtig nette Menschen kennen, so auch die Jungs von der Rasta-Family.

Auch Coolness und den Mut zur Improvisation können wir lernen: *Baliku* ist nur mit seiner Gitarre aus Burkina Faso angereist. Eine Begleitband sucht er sich vor Ort. Heppo darf Schlagzeug spielen.

Als ich den Festivalplatz in Agou zum ersten Mal sehe, bekomme ich einen Schrecken. In nur drei Tagen soll die große Party steigen, und es ist noch überhaupt nichts vorbereitet. Zum Basteln und Dekorieren liegen immerhin einige Meter Stoff herum, etwas Papier und Farbe. Als Baumaterial dienen ein paar kümmerliche Bambusstangen. Das kann ja heiter werden! Wir haben keine Zeit zu verlieren und machen uns gleich ans Werk. Ein Musiker aus Burkina Faso ist bereits angereist. Sein Name ist *Baliku*. Weil seine Gage nicht sonderlich üppig ausfällt, reiste er ohne seine Begleitband an. Nun muss er innerhalb von drei Tagen Musiker finden, die seine Lieder spielen können. Ein Schlagzeuger ist schnell gefunden: Heppo freut sich über die einmalige Gelegenheit, auf einem Festival in Togo trommeln zu dürfen. Es ist Ende Februar, und bei einem Telefonat mit meiner Familie in Deutschland erfahre ich zum ersten Mal von dem neuartigen Coronavirus, das aus China im Anmarsch ist.

»Die Sache kann zu einer Pandemie werden!«, höre ich die besorgte Stimme meines Vaters in der Leitung. Nach unserem Gespräch erzähle ich Heppo davon. Doch der winkt ab. »SARS, Schweinegrippe, Rinderwahnsinn, das gab es doch schon alles! Und am Ende war's immer nur halb so schlimm.«

Richtig, bisher war alle Aufregung meist völlig umsonst.

Schnell ist das Thema auch wieder vergessen. Man braucht uns. Gerade werden nämlich die Bühnenteile angeliefert.

Und dann ist auch schon der erste Tag des Festivals: Wir sind stolz auf uns! Mit einfachsten Mitteln haben wir es geschafft, das Gelände richtig toll herzurichten. Die Beschilderung ist angebracht. Die Bühne ist montiert und mit Palmwedeln geschmückt. Die Verkaufs-, Essens- und Getränkestände sind aufgebaut. Die von der Dekogruppe gemalten Bilder hängen. Die Klos und Duschen stehen. Die Wassertonnen sind aufgefüllt. Der Frauen- und Meditationskreis ist mit Kissen und Decken ausgestattet. Und für die Yogis wurde ein gemütlicher Platz unter einem Mangobaum hergerichtet. Sogar eine Malecke für Kinder gibt es.

Auf der Bühne unterhält eine Gruppe aus Lomé das Publikum mit lehrreichen Theaterstücken, in denen es unter anderem darum geht, den Müll nicht einfach in die Natur zu werfen. Ein Soundsystem legt anschließend bis 3 Uhr morgens auf. Die Stimmung ist auch ohne Alkohol und Drogen – die hier strikt verboten sind – sehr gut. Allerdings glaube ich bemerkt zu haben, dass heimlich doch die eine oder andere Flasche Sodabi ihre Runde dreht. Im Großen und Ganzen jedoch halten sich fast alle an das Abstinenzgebot.

Ohne Brummschädel fällt auch die Yogapraxis am Morgen leichter. Danach einen Ananas-Ingwer-Saft, und der Tag kann beginnen. Gerade findet der Soundcheck in Form einer Session statt. Heppo spielt mit. Später beim Auftritt scheint *Baliku* mit der Performance seiner zusammengewürfelten Band sehr zufrieden zu sein. Das Publikum gibt ihm Recht und tanzt ausgelassen. Der Höhepunkt des Abends ist dann sicherlich *Assassan*, die Band, bei der auch Thomas und Marco mitwirken. Was für ein schöner Abend! Was für ein tolles Festival!

Leider ist Heppo am nächsten Tag total ausgeknockt. Er hat üblen Brechdurchfall. So können wir beide kaum beim Aufräumen und Abbauen helfen, denn ich bin damit beschäftigt, Eimer zu leeren. Lieb ist aber, dass unsere neuen Freunde von der Rasta-Family vorbeikommen, um Heppo einen Krankenbesuch abzustatten. Tobymoby bringt ein paar Nüsse vorbei, von denen er behauptet, dass sie Chinin enthalten. Chinin ist bei uns vor allem bekannt als Zusatzstoff in Tonic Water und als Bestandteil eines fluoreszierenden Getränks in Diskotheken. In tropischen Ländern gilt es als ein bewährtes Mittel gegen Malaria, hilft aber auch gegen Bauchkrämpfe und Übelkeit. Ich bin aber etwas skeptisch, was die Nüsse angeht, denn Chinin wird eigentlich aus der Rinde des Chinarindenbaums gewonnen. Tobymoby besteht aber darauf, dass wir diese probieren sollen. Um uns unsere Bedenken zu zerstreuen, macht er es uns vor. Ohne eine Miene zu verziehen, kaut er auf dem harten Ding herum. Wir hingegen bleiben nicht ganz so cool. Angewidert verziehen wir unsere Gesichter. So etwas Bitteres haben wir noch nie gegessen, dagegen ist sogar die Kolanuss eine echte Süßigkeit! Heppo ist jedoch optimistisch: »Wenn es eklig schmeckt, dann hilft es auch!«

Tschüss Togo

Am nächsten Morgen geht es Heppo tatsächlich schon etwas besser. Wir haben noch Zeit, Koko und Christus von der Rasta-Family in ihrem Haus in Agou-Nyogbo zu besuchen, wo wir süßen Pfefferminztee zu trinken bekommen. Es wird eine der wenigen Gelegenheiten bleiben, bei denen wir auf dieser Reise in fremde Häuser eingeladen werden. Wahrscheinlich liegt das aber auch an uns, denn, wie sollen wir Menschen kennenlernen, wenn wir immer nur auf der Durchreise sind? Es tut gut, einmal länger an einem Ort zu sein und Kontakte zu knüpfen. Aus tiefstem Herzen bedauern wir, dass wir Togo bald schon verlassen werden müssen.

Spätestens im April wollen wir Guinea in Richtung Senegal durchqueren. Im Mai – während der Regenzeit – werden die Straßen unpassierbar sein. Für unsere Fahrt durch Ghana und die Elfenbeinküste bleiben uns also weniger als vier Wochen. Kein Ding der Unmöglichkeit, aber für uns trotzdem eine Herausforderung: Frau Scherer ist bekanntlich nicht die Schnellste.

Eine Nacht bleiben wir noch bei Thomas, doch die Stimmung ist gedrückt. Die marokkanische Couchsurferin Islam hat Malaria. Auch Nestor, der Radfahrer aus Spanien, fühlt sich krank. Er hat Schüttelfrost. Bei Thomas sind die beiden aber gut aufgehoben. Dieses gastfreundliche Haus ist ein guter Ort, um sich auszukurieren.

***Alostmen* feat. *Wanlov The Kubolor* – Kologo**

Bereits in Togo erzählte uns der Musikethnologe Colter Harper von Stevo Atambire, *einem Musiker aus dem Norden Ghanas. In diesem Lied spielt er die Kologo, ein zweisaitiges afrikanisches Banjo. Sein Kollege* Wanlov the Kubolor *mischt Ghanas Musikszene nicht nur mit seinem Duo den* FOKN Boys *gewaltig auf, sondern positioniert sich in seinen Soloprojekten auch offen gegen Homophobie.*

Die Wli-Falls sind sehr beeindruckend, mit 65 Metern Fallhöhe ist der Lower-Fall der höchste Wasserfall im Land.

Hässliche Flughunde

In Ghanas Bergen ist es angenehm kühl und regnerisch. Normalerweise liebe ich Sonnenschein und heiße Temperaturen, aber seit neuestem träume ich von Schnee und Kälte, kurz, vom Winter. Wobei »kühl« natürlich relativ ist. Wir frösteln nämlich mittlerweile schon bei 25 Grad Celsius.

Die Wli-Waterfalls – sprich: Flee Falls – liegen nahe der Grenze zu Togo im Ort Afegame. Der sogenannte Lower Fall ist mit einer Fallhöhe von 65 Metern der höchste des Landes. Wir verzichten darauf, noch fünf Stunden bis zum Upper Fall weiter zu wandern. Eine gute Entscheidung, denn schon bald beginnt es in Strömen zu regnen.

Doch zuvor haben wir noch ausreichend Gelegenheit, im Becken des Wasserfalls zu schwimmen und zu baden. Wir zögern zunächst, denn an den feuchten Steinwänden hängen tausende Flughunde, die vor Ort auf Insektenjagd gehen. Es wäre schlichtweg ein Wunder, wenn sie nicht in das Becken kacken würden. Flughunde gelten als Überträger von allerhand Krankheiten, unter anderem werden sie für Ebola in Westafrika verantwortlich gemacht. Der letzte schlimme Ausbruch der hochansteckenden Virusinfektion ging im Jahr 2014 wahrscheinlich vom Dorf Meliandou in Guinea aus, wo Flughunde bejagt und gegessen werden. Die tödliche Reise des Erregers nahm so ihren Lauf, von Guinea nach Sierra Leone über Liberia bis nach Nigeria.

»Auch hier werden die Flughunde verspeist.«, erklärt uns der blutjunge Belgier Lucca, der zusammen mit seinem Schäferhund *WhatsApp* auf Reisen ist und schon eine Weile in Afegame festhängt. Dass er unglaublich bekifft ist, hält ihn, der die noch qualmende Bong fest umklammert hält, nicht davon ab, uns in ein Gespräch zu verwickeln. Begeistert erzählt er uns von seinem Alltag: »Mit den Rastas abhängen, kiffen, kochen und anting.«

»Anting?«, frage ich verblüfft nach und denke an Ameisen.

»Yes, 'unting bush meat!« fährt Luca ungerührt fort.

Okay, jetzt verstehe ich, »hunting«, Englisch für jagen. Mit der Aussprache des Konsonanten »H« tun sich die Frankophonen bekanntlich schwer.

Luca ist in seinem Redefluss nicht zu stoppen: »Flughunde jagen macht mir Spaß. Essen will ich sie aber nicht. Die Viecher sind nicht nur wahnsinnig hässlich, sondern sie stehen sogar unter Verdacht, das neuartige Virus zu übertragen.« Da ist es wieder, das Virus, Corona genannt oder exakter SARS-CoV-2. Es ist nun Anfang März, und immer öfter hören wir mittlerweile von diesem Erreger, der sich rasant verbreiten soll. Doch noch nehmen wir die Sache auf die leichte Schulter ...

Gott wohnt in Ghana, Teil zwei

Amedzofe liegt etwa 700 Meter über dem Meeresspiegel und ist damit die höchstgelegene Stadt des Landes. Von hier haben wir einen sagenhaften Blick über die umliegenden Berge und Täler. Die Einwohner sind mächtig stolz darauf, an so einem schönen Ort zu wohnen und vermuten – wenig bescheiden – an dieser Stelle gar den Ursprung der Menschheit. In der Ewe-Sprache wird das Dorf übrigens Mawuwe genannt. Wörtlich übersetzt bedeutet dies Gottes Wohnung. Ob das nun stimmt oder nicht, das Klima ist auf jeden Fall himmlisch. In Amedzofe herrschen aufgrund seiner Lage meist sehr angenehme Temperaturen. Müssten wir uns in Westafrika niederlassen, dann würden wir uns wahrscheinlich für diese Ecke entscheiden.

Der Mitarbeiter des Tourismus-Büros ist entweder ebenso bekifft wie der Belgier Luca – oder er hat die Schlafkrankheit. Diese Tropenkrankheit wird durch Parasiten ausgelöst, die beim Stich der Tsetsefliege übertragen werden. Mitten im Beratungsgespräch schläft er nämlich wiederholt ein. So dauert es eine Weile, bis wir die offizielle Erlaubnis ergattert haben, den Gipfel des Mount Gemi zu besteigen. Ehrlich gesagt sind wir schwer versucht, den lahmen Tourismus-Beauftragten einfach sitzen zu lassen und uns ohne Genehmigung auf den Weg zu machen, aber da haben wir ja bereits entsprechende Erfahrungen gemacht und wissen, dass das keine sonderlich gute Idee ist. Spätestens dann würde unser müder Freund aktiv werden und uns, alle bösen Geister beschwörend, mit wilden Drohungen von der Bergspitze zerren.

Die Wiederkunft

Manchmal funktioniert Gedankenübertragung erstaunlich gut. Als ich gerade eine Tagebuchnotiz über Polly und Leo, das sympathische Lehrerpaar, das wir in Ghana getroffen haben, anfertige, erreicht uns eine E-Mail von ihnen: »Wenn ihr auf der Rückreise seid, vergesst nicht, euch bei uns zu melden. Ihr könnt duschen, Wäsche waschen und ausgiebig den Pool benützen.«

Schon allein die Aussicht auf eine richtige Dusche ist Verlockung genug, aber auch »Schwimmbecken« und »Waschmaschine« sind echte Trigger-Wörter für uns.

Um den Gipfel des Mount Gemi erklimmen zu dürfen, benötigen wir eine offizielle Genehmigung.

Es ist nämlich erstaunlich schwierig, unterwegs Wäschereien zu finden. Fast überall in Afrika wird noch von Hand am Fluss gewaschen. Unsere einst weiße Bettwäsche hat daher mittlerweile einen beigefarbenen Grundton angenommen. Auch das Moskitonetz ist grau geworden. Zahlreichen T-Shirts und Shorts haben Staub, Schweiß, Diesel und Öl so zugesetzt, dass sie unter unseren Fingern zerbröseln. Eine Grundreinigung unserer Textilien steht dringend an. Aber auch die Aussicht auf Gesellschaft mit diesen interessanten und intelligenten Menschen lässt uns auf dieses Treffen hinfiebern. Mit Polly und Leo hatten wir bereits beim letzten Zusammensein das Gefühl, dass uns nie die Themen ausgehen würden. Es gibt so vieles, über das wir uns mit ihnen austauschen können, ihre und unsere Erlebnisse im Ausland, Politik, Mystik, Sagen, Literatur, Kunst und Musik.
Auch Leo und Polly freuen sich, uns zu sehen. »Ihr bringt Abwechslung und Frische in unser Leben!«, begrüßen sie uns.

Und doch, ihre Stimmung ist gedrückt. Die beiden empfangen uns in ihrer Wohnung, die noch düsterer und kälter wirkt als bei unserem letzten Treffen. Es läuft Dark-Ambient-Sound, eine Musik, die sich nur langsam verändert und eine schwermütige Atmosphäre erzeugt. Was für ein krasses Kontrastprogramm zu der bunten, heißen, hellen, lauten und fröhlichen Welt draußen vor der Tür. Leo präsentiert uns stolz seine neuen collagenartigen Kunstwerke, die großformatig albtraumhafte Gestalten zeigen. Ein weiteres deutsches Wort hat sich in sein Werk eingeschlichen, es ist der »Weltgeist« (Spiritus Mundi) aus William Butler Yeats apokalyptischem Gedicht, *The Second Coming* (Wiederkunft).

William Butler Yeats, *The Second Coming*

Turning and turning in the widening gyre
The falcon cannot hear the falconer;
Things fall apart; the centre cannot hold;
Mere anarchy is loosed upon the world,
The blood-dimmed tide is loosed, and everywhere
The ceremony of innocence is drowned;
The best lack all conviction, while the worst
Are full of passionate intensity.
Surely some revelation is at hand;
Surely the Second Coming is at hand.
The Second Coming! Hardly are those words out
When a vast image out of Spiritus Mundi
Troubles my sight: a waste of desert sand;
A shape with lion body and the head of a man,
A gaze blank and pitiless as the sun,
Is moving its slow thighs, while all about it
Wind shadows of the indignant desert birds.
The darkness drops again but now I know
That twenty centuries of stony sleep
Were vexed to nightmare by a rocking cradle,
And what rough beast, its hour come round at last,
Slouches towards Bethlehem to be born?

William Butler Yeats, der irische Dichter und Nobelpreisträger, schrieb dieses im Jahr 1919 unter dem Eindruck der Schrecken des Ersten Weltkriegs und einer Welt im Umbruch. Auch die Pandemie von 1918–1920 beeinflusste ihn dabei sehr. Kurz zuvor hatte sich seine schwangere Frau Georgie Hyde-Lees das Virus, das auch als Spanische Grippe bekannt wurde, eingefangen und war dem Tode nahe. Als seine Frau sich erholte, schrieb er das Poem, das in seinen ersten Entwürfen übrigens *The second birth* hieß.

Irgendetwas scheint unsere amerikanischen Bekannten zu bedrücken. Polly insbesondere wirkt kraftlos und müde. Sie fiebert dem Ende des Schuljahres entgegen und einer baldigen Rückkehr nach Kalifornien. »Irgendwie bin ich mit Accra und Ghana nie richtig warm geworden!«, erklärt sie ihre Ungeduld.

Leo hingegen wirkt trotz aller düsteren Symbolik in seinen Werken voller Tatendrang. Zusammen mit einer ghanaischen Schneiderin hat er sich begeistert in ein neues Projekt gestürzt. Sie näht aus alten Reissäcken Umhänge und Schürzen, während er die Textilien mit Totenköpfen, Krähen, Pistolen und düsteren Sprüchen bedruckt. Zurück in Amerika möchte er die eigenwilligen Gewänder verkaufen.

Das amtliche Weltbild

Während Polly und Leo zur Schule müssen, haben wir einen wichtigen Termin beim Konsulat der Côte d'Ivoire. Wir benötigen nämlich wieder einmal ein Visum. Bereits die elektronische Voranmeldung gestaltet sich allerdings kompliziert. Für jede einzelne Person muss ein Termin gebucht und bezahlt werden. Ist die Aktion erfolgreich, erhält man im Anschluss eine Zahlungsbestätigung mit drei verschiedenen Nummern, eine für den Auftrag, eine für die Zahlung und eine für die Buchung selbst. Bei mir funktioniert alles reibungslos. Als ich den Vorgang jedoch für Heppo wiederholen möchte, geht irgendetwas schief. Nur eine informelle Zahlungsbestätigung erhalte ich, von der ich schnell einen Screenshot anfertige. Die eigentliche Bestätigungsmail hingegen bleibt aus. Was nun? Ohne Buchungsnummer kein Termin! Immerhin habe ich einen. Meinen Mann werde ich zu diesem natürlich mitnehmen.

Nun benötigen wir noch eine Adresse in der Côte d' Ivoire, wozu ich uns ein paar Nächte in einem Hotel mit möglichst kulanten Stornierungsfristen buche. Als überzeugte Wohnmobilisten werden wir nie bei dieser Unterkunft erscheinen. Sobald ich unsere Visa in Händen halte, werde ich die Buchung wieder stornieren. Eigentlich widerstrebt mir ein solches Verhalten gründlich, aber da fast alle Behörden des Planeten Erde erstaunlich wenig Realitätsbezug aufweisen, bliebt uns oft keine andere Wahl, als die Wirklichkeit ein bisschen zu schönen.

Selbstfahrende Reisende mit eigener Unterkunft passen scheinbar einfach nicht in das amtliche Weltbild und erst recht in keines der vorgefertigten Formulare. Was mussten wir auf unseren Reisen schon lügen, gebuchte Unterkünfte und minutiös geplante Reiserouten erfinden. Mittlerweile sind wir in dieser Beziehung schon richtig abgebrüht.

Dieser Vormittag am Konsulat der Elfenbeinküste mitten in Accra kostet uns allerdings den allerletzten Nerv. Der Typ, der die Anträge bearbeitet, ist ein unglaublicher Pedant. Wahrscheinlich wird bei den Stellenausschreibungen für Botschaftsmitarbeiter bereits nach sadistischen Veranlagungen gefiltert, denn nur so können wir uns erklären, warum unsere Anträge, die mit spitzen Fingern durch ein Loch in der Glasscheibe hindurch entgegengenommen werden, vor unseren Augen genüsslich zerrissen werden. Angeblich seien sie nicht lesbar oder würden andere Fehler enthalten. »Noch mal neu ausfüllen!«, heißt es dann. Langsam werde ich tatsächlich nervös. Schon wieder verschreibe ich mich. Auch dieser Antrag wird mir weggenommen und landet in vier Teile zerrissen in einem Papierkorb. Fünf Versuche sind schließlich nötig, bis alles passt.

Dann wird unsere Hotelbuchung unter die Lupe genommen. Tatsächlich etwas gedankenlos habe ich die Bestätigung nur auf Deutsch ausgedruckt. Der Herr über die Visumsanträge besteht aber auf einer französischen Fassung. Es ist ein bisschen wie bei Mensch ärgere Dich nicht. Immer wieder fühlen wir uns fast schon am Ziel, nur um dann doch mit einer gewissen Schadenfreude wieder aus dem Spiel gekickt zu werden. Also gut, dann eben noch einmal von vorn! Nur nicht den Mut verlieren!

In kleinen Schritten arbeiten wir uns voran. Je näher die Mittagspause rückt, desto kooperativer wird der Mitarbeiter. Nach zermürbenden drei Stunden haben wir einen Teilsieg errungen. Endlich dürfen wir den Vorraum verlassen und hinter die Glasscheibe in das Büro eintreten. Dort werden wir fotografiert und müssen unsere Fingerabdrücke abgeben. Wir interpretieren dies als positives Zeichen. In zwei Tagen sollen wir wiederkommen, um unsere Visa abzuholen.

»Life not easy«. Der Spruch stimmt. Vor allem, wenn man es in Ghana mit Behörden zu tun hat.

Westafrikas schönste Werkstatt

Frau Scherers Lenkung verhält sich seltsam schwammig. Doch Hilfe ist nah, denn in Tema, dem Hafenvorort von Accra, soll es laut einem Eintrag bei *iOverlander* eine exzellente MAN-Werkstatt geben.

Wir können es kaum glauben, als wir eine gute Stunde später in einer modernen Halle vor nagelneuen Hebebühnen stehen. Diese Werkstatt mit ihrer exzellenten Ausstattung wird in Westafrika wahrscheinlich ihresgleichen suchen. Von den staubigen und öligen Bretterbuden, die wir bisher aufsuchen mussten, ist dieser Nobelbetrieb meilenweit entfernt. Dass wir in ein klimatisiertes Büro mit Lounge-Sesseln gebeten werden und dort gekühltes Sprudelwasser zu trinken bekommen, fühlt sich an, als wären wir in einer anderen Welt. Sogar der junge, holländische Chef namens Ramy lässt sich blicken und nimmt sich Zeit für uns und unser Problem.

Zum Glück ist die Mittagspause heilig. Irgendwann hat auch die Schikane im Konsulat ein Ende.

Seine Mechaniker tippen auf ein ausgeschlagenes Lenkgestänge sowie eine kaputte Spurstange und veranschlagen etwa zwei Tage Reparaturzeit. Wir dürfen es uns unterdessen mit Frau Scherer im Hinterhof der Werkstatt gemütlich machen. Von allen Schrauberparkplätzen, die wir in unserem Overlander-Dasein jemals kennenlernen durften, ist dies mit Abstand der sauberste und schönste.

Passende Ersatzteile lassen sich trotz allem Komfort nicht so einfach finden, deshalb wird ausgebaut, geputzt und überholt, wo es möglich ist. Neue Stoßdämpfer sind hingegen erstaunlich schnell organisiert. Während Heppo mit Nervosität die Wartungsarbeiten an unserem Wohnmobil überwacht und eifrig selbst mit Hand anlegt, verfolge ich mit zunehmender Besorgnis die internationalen Nachrichten. Das Coronavirus wird immer präsenter. Was ich da zu hören bekomme, klingt so unwirklich, dass ich es fast nicht glauben kann: Italien schließt seine Grenzen und lässt seine Bürger nicht mehr ausreisen! Auch weitere europäische Länder, heißt es, denken über ähnliche Schritte nach.

Inzwischen versucht Ramy, eine weitere Lösung zu finden: Er bietet uns an, eine Verschiffung nach Antwerpen zu organisieren. Sieht so etwa das Ende unserer Reise aus? Wir fliegen nach Hause und Frau Scherer kommt dann irgendwann später auf dem Seeweg hinterher?

Angesichts der sich zuspitzenden Lage beginnen wir tatsächlich, diese Option in Erwägung zu ziehen. Das Virus mag zwar angeblich kein heißes Klima, aber falls es doch zu einem Ausbruch der Pandemie in Westafrika kommen sollte, dann wäre dies sicherlich nicht der beste Erdteil, um sich dort aufzuhalten. Lungenmaschinen und Beatmungsgeräte gibt es nur wenige. Auch meine Mutter drängt auf Heimreise. Ich beauftrage sie mit einer Recherche zu Flügen und Verschiffungen. Sie kommt ungefähr zu den gleichen Ergebnissen wie ich: Direktflüge nach Europa gehen von Accra aus nur nach Portugal. Während wir im Internet nach Informationen suchen, werden plötzlich die ersten Flüge gestrichen. Wenig später tauchen sie wieder auf, jetzt aber zu exor-

Die MAN-Werkstatt in Tema bei Accra sucht wahrscheinlich in ganz Westafrika ihresgleichen, nicht nur, weil die Mitarbeiter lustige Hello-Kitty-Mützen tragen.

bitanten Preisen. So etwas habe ich noch nie erlebt. Habe ich etwa einen Fehler bei der Suche gemacht, oder hat das bereits etwas mit Corona zu tun?

Noch ein anderes Problem beschäftigt mich. Was machen wir mit Sidi? Mit einem Hund zu fliegen ist gar nicht so einfach. Dafür benötigt man ein aktuelles Gesundheitszeugnis und die Bescheinigung eines Tierarztes. Auch ein den IATA-Normen entsprechender Hundekäfig ist unerlässlich. Dieser sollte verriegelbar sein und ausreichend Platz für das Tier bieten. Sidi sollte darin stehen und ausgestreckt liegen können. Falls an der Transportbox Rollen montiert sind, müssen diese abnehmbar sein. Aber wo bekommen wir in Accra so was her? Und wird uns überhaupt ein Flugticket für unseren Hund verkauft?

Während ich mich also in Gedanken bereits auf dem Nachhauseweg befinde, grübelt Heppo über einer Explosionszeichnung unseres Lenkgetriebes, das nun unter Generalverdacht steht. Nach telefonischer Rücksprache mit unserem Bekannten Braisl in Deutschland weiß er jetzt, dass man dieses in ausgebautem oder hochgebocktem Zustand an einer Stellschraube nachjustieren kann.

Plötzlich erhalten wir einen Anruf vom ivorischen Konsulat: Unsere Visa liegen zur Abholung bereit. Die Hoffnung stirbt zuletzt: Vielleicht können wir doch noch unsere Reise wie geplant auf dem Landweg fortsetzen?

Wir beschließen einfach unseren Zeitplan zu raffen und möglichst schnell bis nach Marokko zu fahren. Dort würden wir es selbst dann gut aushalten, wenn Europa aus irgendeinem Grund einen Einreisestopp verhängen würde. Doch 4000 Kilometer und vier Länder liegen zwischen uns und unserem Ziel – für uns und unser altes Mobil doch eine recht sportliche Herausforderung. Frau Scherers durchschnittliche Reisegeschwindigkeit liegt bei etwa 29 km/h, dazu kommen schlechte Straßenverhältnisse, die nahende Regenzeit und nicht planbare Verzögerungen durch wei-

Langsam hilft wohl nur noch beten. Immerhin sind wir in Ghana, wo sogar einfache Kekse »heilige« Namen haben.

tere Visaanträge und zeitraubende Grenzübertritte.

Wir sehen es ein: Ein Heimflug und eine Verschiffung sind wirklich unsere allerletzte Option. Durch den Ausbruch von Covid-19 scheint allgemein eine große Verunsicherung zu herrschen. Weder von den Fluggesellschaften noch von den kontaktierten Reedereien bekommen wir im Moment verbindliche Aussagen oder konkrete Angebote.

Ghanaische Hipster

So langwierig und kompliziert die Antragstellung unseres Visums für die Elfenbeinküste war, so schnell und einfach geht es hingegen bei der Abholung.

Um uns ein bisschen selbst zu verwöhnen, kehren wir in einem der vielen veganen Restaurants in Accras hipper Oxford Street ein. *Bea's Kitchen* ist längst nicht so nobel wie das *Tatale* nebenan, aber Salat und Smoothie sind ebenfalls sehr lecker.

Auf zwei Fernsehern gleichzeitig laufen ghanaische Nachrichten in Dauerschleife. Die wichtigste, alles beherrschende Meldung ist das Coronavirus. Betont gelassen erklären die Sprecher mantraartig, wie gut Ghana auf einen möglichen Ausbruch vorbereitet sei. Außerdem wolle man die Bevölkerung sensibilisieren, Masken zu tragen und sich stets die Hände gründlich zu waschen und zu desinfizieren. Was sich da gerade anbahnt, ist also definitiv nichts Gutes!

Ein auffällig gut gekleideter Mann betritt selbstbewusst den Raum. Er zieht alle Blicke auf sich. Einen Herren wie ihn würde man im englischen Sprachraum vielleicht einen Dandy nennen, im Deutschen fällt mir kein entsprechender Ausdruck dafür ein. In Afrika hingegen kennt man diesen Stil und dieses Auftreten unter dem Begriff Sapeur, nach dem informellen französischen Begriff »les sapes« für »Klamotten«. Das wichtigste Merkmal eines Sapeurs ist seine modische Eleganz und die Betonung seiner Individualität.

Optisch orientiert er sich am europäischen Kleidungsstil eines Gentlemans. Wichtige Accessoires sind dabei mehrteilige Anzüge, Krawatten, Fliegen, Herrenhüte, Pfeifen, Schirme und Gehstöcke mit Knauf.

Ab Mitte der 1960er-Jahre entwickelte sich diese modische Eigenart insbesondere in Brazzaville und in Kinshasha im Kongo, einem Land, das seit längerer Zeit vor allem wegen seiner blutigen Kriege um Rohstoffe von sich hören macht. Die scheinbar oberflächliche Modebewegung ist in diesem Kontext durchaus politisch motiviert, als Ausdruck der inneren Freiheit, die sich über die äußeren Zwänge von Armut und Gewalt erhebt.

Ein Sapeur sieht einfach gut aus. Bitte einfach mal diesen Begriff in die Bildersuche am Computer eingeben und sich von den wunderbar bunten, modischen und schicken afrikani-

Gut gekleidet zu sein ist in Afrika sehr wichtig. Der Lifestyle des Sapeurs kommt ursprünglich aus dem Kongo, wird aber mittlerweile in ganz Westafrika nachgeahmt.

schen Herren – mittlerweile auch Damen (Sapeuses) – überraschen lassen. Denn klar ist: Mit gedeckten Farben können die meisten Afrikaner nur wenig anfangen. Die Anzüge strahlen daher in Kanariengelb, Rosarot, Froschgrün und Himmelblau. Auch erscheint ein Sapeur selten allein, sondern meist zusammen mit anderen Modefreunden.

Der Mann, der *Rosie's Kitchen* nun also derart schick gekleidet betritt, bekommt daher auch schon bald Gesellschaft. Es erscheint ein weiterer sehr gut aussehender und deutlich älterer Herr. Die beiden scheinen sich lange nicht mehr gesehen zu haben und begrüßen sich herzlich. Immer wieder wandert mein neugieriger Blick zu den beiden hinüber. Zum Glück nehmen sie mein Interesse freundlich auf und scheinen die Aufmerksamkeit zu genießen. Schon bald spricht uns der Jüngere der beiden an. Er ist der Besitzer des kleinen, veganen Restaurants und überdies noch Priester, Heiler und Autor eines Buches über Heilpflanzen *Healing with Plants*.

Dr John Tutu ist bereits seit Jahren überzeugter Veganer, weil er glaubt, dass nur pflanzliche Nahrung uns und unseren Planeten retten kann. Damit mag er durchaus Recht haben. Sein Begleiter geht sogar noch weiter; er ist fest davon überzeugt, dass wir mit veganer Ernährung, mit speziellen Pflanzen und der Hilfe Gottes sogar das Coronavirus besiegen können. Schön wäre es auf jeden Fall!

Das Coronavirus ist in Accra

Polly und Leo möchten uns noch einmal treffen, bevor wir in Richtung Elfenbeinküste weiterfahren werden.

Obwohl wir einen sehr angenehmen Abend erleben und Polly ein leckeres vegetarisches Curry für uns kocht, ist eines doch unübersehbar: Alle sind beunruhigt. Immer deutlicher drängt sich eine einzige Meldung in den Vordergrund – Covid-19, Auslöser der neuen Pandemie. Dies lässt sich nun schlicht und einfach nicht mehr ignorieren.

Am nächsten Morgen erscheint Polly kreidebleich am Frühstückstisch. Soeben hat sie nämlich eine E-Mail von ihrer Schulleiterin in ihrem Postfach gefunden. Zwei offiziell bestätigte Coronafälle gibt es nun in Accra. Eventuell seien diese sogar im Umfeld der Eliteschule, an der unsere Gastgeber unterrichten, zu finden. Die Eltern der Schüler, darunter viele Diplomaten, sind wegen ihrer Berufe meist besonders reisefreudige Menschen. Als Fazit folgt eine Anordnung von oben: Die Schule wird mit sofortiger Wirkung geschlossen!

Noch eine weitere schockierende Neuigkeit erreicht uns an diesem Morgen: Auch Marokko schickt sich gerade an, seine Grenzen zu schließen. Nur für Handelsverkehr und Gütertransporte bleiben diese geöffnet. Wie versteinert sitzen wir alle um den dunklen, schweren Holztisch herum.

»So etwas gab es doch noch nie, oder?«, fragt Heppo in die Runde, um das drückende Schweigen zu überbrücken.

Auch Leo, der fast unser Vater sein könnte und sichtlich um Gelassenheit bemüht ist, zuckt ratlos mit den Schultern: »As far as I remember, this is a new situation.« Was geschieht hier gerade? Stecken wir jetzt in Afrika fest?

Polly verschwindet ins Schlafzimmer, um mit ihrem Sohn in Irland und ihrer Tochter in Amerika zu telefonieren. Wir werden sie nicht wiedersehen. Auch Leo wirkt abwesend, als wir uns von ihm verabschieden. Nur wenige Tage später werden er und seine Frau mit einem der letzten Flieger das afrikanische Land verlassen.

Verdrängungstaktik am Strand

Heppo möchte noch einmal nach Busua zum Surfen. Vor etwa drei Monaten konnten wir dort nicht bleiben, weil Sidi schwer krank wurde. Gern möchten wir dem hübschen Ort und dem *Alaska Beach Ressort* noch einmal eine zweite Chance geben.

Während wir einerseits am Strand entspannen, verfolgen wir andererseits mit zunehmender Anspannung die Nachrichten aus Europa. Nun ruft auch Spanien den Notstand aus; Deutschland schließt seine Schulen. Die Geschäfte in Europa werden leergekauft, Klopapier wird Mangelware. Fast stündlich laufen neue, unglaubliche Nachrichten über den Newsticker. Gruselig und surreal fühlt sich das für uns an, fast wie in einem Science-Fiction-Film.

Dann tauchen wieder andere Gedanken auf. Ach was, Europa ist schließlich weit weg. Verträumt blicke ich über den perfekten, weißen Strand. Hier scheint die Welt noch in Ordnung zu sein. Da sind die üblichen picknickenden Familien, die spielenden Kinder, die flanierenden Liebespaare und die Rastaboys, die Batik-T-Shirts mit der Aufschrift »*Make Fufu not war!*« an die Touristen verticken. Alles wirkt total normal …

Ich lege Handy und Computer beiseite und stürze mich in die Fluten. Der Atlantik ist gerade wie im Bilderbuch: nicht zu wild, mit hübschen kleinen Wellen und strahlend blau. Auch Heppo schnappt sich sein Surfbrett und geht ins Wasser.

Gut gelaunt schaffen wir es etwas später, sogar ein paar gestylte Angeberfotos von uns auf *Instagram* hochzuladen. Fast sofort kommentieren Freunde und Verwandte unseren Post: »Bleibt lieber in Afrika! So entkommt ihr wenigstens dem ganzen Wahnsinn in Deutschland!«

Unsere neuen amerikanischen Freunde wirken zusehend angespannt. Das Coronavirus ist nun auch in Afrika angekommen.

»Himmel hilf!« Wir alle sind mit der neuen Situation überfordert. Eine globale Pandemie, das gab es doch noch nie.

Noch einmal versuchen wir es mit dem unbeschwerten Strandleben. Wir verdrängen alle unbequemen Nachrichten. Leider funktioniert unsere Taktik nicht lang.

Wir fühlen uns bestätigt und wollen gerade zu einem ausgedehnten Strandspaziergang aufbrechen, als Heppo noch einmal zum Handy greift. Unser Messenger-Postfach quillt über von den Nachrichten der *Westafrican Traveller Group*. Aufgeregt wird dort darüber diskutiert, dass nun wohl auch Ghana und die Elfenbeinküste ab sofort ihre Grenzen schließen werden.

Verdammt, unser Visum beginnt erst morgen. Eilig beginnen wir nun, unsere Siebensachen zusammenzupacken. Möglichst schnell fahren wir die 250 Kilometer bis kurz vor die Grenze, in der Hoffnung, dass die Order erst mit etwas Verspätung umgesetzt wird.

Es dämmert schon, wie immer in den Tropen, bereits gegen 18 Uhr, als uns ein Radfahrer mit gehisster China-Flagge auf seinem Gepäckträger entgegenkommt. Er ist soeben erst von der Elfenbeinküste nach Ghana eingereist.

»Was ist das denn?«, frage ich Heppo. »Der hat wohl noch nichts von dem chinesischen Virus mitbekommen, sonst würde er wahrscheinlich nicht so naiv seine Nationalität zur Schau stellen, oder?«

Wie immer, wenn wir andere Reisende sehen, halten wir an. Oft ist es nämlich klug, Informationen über die Lage im Nachbarland auszutauschen.

»Konntest du ohne Probleme über die Grenze fahren?«, beginnt Heppo die Unterhaltung. Der Radfahrer sieht ihn verblüfft an und zuckt dann mit den Schultern. »Ja!«, fällt seine Antwort ziemlich knapp aus. Abwesend fummelt er an seinem GPS-Gerät herum. Wahrscheinlich ist er beunruhigt, weil er noch keinen Stellplatz für diese Nacht gefunden hat.

»Wo möchtest du hin?«, lässt Heppo nicht locker.

»Nach Südafrika!«, hält sich unser Gegenüber wieder kurz.

»Hast du denn nicht mitbekommen, dass die Grenzen Richtung Süden schon fast alle dicht sind?« Mein Mann ist ehrlich überrascht von so viel Ahnungslosigkeit.

Doch der andere ist gar nicht an einer Unterhaltung mit uns interessiert. Er möchte weg von der Straße und einen Platz für sein Zelt finden. Ich kenne diese Unruhe und habe Verständnis dafür. Es ist wirklich keine gute Idee, in der Dunkelheit noch auf diesen schlecht befestigten Straßen unterwegs zu sein.

»Komm, lass ihn!«, mische ich mich ein. Und ehe wir uns versehen, ist der Radfahrer bereits in der Dunkelheit verschwunden.

Als wir kurz darauf an einer Tankstelle nahe der Grenze einen relativ komfortablen Stellplatz finden, haben wir ein schlechtes Gewissen. Hätten wir den naiven Kerl besser aufklären oder sogar warnen sollen? Zumindest die China-Flagge sollte er dringend einholen …

Unsere Angeberfotos kommen auf *Instagram* dennoch gut an. Neidisch kommentieren sie unsere Freunde zuhause in Deutschland.

L'AFRIQUE
EN NOUS
SAMSUNG
Galaxy
BRIDGEBANK

Elfenbeinküste
Côte d'Ivoire

***Alpha Blondy* – No Brain, no Headache**

Alpha Blondy *ist einer der erfolgreichsten Reggae-Sänger Westafrikas. Ursprünglich stammt er aus der Elfenbeinküste, verbrachte aber viel Zeit in Liberia, wo er mit der Rastafari-Kultur in Berührung kam. Seither singt er auf Englisch.*

Das Elefantennest als Einsatzzentrale

Im Compound des *Elephant's Nests* herrschen beengte Verhältnisse. Da ist der Lagerkoller schon vorprogrammiert.

Dienstag, 17.03.2020 – Ghana/Elfenbeinküste

Wie wir gehofft hatten, kommen wir am frühen Morgen noch unbehelligt über die Grenze in die Elfenbeinküste. Ein paar Stunden später jedoch wird der Übergang bereits unpassierbar sein.

Es ist Nachmittag als wir in Grand Bassam, einem Vorort der Hauptstadt Abidjan, am *Elephant's Nests* eintreffen. Im Hostel von Chloe befinden sich vor allem Backpacker und Radfahrer: Fernando und Rita aus Portugal mit Baby Jaschka sind da, Ben aus den USA, Patrick aus Kanada, Attilio aus Australien und Jason aus England.

Die Besitzerin des *Elephant's Nests* ist ein Phänomen, eine Figur wie aus einem Superhelden-Comic.

Wenn es Chloe nicht gäbe, müsste man sie erfinden. Die 60-jährige Irin ist eine dynamische Persönlichkeit, die mit ihren zwei Handys verwachsen zu sein scheint. Sie raucht Kette und trinkt mehr Alkohol, als gut für sie ist. Ihr breiter irischer Singsang wird dann immer verwaschener. Wir haben Mühe, sie zu verstehen und ihren Gedankensprüngen zu folgen. Das Getippe auf ihren Mobiltelefonen wird dann zusehends hektischer, ihre Sprachnachrichten länger und länger, bis unvermittelt Ruhe einkehrt. Die Gute ist, mit der Zigarette in der Hand, über ihrem letzten Drink eingenickt. Leise schnarcht sie in ihr Bierglas. Am nächsten Morgen schläft sie lange und lässt sich vor der Mittagsstunde nicht blicken.

Wenn sie dann aber erwacht, erbebt das ganze Haus. Ein feines Zittern scheint durch alles und alle zu gehen. Ihre Angestellten kommandiert sie laut herum. Aber auch ihr zehnjähriger Ziehsohn Patrick – »Show me your homework!« –, Gäste und Hunde müssen sich vor Chloes Temperament in Acht nehmen.

So ruppig wie Chloe sein kann, so groß ist aber auch ihr Herz, in dem ein jeder Platz findet, der sich unter ihre Fittiche begibt. Als Leiterin der *WhatsApp*-Gruppe der *Westafrican Traveller* kümmert sie sich hingebungsvoll und erstaunlich effektiv um die Probleme der Reisenden, egal ob diese nun im Senegal, in Mali oder sonst wo unterwegs sind. Unsere Gastgeberin scheint überall einflussreiche Personen zu kennen. Als wäre das alles nicht genug, ist sie auch noch Aircrafts Managerin der Cabo Verde Airlines und Leiterin einer NGO, die ein Waisenhaus unterhält. Es ist, als ob Chloe fünf Leben in einem leben würde.

Das *Elephant's Nests* ist normalerweise ein beschaulicher, fröhlicher und geselliger Ort, der für Reisende durch Westafrika ein beliebter Treffpunkt und eine willkommene Informationsbörse ist. Wir erleben das Hostel und mit ihm sein Personal und seine Gäste allerdings im Krisenmodus. In dieser Einsatzzentrale treffen nun im Sekundentakt die Notrufe der Backpacker, Radfahrer und Overlander ein.

Wir fiebern mit, vor allem bei denen, die wir kennen. Die Stuttgarter Anna und Heiner werden an der Grenze zum Senegal festgehalten, sie können weder vor noch zurück. Lara und Quirin aus Oberbayern, mit denen wir in Mailkontakt standen, stecken mit kaputtem VW-Bus-Motor im Kongo fest. Eine Radreisende, die sich auf *Instagram* »rawcandyrides« nennt, berichtet von Anfeindungen und Coronavirus-Rufen in Kamerun. Richtig schockiert sind wir aber dann, als wir die Nachricht erhalten, dass ein chinesischer Radreisender in Ghana krankenhausreif geschlagen wurde. Mit Mühe konnte sich der arme Kerl in die chinesische Botschaft flüchten. Wir machen uns schwere Vorwürfe und wünschten, wir hätten darauf bestanden, dass er wenigstens sein Fähnchen abmontiert. Die Nachrichten werden zusehends bedrohlicher. Chloe zeigt uns ein kurzes Video, das auf den Social-Media-Kanälen kursiert. Irgendwo in Afrika wird ein weißer Mann von einem Mob aus einem wartenden Taxi gezerrt und mit Fäusten traktiert. Auch hier fällt mehrfach das Wort »Corona«! Ja, es ist leider eine Tatsache, dass es auch umgekehrten Rassismus gibt. In Afrika werden Europäer und Chinesen für die Einschleppung des Virus verantwortlich gemacht.

Chloe ist in ihrem Element. Sie ist wichtig und wird gebraucht. Sie tippt, telefoniert und raucht. Sie kippt ein Glas auf ex und lässt ihre Beziehungen spielen. Halb Westafrika ist in ihrem Telefonbuch abgespeichert, darunter Namen von Rang: Polizisten, Politiker, Grenzer, Beamte diverser Behörden und Kontaktpersonen von Fährgesellschaften. Ihre Beziehungen erstrecken sich bis in allerhöchste Kreise. Ich frage mich, ob Chloe vielleicht sogar beim Geheimdienst arbeitet. Aber wenn schon, für uns sind ihre Kontakte gerade Gold wert.

Immer mehr Grenzen schließen nun auch in Afrika. Unser Plan, weitere Visa zu besorgen und so rasch wie möglich in den Senegal oder nach Marokko zu gelangen, löst sich in Luft auf. An eine Weiterfahrt ist nun definitiv nicht mehr zu denken.

Die Krisenvorsorgeliste Elefand

Mittwoch, 18.03.2020 – Grand Bassam, Elfenbeinküste

Wir nehmen mit der Deutschen Botschaft Kontakt auf und tragen uns in deren Krisenvorsorgeliste ein, die tatsächlich »Elefand« heißt. Es sieht wohl doch so aus, als ob wir nach Hause fliegen müssten. Nun heißt es allerdings schnell sein: Nur noch bis Sonntag soll der Flughafen in Abidjan geöffnet sein, danach wird er geschlossen.

Als ich mit Air France telefoniere, erfahre ich, dass unter dem momentan herrschenden Ausnahmezustand keine Hunde mitgenommen werden können. Ähnliches hören wir von der Botschaft: »Hunde haben im Evakuierungsfall keine Priorität! Wir können Ihnen allerdings die

Nur mit Müh' und Not findet unser LKW im Hof des *Elephant's Nests* Platz.

Adresse eines Tierheims nennen.«

»Tierheim?«, Heppo ist außer sich. »Auf keinen Fall lassen wir Sidi zurück! Das kommt überhaupt nicht infrage!«

Im *Elephant's Nests* gibt es unterdessen Neuzugänge, Mitchel aus Kanada und Martin aus Eichstätt. Der Oberbayer ist Optimist: »So a Glück muss oaner erst mal hab'n wia i. Letzte Woch' hams ma mein Geldbeutel mit der Kreditkarten 'klaut, und etz seids ihr zwei da, und kommts, wia i, aus Bayern!«

Ganz selbstverständlich geht er davon aus, dass wir einen der begehrten Flüge nach Paris ergattern und ein Ticket für ihn mitbuchen werden. Natürlich werden wir dem jungen Positivdenker unter die Arme greifen, aber trotzdem, so viel Gottvertrauen finde ich ziemlich beneidenswert.

Lichtblicke im *Elephant's Nests*: Es gibt eine Tischtennisplatte und einen Kickerkasten. Chloes Ziehsohn Patrick wird zu meinem Hauptherausforderer. Beim Spielen hält wenigstens für kurze Zeit meine sich immer schneller drehende Gedankenspirale an, weshalb ich gern Zeit mit dem Kleinen verbringe.

Alle Anwesenden sind angespannt. Bei den meisten äußert sich diese Unruhe in Aktionismus. Dauernd werden Flüge und die neuesten Nachrichten im Internet gecheckt, zusammen mit den aktuellen Corona-Fallzahlen auf der Website www.worldometers.info, die nun von allen fast minütlich abgerufen werden. Ben, Patrick und Attilio konnten ebenfalls noch Flüge ergattern und befinden sich bereits auf dem Nachhauseweg.

»Die Ratten verlassen das sinkende Schiff!« Ich komme nicht umhin, so zu denken.

Fluchtversuch Nummer eins

Donnerstag, 19.03.2020, Grand Bassam, Elfenbeinküste

Anruf von der Deutschen Botschaft: Die Mitarbeiterin spricht schnell; sie hat noch eine lange Liste mit Ausreisewilligen vor sich liegen, die sie kontaktieren muss: »Nur noch zwei reguläre Flüge wird es geben, heute und morgen. Danach gibt es vorerst keine mehr. Sie müssen sich außerdem selbst um ihre Tickets kümmern. Viel Glück!«

In Abidjan gibt es zwei Air France-Büros: Eines befindet sich im Stadtteil Plateau, das andere am Flughafen. Wir entscheiden uns für das letzte. Vorher statten wir allerdings noch dem Tierarzt einen Besuch ab, um für Sidi ein internationales Gesundheitszeugnis zu besorgen. Der Veterinär weiß Bescheid und gibt uns das Dokument im Austausch gegen 20 Euro. Unseren

Am Flughafen können wir Frau Scherer leider nicht parken. Sie ist zu groß und passt nicht durch die Höhenbegrenzung.

Hund möchte er gar nicht sehen. Eine Transportbox haben wir allerdings immer noch nicht.

Am Flughafen erwartet uns ein erster Schock. Frau Scherer ist zu groß, genauer gesagt zu hoch. Wir finden keinen Stellplatz für unseren Lkw, denn die Höhenbeschränkung auf dem offiziellen Parkplatz stellt ein unüberwindbares Hindernis für sie dar. Ich frage sogar auf höchster Ebene nach, ob eine Zufahrt über den Evakuierungsweg – dort gibt es eine umklappbare Schranke und keinerlei Höhenbeschränkung – möglich wäre.

Doch der Chef schaltet auf stur: »Was für euch ein Notfall ist, ist eben noch lange keiner für uns! Die Schranke bleibt zu.«

Zufahrt verweigert. So einfach ist das! Sollten wir jetzt ein Ticket ergattern, dann müssten wir unseren Hund ins Tierheim geben und Frau Scherer einfach auf der Straße stehen lassen. Eine unmögliche Situation!

So sind wir also fast erleichtert, als wir nach langem Schlangestehen am Air France-Schalter erfahren, dass sämtliche Tickets für die beiden letzten, offiziellen Flüge schon vergeben sind. Trotzdem wollen wir für den Fall der Fälle gewappnet sein. Angeblich hat die Bundesregierung nämlich eine Rückholaktion für Deutsche gestartet. 50 Millionen Euro will Bundesaußenminister Heiko Maas dafür zur Verfügung stellen. Gut möglich, dass wir also in den nächsten Tagen

Manchmal muss man auch Glück haben: In einer Tierhandlung finden wir eine Hundetransportbox Größe L.

noch einmal die Gelegenheit haben werden, einen Flug nach Paris zu bekommen. An unserer mangelnden Vorbereitung soll es dann nicht scheitern. Wir wollen alles dafür tun, dass auch Sidi mit uns nach Hause fliegen darf.

Orca ist die einzige Tierhandlung in Abidjan, vielleicht sogar die einzige im ganzen Land. Dort bestellen wir eine Hunde-Transportbox in Größe L, die den strengen IATA-Vorgaben entspricht. 230 Euro sind zwar ein ziemlicher Batzen Geld, aber wir sind froh, dass wir so ein Ding überhaupt auftreiben können. Schon morgen können wir es abholen.

Im *Elephant's Nests* ist für den heutigen Abend eine Krisensitzung anberaumt. Pünktlich erscheinen alle zur ausgemachten Stunde am langen Tisch auf der Veranda. Nur eine fehlt, und das ist Chloe. Als sie mit einiger Verspätung erscheint, ist sie so betrunken, dass es aussichtslos ist, mit ihr über die aktuelle Situation zu diskutieren. Das Plenum verschieben wir daher auf den nächsten Tag.

Lagerkoller mit Rüdiger Nehberg

Freitag, 20.03.2020 – Grand Bassam, Elfenbeinküste

Wie es aussieht, werden wir uns wohl im *Elephant's Nests* verschanzen müssen. Die Anfeindungen auf den Straßen werden schärfer und häufiger, die Militär- und Polizeipräsenz in der Stadt ist auffällig erhöht worden – und angeblich gibt es bereits die ersten Coronafälle im Viertel.

Ab Sonntag werden wir uns daher in einen freiwilligen Lockdown begeben. Heppo und ich plädieren auf gemeinsame Aktionen gegen den Lagerkoller. Wir schlagen Telegymnastik mit Johanna Fellner und zusätzlich Yoga vor. Das portugiesische Pärchen – Rita und Fernando – ist mit Begeisterung dabei. Vor Heppos kleinem Laptop begeben wir uns in beugende, streckende und dehnende Bewegungen und haben eine Menge Spaß dabei.

Mitchel, Typ Surferboy, nutzt die Gelegenheit, um als digitaler Nomade seiner Arbeit nachzugehen. Er hält fleißig Telefonkonferenzen mit Kanada ab. Martin, der unterwegs als Programmierer tätig ist, setzt sich ebenfalls vor den Computer und scheint dankbar für die Auszeit zu sein. Der drahtige Engländer Jason macht uns hingegen Sorgen. Er ist schweigsam und zurückgezogen, dennoch sucht er unsere Nähe und freut sich über eine Einladung zu einer Gemüsesuppe in unserem Lkw.

Wir erhalten erneut einen Anruf von der deutschen Botschaft: Eventuell gibt es nächste Woche einen Sonderflug für die verbliebenen ausreisewilligen Deutschen, angeblich sind es nur 20 an der Zahl.

Aber macht es überhaupt Sinn, nach Hause zu fliegen? Faktencheck: In Abidjan gibt es bisher nur neun bestätigte Coronafälle, in Deutschland sind es hingegen bereits 18.000. Ist es übertrieben, unsere von langer Hand und unter großen Mühen und Kosten geplante Reise abzubrechen, Frau Scherer zurückzulassen und fluchtartig den Heimweg anzutreten? Gehen wir gerade vielleicht sogar einer Massenhysterie auf den Leim?

Der nette Mitarbeiter der Botschaft gibt mir teilweise Recht: »Tatsächlich reisen Sie von einem Niedrigrisikogebiet in ein Hochrisikogebiet! Allerdings bitte ich Sie zu Bedenken, dass die Gesundheitsversorgung in Westafrika sehr schlecht ist. In den Krankenhäusern hier gibt es weder genügend Betten noch Beatmungsgeräte!«

Welchen Sinn macht es für uns also, eingesperrt in einem fremden Land, hinter den abgeriegelten Mauern eines Hostels, eine Pandemie auszusitzen?

Wir wollen nach Hause. Dort sind unsere Freunde, unsere Familien und unser Hof. Doch seltsamerweise scheint die Situation in Deutschland nicht recht unter Kontrolle zu sein. Hochrangige Politiker sprechen sich dort gegen das Tragen von Masken aus, Desinfektionsmittel sind Mangelware. Nicht einmal für medizinisches Personal ist genug von allem da. Die Erklärung, die für diesen Missstand geliefert wird, macht stutzig: Was benötigt wird, wird in China(!) hergestellt.

Während Europa überfordert wirkt, ist man in Afrika echt auf Zack. Von einem Tag auf den anderen tragen fast alle Menschen Masken. Vor jedem noch so kleinen Supermarkt stehen nun Sicherheitsleute mit Gel-Spendern, die darauf achten, dass jede Person, die das Geschäft betritt, sich ordnungsgemäß die Hände desinfiziert. Die Krisen der vergangenen Jahre, insbesondere der Ebola-Ausbruch im Jahr 2014, haben offenbar dazu beigetragen, dass nun schnell und effektiv gehandelt werden kann. Allerdings sehen wir auch nur, was gerade in Abidjan, der Landeshauptstadt der Elfenbeinküste, passiert. Wie die Lage in der Provinz, in kleinen Dörfern auf dem Land aussieht, können wir nicht beurteilen.

Mein Bruder meldet sich bei mir: »Ab heute Nacht 24 Uhr haben wir nun eine Ausgangssperre in Bayern! Das macht mir Angst!«

Auch viele Freunde reagieren paranoid: »Ich glaube langsam nicht mehr an die Sinnhaftigkeit der ganzen Maßnahmen, da geht es doch um etwas anderes. Die Sache stinkt zum Himmel!«, schreibt mir einer von ihnen, der allerdings sowieso zu Verschwörungstheorien neigt.

Auch wir sind beunruhigt, und unsere Gedanken gehen unweigerlich in alle möglichen Richtungen. In diesem Moment scheint eben niemand eine wirklich gute Erklärung für das Geschehen parat zu haben. Wann gab es das schon? Die kapitalistische Welt begibt sich in einen freiwilligen, kollektiven Lockdown. Was ist nur los? Was steckt dahinter? Wirklich nur ein Virus aus China, der bisher gerade einmal 76.000 Personen weltweit (!) befallen hat? Oder, ist es doch etwas ganz anderes?

Gierig saugen wir alle Eindrücke auf. Wir ahnen schon, dass wir nicht mehr lang in Afrika bleiben werden können.

Spekulieren hilft uns gerade nicht weiter. Wir müssen handeln und einen kühlen Kopf bewahren. Ich fühle mich entschlossen und stark, fast schon ein bisschen radikal. Alles, was getan werden muss, werde ich machen. Ich denke tatsächlich sogar kurz darüber nach, Sidi bei Chloe zurückzulassen oder ins Tierheim zu geben. Für Heppo allerdings taugt diese Option nicht einmal als Hypothese. Lieber würde er mich allein zurückfliegen lassen. Wir einigen uns: Entweder fahren wir alle gemeinsam – oder keiner!

Um nicht zu viel nachdenken zu müssen, stürze ich mich in Sport und Aktionismus, treffe Vorbereitungen für unsere immer wahrscheinlicher werdende Abreise. In den wenigen freien Minuten, die mir bei diesem selbstauferlegten Programm bleiben, lese ich Rüdiger Nehberg: *Die Kunst zu überleben*. Leider finde ich aber nur wenig Brauchbares in dem Survival-Guide. Autogenes Training soll angeblich helfen, um mental stabil zu bleiben und Stresssituationen gut und unbeschadet zu meistern. Leider habe ich aber überhaupt keine Ahnung, wie das gehen soll. Eine genaue Anleitung dazu fehlt in dem sehr allgemein gehaltenen Büchlein. Nützlich finde ich allerdings das Kapitel über Entführungen und Gefangenschaft. Unser Lockdown im *Elephant's Nests* hat ja auch etwas von Zwangsgemeinschaft und Eingesperrtsein. Rüdiger empfiehlt Folgendes, um solche Situationen gut zu überstehen:

- tägliche Routine,
- körperliche Ertüchtigung,
- Zusammenhalt der Gruppe und Orientierung an deren schwächsten Mitgliedern
- sowie regelmäßige Gesprächsrunden.

Ich nehme mir fest vor, diese Punkte demnächst bei der immer noch ausstehenden Krisensitzung anzusprechen.

Poesie des Untergangs

Am Nachmittag fahren wir mit Chloe nach Abidjan, um unsere Hundetransportbox abzuholen. Unsere Gastgeberin fährt mit irrsinniger Geschwindigkeit über die dreispurige Stadtautobahn, die den Vorort Grand Bassam mit der eigentlichen Hauptstadt verbindet. Sie beschimpft die anderen Verkehrsteilnehmer, hupt wild und schreit dazu auch noch Anweisungen an irgendjemanden in ihr Autotelefon. Bei diesem wahnwitzigen Fahrstil fürchte ich allen Ernstes um mein Leben. Allerdings versuche ich mir das nicht allzu sehr anmerken zu lassen. Während ich mich für den Fall einer Kollision in den Beifahrersitz verkeile, versuche ich gleichzeitig, möglichst entspannt zu wirken und Konversation zu betreiben, was mir mehr schlecht als recht gelingt. Mich wundert es nicht, dass wir schon bald von der Polizei aufgehalten werden. Doch als die Uniformierte sieht, mit wem sie es zu tun hat, steht sie stramm, salutiert vor Chloes Fenster und wünscht uns eine gute Weiterfahrt. Uns verblüfft mittlerweile gar nichts mehr. Heppo und ich werfen uns bedeutungsvolle Blicke zu. Was für eine Frau! Was für eine Mutter Courage! Wahrscheinlich arbeitet Chloe wirklich für den Geheimdienst!

Bei *Orca*: Unsere Hundebox ist tatsächlich da! Hurra! Viel mehr gibt es dazu fast schon nicht zu schreiben, denn schon ruft Chloe, die – ganz Superfrau – zwischenzeitlich einen Großeinkauf für ihr Hostel erledigte, ungeduldig auf unseren beiden Mobiltelefonen an. »Beeilt euch!«

In affenartiger Geschwindigkeit düsen wir nun zurück Richtung *Elephant's Nests*, vorbei an vielen Militär- und Polizeiposten.

»Unusual!«, kommentiert Chloe die massiv verstärkte Staatsgewalt und wirkt zum ersten Mal, seit ich sie kenne, beunruhigt.

Plötzlich bin ich ganz ausgezeichneter Laune. Ich stecke meinen Kopf zum offenen Fenster hinaus und genieße den warmen Fahrtwind. Auch wenn es furchtbar theatralisch klingen mag, ich schreibe es trotzdem: Es ist einer dieser raren Momente, in denen man wirklich da ist, fühlt und lebt. Der Tod ist nah, und dadurch fühle ich mich frei. Doch heute werden wir nicht sterben und auch nicht morgen. Alle Angst fällt von mir ab, denn alles ist relativ.

Zum »Hamstern« geht Heppo, er kann von uns beiden nämlich viel besser einkaufen.

Verblüfft reibe ich mir die Augen: Ein Mädchen mit lilafarbenen Schmetterlingsflügeln auf dem Rücken schwebt vor uns über die Straße. Das ist ganz real – und wirkt doch zugleich wie aus einem Traum.

Neben mir beginnt Chloe, deren Aufmerksamkeit schon von einer anderen verrückten Straßenszene in Anspruch genommen wird, zu kichern: »I knew it's him: *Michael Jackson*, the best policeman in town!« Und tatsächlich, die afrikanische Version des »King of Pop« tanzt auf der Kreuzung vor uns einen Moonwalk, lässt seine weißen Handschuhe durch die Luft wirbeln und zaubert den Autofahrern ein glückliches Grinsen ins Gesicht. Da ist so viel Leichtigkeit in diesem Moment, dass er uns alle unsere Sorgen vergessen lässt. So einfach könnte es sein. Warme Liebe durchströmt mich, für Afrika und für diese ganze verdammte Menschheit.

Endlich Krisensitzung

Samstag, 21.03.2020 – Grand Bassam, Elfenbeinküste

Schlafen kann ich nicht: Ein unruhiges Flatterherz hält mich wach. Vor dem Frühstück machen wir Telegymnastik, danach zusammen mit Rita und Fernando den Sonnengruß. Jetzt geht es mir besser.

Endlich Krisensitzung: Unter den Anwesenden sind Jason, Rita, Fernando, Martin, Mitchel, Chloe und wir. Während uns unsere Gastgeberin über die aktuelle Lage im Land informiert, spricht sie bereits wieder fleißig dem Alkohol zu: »Ab morgen, Sonntag, gilt im ganzen Land eine offizielle Ausgangssperre. Alle Bars und Restaurants müssen schließen.«

Auch für das *Elephant's Nests* gibt sie neue Regeln aus: »Nun wird es ernst mit unserem

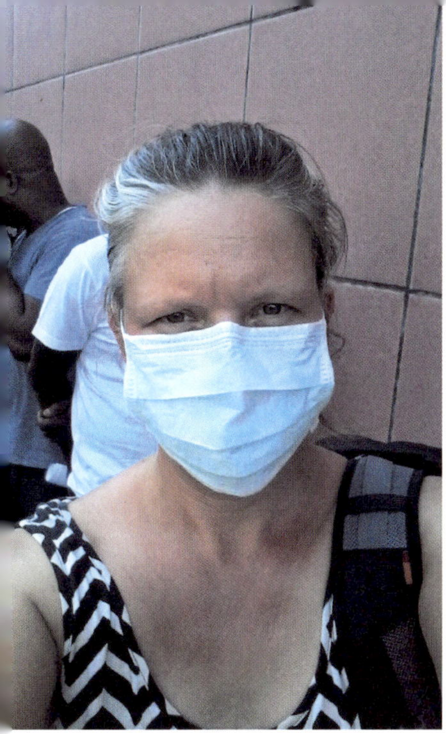

Schlange stehen! In Abidjan trägt zu diesem Zeitpunkt bereits jeder Maske, auch Desinfektionsmittel wird in der Hauptstadt überall bereitgehalten.

Lockdown. Wir lassen uns einmal pro Woche Gemüse, Brot und Obst liefern! »You can leave but not come back!«, erklärt Chloe streng.

Ich versuche meine Rüdiger-Nehberg-Regeln, bestehend aus Routine, Sport und regelmäßigen Gesprächsrunden, anzupreisen. Die Begeisterung ist mäßig, lediglich Rita und Fernando erwärmen sich für meinen Vorschlag.

Und noch ein Thema brennt mir auf den Nägeln. Die neue Radikalität und Entschlossenheit in mir möchte sich auch auf den absoluten Ernstfall vorbereitet wissen. »Wie steht es mit Waffen?«,frage ich daher in die Runde und ernte fast ausschließlich entsetzte Blicke. Nur Chloe kann man mit solchen Fragen nicht schocken. Kurz und trocken lacht sie auf und erzählt uns dann eine Anekdote: »Seit bald 30 Jahren lebe ich nun in Afrika und habe schon einiges erlebt. Zuletzt hatten wir 2011 die Regierungskrise mit zahlreichen Toten. Das war schlimm. Sie haben uns damals sogar die Fenster zerschossen. Aber wir haben das gut hinbekommen. No problem! Schwierigkeiten gab es erst, als das Bier ausging …«

Alle Anwesenden kichern nervös. Diesen Ernstfall mag sich wirklich niemand vorstellen: Chloe ohne Alkoholvorrat! Eine echte Katastrophe! Nun heißt es: Auf die Plätze, fertig, los! Hamstern, was das Zeug hält!

Heute dürfen wir also noch einmal raus vor die sicheren Tore des Nests und einkaufen. Wir sind uns einig, dass Heppo von uns beiden der bessere Hamsterkäufer ist. Mit dem Fahrrad fährt er zum Markt. Zurück kommt er mit einem großen Sack Reis und schweren Tragetaschen voller Gemüse.

»Vor den Supermärkten stehen lange Schlangen von Menschen, und die meisten Regale sind bereits komplett leer!«, berichtet er aufgeregt von seinem Ausflug nach draußen. »Eigentlich wollte ich noch mein Handyguthaben

Während ich in der Stadt Flugtickets organisiere, hat sich Heppo um den Stellplatz gekümmert, die wichtigsten Sachen gepackt und Frau Scherer eingemottet.

am Moov-Stand aufladen, aber plötzlich hatte ich nur noch ein Rauschen im Ohr!«

Oh je, das klingt verdächtig nach einem Gehörsturz! Der ganze Stress geht auch an meinem Liebsten nicht spurlos vorüber.

Selbst die Tiere spüren die allgemeine Aufregung. Und zu allem Übel ist Chloes Hündin Pica läufig. Nun zofft sich Sidi mit dem Rüden Bobby. Um Raufereien zu vermeiden, vereinbaren wir mit Chloe, dass die beiden Jungs nur abwechselnd in den Hof dürfen. Wenigstens Sidi scheint gerade eine sehr gute Zeit zu haben: Er ist schwer verliebt.

Fluchtversuch Nummer zwei

Anruf von der Deutschen Botschaft: Morgen geht ein Sonderflug nach Paris. Wieder müssen wir uns selbst um die Tickets kümmern und die auch selbst bezahlen. Martin und ich wollen unser Glück dieses Mal im Air France-Büro im Stadtteil Plateau versuchen. Wir sind fest dazu entschlossen, die Chance zu nutzen und Flüge für uns alle zu ergattern. Heppo soll unterdessen unsere Sachen zusammenpacken und einen Stellplatz für Frau Scherer organisieren.

Sonntag, 22.3.2020, Grand Bassam/Abidjan, Elfenbeinküste

Bereits um 8.30 Uhr stehen wir also vor dem Air France-Büro. Einige Leute hatten die gleiche Idee wie wir, sie waren sogar schon vor uns da. Trotzdem, auf der Einschreibeliste erhalten wir die Nummern 25 und 26.

Laut Aushang öffnet das Büro um 11 Uhr. Um 12 Uhr ist es jedoch noch immer geschlossen. Mittlerweile ist die Menschenmenge auf etwa 200 Personen angewachsen. Trotz der allgemeinen Nervosität ist die Stimmung locker und entspannt. Plötzlich aber taucht einer auf, der Ordnung in das vermeintliche Chaos bringen will. Nun werden wir gezwungen, uns in einer Schlange anzustellen, dicht auf dicht. Zum Glück haben wir OP-Masken aus unserem Erste-Hilfe-Fundus dabei. Die setzen wir auf, sicher ist sicher! Der Ordner des Air France-Büros bemerkt seinen Fehler und versucht nun, einen Sicherheitsabstand von mindestens einem Meter zwischen die Menschen zu bringen. Das ist natürlich nicht so einfach. Bringen Sie einmal 200 Menschen dazu, minutenlang rückwärts zu gehen. Die Warteschlange wächst so auf mehrere hundert Meter an. Martin und ich haben Glück gehabt: Wir befinden uns im Schatten des Gebäudes, während die meisten nun in der Mittagshitze in der prallen Sonne ausharren müssen. Die Menge murrt. Wenn das noch länger so geht, dann gibt es Tote und Verletzte. Ich vermute eine Ablenkungstaktik, denn das Büro hat immer noch geschlossen. Als es dann endlich öffnet, ist jedwede Disziplin dahin. Nun stürmen alle gleichzeitig in Richtung des Eingangs. Die Nerven liegen blank. Der Ordner erinnert sich wieder an seine Liste. Anhand der Nummern werden wir nun alle nacheinander aufgerufen. Warum nicht gleich so?

Die Dame vom Bodenpersonal ist schlecht gelaunt und extrem unhöflich. Gleichzeitig hat sie die Ruhe weg. Martins Flug ist dennoch rasch gebucht. Den fehlenden Betrag lege ihm in CFA aus. Bei mir dauert es etwas länger, bis ich das offizielle Okay für die Hundemitnahme habe. Doch Sidi darf mit. Ich bin überglücklich, als ich die 200 Euro teure Extra-Bescheinigung in Händen halte! Ich greife zum Telefon und wähle aufgeregt die Nummer meines Mannes: »Wir fliegen nach Hause! Heute Abend, 22.30 Uhr geht es los.«

Es ist nach 13 Uhr, als wir das Büro verlassen und wieder in ein Taxi steigen, das uns nochmal zurück nach Grand Bassam bringen wird. Heppo hat unterdessen schon einen Stellplatz für Frau Scherer gefunden. Die Gute wird ins Kloster gesteckt, genauer gesagt, sie zieht nach nebenan. Vom *Elephant's Nests* in die Katholische Mission. Chloe und er fingen den Pfarrer direkt nach der sonntäglichen Messe ab und baten um Kirchenasyl. Der Mann, ein wahrer Christ oder einfach nur ein guter Nachbar gab seine Einwilligung.

Mir bleibt kaum genügend Zeit, um meine Sachen zu packen. In Windeseile werfe ich die wichtigsten Dinge in meinen Rucksack: Wertsachen, Computer, Kameras und Dokumente. An Klamotten kommt nur mit, was ich am Leib trage. Oh Schreck, uns fehlt noch ein Dokument für unseren Hund! Air France besteht nämlich auf einem unterschriebenen Formblatt, auf dem versichert wird, dass die Maße des Hundekäfigs den Vorgaben entsprechen und unser Hund weder krank noch betäubt ist. Das Dokument befindet sich im Moment nur in digitaler Form auf meinem Handy. Daran soll unsere Heimreise aber nicht scheitern. So laufe ich los. Schöner Mist, es ist Sonntag, und alle Kopiershops haben geschlossen. Plötzlich steht ein junges Mädchen neben mir. Ihr Französisch ist nur schwer verständlich, sodass ich leider keine rechte Unterhaltung mit ihr führen kann. Aber so viel finde ich heraus: Sie ist 17 und heißt Ange, Engel.

»Ich weiß, wo noch ein CP (Kopiershop) geöffnet ist«, meint meine Begleiterin. »Aber wir müssen ein Stück laufen!«

Im Eilschritt rennen wir nun durch das Viertel, überqueren die belebte Kreuzung mit den rostroten Taxis. Ein Prediger beschwört brüllend den Weltuntergang herbei. Die Jungs vor einem Kiosk rufen mir flirtend hinterher: »Komm wieder, wir warten auf dich!« Frauen blicken mitleidig auf mein schweißüberströmtes Gesicht. Zu Ange sagen sie: »Deine Begleiterin ist sehr müde.«

Ich nicke und hetze weiter. Blick auf die Uhr: Maximal fünf Minuten kann ich noch nach einem Kopiershop suchen, dann muss ich umdrehen. Um 17 Uhr fährt unser Taxi zum Flughafen. Das ist in einer halben Stunde. Über 30 Minuten bin ich bereits unterwegs, genauso lange werde ich auch zurück brauchen.

»Hier ist der Laden!«, sagt Ange und lässt mich grußlos stehen. Mein persönlicher Engel fliegt um die Ecke und ist verschwunden. Eine Erscheinung, wahrhaftig! Denn Ange wollte kein Geld, sondern hat mir einfach nur den Weg gezeigt, um sich – mission accomplished – in Luft aufzulösen. Doch ich habe keine Zeit mich zu wundern: Der Laden hat geöffnet und kann das Dokument für mich ausdrucken.

Mit dem kostbaren Zettel in Händen eile ich zurück, vorbei an den mitleidigen Frauen, den flirtenden Jungs, dem lauten Prediger und den wartenden Taxis.

»Coronavirus!«, schreit mir einer aus einem vorbeifahrenden Auto hinterher. Egal! Keine Zeit! Heppo macht sich bereits Sorgen um mich.

Zurück bei Chloe werfe ich noch einen letzten Blick auf Frau Scherer. »Mach's gut, du oller Karren! Ich hoffe wirklich, wir sehen uns wieder!«

Während wir unsere Abreise organisierten, hat sich auch im *Elephant's Nests* so einiges ereignet. Die Portugiesen wurden von Chloe in Quarantäne verbannt. Sie dürfen ihr kleines Häuschen im Innenhof nun nicht mehr verlassen.

Die Chefin ist außer sich: »Stell dir vor, Fernando ist trotz des Ausgehverbots mit dem Sammeltaxi zum Windelnholen gefahren. Da ist die Ansteckungsgefahr doch riesig!«

Dass Martin und ich soeben noch am Flughafen Schlange standen und ich gerade durch das halbe Viertel gedüst bin, blendet die Übermutter hingegen nachsichtig aus. Nach den selbst aufgestellten Regeln dürften auch wir das Compound nicht mehr betreten. Ich werde aber einen Teufel tun und sie jetzt darauf hinweisen.

Keke, unser Taxifahrer, ist überpünktlich. Chloe hat Tränen in den Augen, als wir in das Fahrzeug steigen. Statt einer Umarmung verabschieden wir uns mit dem doppelten Ellenbogen-Gruß von ihr.

Ihr Ziehsohn Patrick guckt traurig: »Werdet ihr wiederkommen?«

»Schon bald, dann mach ich dich beim Kickern fertig!«, antworte ich. Wir grinsen beide. Jason, der nette Engländer, wirft mir noch drei Zigaretten zu: »Safe trip! Good luck!«

Am Flughafen: Zur Abwechslung haben auch wir mal etwas richtig gemacht und Sidi die letzten Tage ganz unaufgeregt an seine Hundebox gewöhnt. Jetzt geht er sogar freiwillig hinein. Nur als sich die Gittertür hinter ihm schließt, guckt er komisch und überprüft mit seiner Pfote, ob das Ding wirklich zu ist. Dann rollt er sich aber zusammen und scheint es dort drinnen ganz gemütlich zu finden. Es ist ein seltsames Gefühl, unseren Hund wie ein Gepäckstück abzugeben. Aber was sein muss, muss sein. Die Mitarbeiter am Sperrgutschalter betteln um ein Trinkgeld. Als Heppo dann nur 1000 CFA gibt, also etwa 1,50 Euro, machen wir uns wenig später schon Gedanken, ob Sidi da drinnen auch gut behandelt wird. Wahrscheinlich hätte es nicht geschadet, etwas großzügiger zu sein. Unsere tollen Hundedokumente (Gesundheitszeugnis, Europäischer Heimtierausweis und das mühsam erkämpfte Air France-Dokument) will übrigens niemand sehen, was mich fast schon ein wenig ärgert. Aber eigentlich ist dies komplett egal. Was wirklich zählt, ist die Tatsache, dass wir nun nach Hause fliegen. Auf Wiedersehen, Afrika!

Wir haben in den vergangenen sieben Monaten so viel erlebt, das müssen wir erst einmal verdauen.

Auf Wiedersehen, Afrika!

Frankreich

Die Odyssee ist noch nicht zu Ende

Montag, 23.3.2020 – Paris, Straßburg, Nürnberg

Landung in Paris gegen 6 Uhr morgens, nach etwa sechs Stunden Flug. Gefühlt haben wir keine Sekunde geschlafen.

Bei der Einreise in die EU misst keiner Fieber. Desinfektionsmittel? Fehlanzeige! Irgendetwas läuft hier gewaltig schief. Ich bin erstaunt über die automatisierte Abwicklung der Grenzformalitäten. Ein kastenförmiger Roboter vergleicht das Bild im Pass mit meinem Gesicht. Bei mir blinkt es rot, die Schleuse bleibt verschlossen. Ich muss zur Nachkontrolle zu einem echten Beamten, der winkt mich durch. Kleiner Trost: Auch Martin wird von dem Automaten abgewiesen. Bei Heppo allerdings gibt es diesmal keine Beanstandungen. Das ist seltsam, wo sein Foto in der Elfenbeinküste doch sogar Anlass für eine Interpol-Anfrage war. In Europa gelten aber offenbar wieder andere Regeln.

Am liebsten würden wir uns einen Leihwagen nehmen, um mit diesem in Richtung Deutschland weiterzufahren. Diese gute Idee hatten allerdings auch schon andere vor uns. Alle Pkw und Kleintransporter sind ausgebucht. Ein einziger wäre ab Gare du Nord verfügbar.

Doch allein die Zusatzgebühren für die einfache Strecke liegen bereits bei 1800 Euro, die eigentliche Leihgebühr ist in diesem irrwitzigen Preis noch nicht einmal enthalten! Noch sind wir nicht beunruhigt, schließlich gibt es auch noch Züge.

Am Gare du Nord ist die Stimmung angespannt. Hier tummelt sich eine seltsame Mischung von Leuten: Obdachlose, zwielichtige Gestalten, gestrandete Reisende und bis unter die Zähne bewaffnete Flics. Letztere sind gereizt und zur Unhöflichkeit angehalten. Eine Polizistin tut sich mit besonderen Grobheiten hervor:« »Was macht ihr eigentlich hier? Schaut, dass ihr weiterkommt! »Verpisst euch in euer Land!«, beschimpft sie uns.

Zur mir gewandt fährt sie mit ihren Beleidigungen fort: »Was stimmt eigentlich nicht mit dir, dass du mit zwei Männern unterwegs bist?« Ich bin sprachlos und bleibe ihr eine Antwort schuldig. Daraufhin kassieren wir einen Platzverweis: »Wenn ich euch heute Nachmittag noch hier sehe, dann setzt es was!«

Dabei sind wir bei weitem nicht die einzigen Gestrandeten. Paris ist immerhin ein wichtiges Flughafendrehkreuz in Europa. Langsam füllt sich der Bahnhof mit Menschen aus aller Welt, die ähnlich ratlos sind wie wir. Mit Entsetzen studieren wir die Anzeigetafeln mit den Abfahrtszeiten, die sich gerade minütlich verändern. Zug nach Brüssel: gestrichen. Zug nach Amsterdam: gestrichen. Zug nach Frankfurt: gestrichen. Zug nach München: gestrichen. Zug nach Nürnberg: gestrichen. Rien ne va plus! Nichts geht mehr!

Bitterkalt ist es. Null Grad würden uns normalerweise nicht umbringen, aber wir kommen gerade aus den Tropen und sind, obwohl wir bereits unsere wärmsten Sachen anhaben, viel zu dünn gekleidet. Wir sind übernächtigt, desorientiert, entmutigt und zittern am ganzen Körper. Unsere Zehen sind Eiszapfen. Nicht einmal aufwärmen kann man sich irgendwo, denn alle Geschäfte haben wegen der Pandemie geschlossen. Sogar die Toiletten im Gebäude wurden verbarrikadiert – aus Hygienegründen, angeblich. Unsere Nerven liegen blank. Sogar der Optimist Martin wirkt ziemlich deprimiert.

Meine arme Mutter halte ich unterdessen per Mail und SMS mit verschiedenen Rechercheaufgaben auf einem hohen Stresslevel. Im Sekundentakt gebe ich ihr neue Anweisungen durch und bombardiere sie mit Fragen: Stimmen die Gerüchte, dass absolut niemand mehr nach Deutschland einreisen darf? Fahren überhaupt noch Züge von Frankreich nach Deutschland?«

Ein paar Stunden später haben wir einen neuen Plan gefasst. Wir wollen nach Straßburg und uns von dort irgendwie weiter durchschlagen, wenn nötig auch zu Fuß. Doch auch hier müssen wir schnell sein. Der letzte Zug in das Elsass fährt bereits um 12.30 Uhr. Alle folgenden Verbindungen wurden gestrichen. Eine Stunde haben wir Zeit, um zum Gare de l'Est zu gelangen. Der Fußweg zwischen den beiden Bahnhöfen dauert normalerweise etwa 20 Minuten. Mit einer Hundetransportbox Größe L im Schlepptau tun sich für uns aber diverse Hindernisse wie eng stehende Betonpfosten und Absperrgeländer auf. Dafür beträgt Sidi sich ganz wunderbar. So einen aufmerksamen Hund hatten wir selten. Er achtet darauf, dass wir alle zusammenbleiben, folgt wie nie zuvor und fährt sogar – nach kurzem Zögern – Rolltreppe mit mir.

Die Innenstadt von Paris ist wie ausgestorben. Wir müssen an die Anfangsszene des Science-

Fiction-Films *Twelve Monkeys* denken. Irgendwie würden wir uns rein gar nicht wundern, wenn ein Löwe auf einem der Dächer hin und her spazieren würde.

»Oh nein, der Bahnhof ist zugesperrt!« Martin scheint kurz um Fassung zu ringen, denn der Gare de l'Est ist von einem unüberwindlichen Metallzaun umgeben.

»Das kann doch nicht wahr sein!« Heppo und ich sehen uns verzweifelt an.

Doch Martin hat die rettende Idee: »Bestimmt gibt es einen Zugang über die Metro!«

Und tatsächlich: Über den U-Bahn-Eingang gelangen wir in den Bahnhof.

»Da könnte doch mal wenigstens jemand einen Zettel an die Absperrung hängen, oder?«, fluchen wir verärgert.

Doch wir haben keine Zeit, uns über den mangelnden Servicegedanken der Franzosen zu echauffieren, denn der Zug nach Straßburg steht bereits auf seinem Gleis. Am Bahnsteig gibt es sogar einen kleinen Supermarkt, und der hat geöffnet.

»Alles wird gut!«, murmelt Heppo und stürmt zusammen mit Martin in den Laden, um schnell Brot und Käse für uns zu ergattern. Ich besetze zusammen mit Sidi schon mal unsere Plätze im Abteil. Als sich der Zug dann einige Minuten später in Bewegung setzt, löst sich ein Teil unserer Anspannung.

»Endlich raus aus Paris!«, seufzt Heppo erleichtert.

»Hauptsache, wir kommen weiter!«, atme ich auf.

Und Martin, mit vollem Mund: »Ah, Brotzeit! Des is wia a Religion für mi!«

Bereits um 15.30 Uhr sind wir in Straßburg. Meine Eltern waren unterdessen fleißig. Sie haben bei der Bundespolizei angerufen und erfahren, dass wir als deutsche Bundesbürger jederzeit über die Grenze gelassen werden. Nun wissen wir auch, dass zwischen Straßburg und Kehl noch ein Regionalzug verkehrt.

Eine Stunde lang warten wir auf unseren Anschluss. Der Hund muss pinkeln. Ich gehe vor das Bahnhofsgebäude. Die Situation hat etwas Gespenstisches. Kein Auto ist weit und breit zu sehen. Nur wenige Passanten huschen durch das Bild. Dafür patrouilliert wieder die Polizei. Ich erfahre, dass in Frankreich ein Passierschein benötigt wird, der zuvor aus dem Internet heruntergeladen werden muss. Wer ohne dieses Dokument erwischt wird, der hat mit schweren Konsequenzen zu rechnen.

In Kehl in Deutschland werden wir von drei Polizisten in voller Montur in Empfang genommen. Im Gegensatz zu ihren französischen Kollegen sind diese wenigstens freundlich. Nach dem Vorzeigen unseres Reisepasses dürfen wir uns innerhalb des kleinen Bahnhofs frei bewegen. Eine ältere Obdachlose mit langen, sorgfältig manikürten Fingernägeln sitzt in der Unterführung und wärmt sich die Hände an einem Pappbecher mit Automatenkaffee. Sie bedankt sich höflich, als ich ihr ein paar Cent gebe. Als ich nach oben zum Bahnsteig gehe, höre ich, wie sie irre lacht, kreischt, schreit und heult. Ich kann sie verstehen! Ich würde am liebsten mit ihr weinen und heulen. Schrecklich, wenn man in diesen Zeiten kein Zuhause hat.

Mit der Regionalbahn geht es weiter nach Appenweier, von dort nach Karlsruhe und mit dem Intercity nach Nürnberg. Fast überall sind wir die einzigen im Abteil.

Auch in Nürnberg sind wieder nur Obdachlose und nervöse Polizeibeamte am Bahnhof unterwegs.

Einer offensichtlich unter Drogen stehenden und stark hustenden Frau wird von den Beamten, die wie Berufsrambos wirken, gerade mit Gewalt eine Gesichtsmaske aufgenötigt. Die anderen Alkis und Drogis vor der Tür finden das witzig und lachen sich schlapp. Niemand hilft, keiner schreitet ein. Auch ich gucke nur betreten zu Boden. Reisende entdecke ich so gut wie keine mehr. Nur ein junger Mann ist da, der nach einem Schlafplatz sucht. Eigentlich möchte ich ihn fragen, ob sein spitzer Chinesenhut ein politisches Statement darstellt, aber dann frage ich ihn nur nach seinem Reiseziel.

»Czech Republic!«, antwortet er.

»Good luck!«, wünsche ich ihm.

Heppos Bruder Christian wartet vor dem Bahnhofsgebäude auf uns. Eigentlich wollen wir lieber Abstand zu ihm halten, wo wir doch heute an zwei Flughäfen, in drei verschiedenen Ländern und an diversen Bahnhöfen waren. Aber Christian ist schneller als wir und umarmt uns herzlich.

»Ist jetzt auch schon wurscht!«, nuschelt er etwas verlegen. »Schön, dass ihr wieder da seid!«

Deutschland

***Tiken Jah Fakoly* – We love Africa**

Und noch mal Tiken Jah Fakoly, *weil's so schön ist…*

Zuhause in der neuen Normalität

Anfang April 2020

Fast zwei Wochen sind wir nun schon daheim. Das Ankommen und Wiedereinleben fällt uns erstaunlich leicht. Nach dem ersten Kälteschock genießen wir das angenehme Klima. Die Luft ist herrlich, angenehm und kühl. Endlich können wir nachts wieder schlafen. Der nahende Frühling heißt uns mit Vogelgezwitscher und blühenden Bäumen willkommen. Auch die Mitbewohner freuen sich.

Voller Elan stürzen wir uns in ein gemeinsames Gartenprojekt: Wenn nicht jetzt, wann dann? Nun ist die richtige Zeit, um autark zu werden, Gemüse anzubauen und das Feld zu bestellen. Wir kaufen ein gebrauchtes Gewächshaus, ordern Setzkartoffeln und Saatgut.

Unseren Hof verlassen wir gerade kaum noch. Ein Hamsterkauf im Supermarkt, nach unserer Reise sowieso nötig, überzeugt uns davon, dass die Lage gar nicht so schlimm sein kann wie vermutet: Es gibt sogar noch Klopapier, nur die Hefe ist ausverkauft. Heppo und ich sind die einzigen zwei Kunden, die im Markt mit Masken und Handschuhen hantieren. Der Rest der Käufer scheint sorglos, einer bohrt an der Kasse sogar gedankenverloren in seiner Nase.

Ja, Corona hat auch etwas Gutes: Der Ansturm an Willkommen-zurück-daheim-Besuchern hält sich in Grenzen. Auch die Pflichtveranstaltungen, die normalerweise nach großen Reisen so stattfinden, fallen vorerst aus. Schade einerseits; andererseits haben wir so genügend Zeit, um uns wieder langsam an das Leben in Deutschland zu gewöhnen. Die Entschleunigung tut gut.

Immer öfter vergesse ich, bei *www.worldometers.info* nach den aktuellen Corona-Fallzahlen zu sehen. Nur noch einmal am Tag schalte ich das Radio ein. Trotzdem bin ich beunruhigt, weniger wegen der Lungenkrankheit, mehr wegen der Maßnahmen, die die bayerische Regierung diskutiert: Von Tracking mit Big Data ist da die Rede und von einer Verlängerung der Ausgangsbeschränkungen.

Tagsüber sind wir aber prima abgelenkt. Die neue Herausforderung am Hof heißt, unserem aggressiven Brahma-Hahn »G.G.« – kurz für Golden Guy – nicht zu nahe zu kommen. Der Wahnsinnige stürzt sich auf jeden und jede, um mit Kung-Fu-Fußtritten gegen Kniescheiben und Schienbeine zu treten. Obwohl wir in unserer kleinen Gemeinschaft alle Vegetarier sind, haben wir böse Fantasien, in denen Hackebeile und Suppentöpfe eine große Rolle spielen. Ich gewöhne mir an, Sidi an meiner Seite bei Fuß gehen zu lassen und ihn bei Gefahr im Verzug auf den wild gewordenen Gockel zu hetzen. Seit dieser ein paar seiner Schwanzfedern lassen musste, hat er einen ziemlichen Respekt vor unserem Hund. Erwischt mich das Vieh jedoch allein, dann verfolgt es mich bis ins Haus hinein. Ich fürchte mich davor, über den Hof zu gehen und bewaffne mich daher stets mit Stöcken. Meine Mitbewohner lachen mich schon aus. Es reicht: Nun drehe ich den Spieß um. Mit Gummistiefeln verprügele ich den Hahn und verfolge ihn quer über den Hof. Ab jetzt bekommt dieser irre Stalker schon immer vorsorglich eins von mir übergebraten. Angriff ist die beste Verteidigung! Das Landleben ist gut, um sehr präsent im Hier und Jetzt zu sein: Keine Gedankenspiralen mehr, kein Flatterherz, keine innere Unruhe. Nur nachts sind wir immer noch in Afrika.

Oft wachen wir komplett desorientiert auf. Wo sind wir? In unserem Lkw? In der Côte d'Ivoire? In Ghana? In Mali oder in Mauretanien? Nein, wir sind zu Hause, in Deutschland. Beide träumen wir vom *Elephant's Nests*, von Chloes Innenhof, vom Zusammenpacken und fluchtartigen Verlassen des Landes. Eine Zeitschleife: Wir wachen auf, versichern uns gegenseitig, dass wir nur geträumt haben, schlafen erneut ein – und befinden uns wieder dort. Die ganze Sache hat uns wohl doch mehr mitgenommen, als wir uns eingestehen wollen...

Ob es Frau Scherer wohl gut geht, und wann wir sie wiedersehen werden?

Ich bin genervt! Wenn unser Fahrzeug hier bei uns wäre, könnten wir einen Schlussstrich unter diese Reise ziehen. So aber hängt ein Teil von uns noch fest auf dem anderen Kontinent, in Afrika.

Schwierige Kommunikation

Mai und Juni 2020

Aus einem *Instagram*-Post des *Elephant's Nests* erfahre ich, dass es in der Katholischen Mission gebrannt hat. Moment mal, das ist doch dort, wo Frau Scherer steht? Da aber von Chloe keine Nachricht zu unserem Auto kommt, gehe ich mal davon aus, dass unsere alte Dame noch intakt ist.

Auch wenn es mit ziemlicher Sicherheit eine anstrengende Angelegenheit wird, ich dränge darauf, endlich die Verschiffung unseres Fahrzeugs zu organisieren.

Bereits die Recherche ist allerdings schwierig. Das Schiff, das die Linie Abidjan–Antwerpen–Hamburg bedient, gehört zur italienischen Reedereigruppe Grimaldi. Direkt dort zu buchen ist leider nicht möglich, das geht nur über einen sogenannten Freight forwarder, auch Agent genannt.

Unsere entsprechenden Kontakte, die wir vor Ort in Afrika geknüpft haben, erweisen sich leider alle als Nieten. Ramy von der MAN-Werkstatt in Ghana, ignoriert unsere E-Mails, ebenso Dana von Stracotrans in Abidjan. Ein Jammer, dabei war der kurze persönliche Kontakt mit der libanesischen Firma eigentlich sehr nett und sympathisch verlaufen. Ricardo Gomes von Caravan Shippers in Hamburg ist hingegen sehr hilfsbereit. Eigentlich würde ich am liebsten mit ihm zusammenarbeiten, denn der Ansprechpartner in Deutschland erscheint mir vertrauenswürdig, doch leider hat Ricardo keinen Kontakt in Abidjan. Doch genau dort werden wir Menschen benötigen, die sich um unsere Belange kümmern. Schließlich entscheiden wir uns für eine Empfehlung von Chloe: Christel Sanders von ECU Worldwide ist zusammen mit ihrem Kollegen

Adama Kouyate extrem auf Zack. Die Kommunikation läuft reibungslos, zumeist auf Englisch oder Französisch. Auch erhalte ich, weil ich mehrfach umplane, verschiedene Angebote. Meine vielen Fragen – immerhin handelt es sich um unsere erste Verschiffung – werden geduldig beantwortet. Ich versuche, möglichst alle Details für die Verschiffung unseres Expeditionsmobils zu klären.

Heppo ist die relativ undankbare Aufgabe zugefallen, mit Chloe in telefonischen Kontakt zu treten. Unangenehm deshalb, weil die Verbindung Deutschland–Côte d'Ivoire trotz Internettelefonie doch zumeist sehr zu wünschen übrig lässt. Zusammen mit Chloes gewöhnungsbedürftigem irischen Akzent und der Besprechung oftmals schwieriger, technischer Details ist das alles andere als einfach. Chloe hat sich bereit erklärt, für uns vor Ort die Lkw-Übergabe an Zoll und Reederei zu koordinieren. Außerdem wird sie für uns einen Fahrer engagieren, der unseren alten Lkw zuverlässig aufs Schiff bringen wird.

Schon bald darauf reserviere ich für Frau Scherer eine Fährpassage für Anfang Juni und stelle alle benötigten Unterlagen zusammen. Doch den Dokumentenversand in die Elfenbeinküste zu buchen, treibt mich fast in den Wahnsinn.

»Dazu muss frau ja DHL studiert haben!«, schimpfe ich genervt.

Währenddessen versuche ich herauszufinden, ob unser Carnet de Passage und unser Fahrzeugschein unter »zu verzollende Dokumente« oder gar unter »Gefahrengut« fallen. Fast scheitert der Versand daran, dass die Anschrift der Fährgesellschaft den vorgegebenen Drei-Zeilen-Rahmen des Formulars sprengt. Afrikanische Adressen sind eben ein bisschen komplizierter als die bei uns. Sie ähneln eher einer Wegbeschreibung. Da wird neben der Straße auch noch die Art des Gebäudes angegeben, dann heißt es weiter »(...) hoch in die dritte Etage, hier befindet sich das Büro gegenüber von dem Geschäft Soundso, (...)«. Irgendwann finde ich schließlich ein Formular, das ein frei ausfüllbares Adressfeld zur Verfügung stellt. Nach läppischen drei Stunden habe ich es geschafft, einen Expressversand für Dokumente »General Business« zu buchen und das dazugehörige Label auszudrucken. Über 80 Euro kostet uns dieser Spaß.

Am nächsten Morgen haben wir dann noch mal reichlich Verdruss, als der Sachbearbeiter im Supermarkt, in dem zugleich Post und DHL-Zentrale untergebracht sind, die Annahme unseres kleinen Pakets verweigert: »Zurzeit wird wegen Corona nichts ins außereuropäische Ausland verschickt!«

Als Heppo ihm verzweifelt erklärt, dass in diesem kleinen Paket unser Auto, gar unsere halbe Existenz steckt, zeigt er sich einsichtig. Er greift zum Telefon und fragt direkt bei DHL nach den aktuell geltenden Bestimmungen. Von dort gibt es grünes Licht. Unsere Dokumente dürfen ihren Weg nach Afrika antreten. Wir sind wirklich gespannt, ob sie auch dort ankommen werden. Nur sechs Tage später sind diese dann in Abidjan.

Es ist nun Ende Mai. Die Schiffspassage ist für den 9. Juni gebucht.

Doch vorher gibt es noch so einiges zu tun. Leider konnte Chloe noch immer keinen Lkw-Fahrer auftreiben. Dann outet sich Jason, der nette britische Radfahrer, der bereits zusammen mit uns im März im Elephant's Nests gestrandet war, als Inhaber eines Lkw-Führerscheins. Das ist eine tolle Nachricht, denn ihm trauen wir diese Aufgabe absolut zu. Unterdessen organisiert Chloe eine neue Autoversicherung für uns, denn unsere ist natürlich seit ein paar Tagen abgelaufen.

Für Zoll und Reederei fertigen Heppo und ich eine ausführliche Packliste aller Gegenstände in unserem Lkw auf Französisch, Englisch und Deutsch an. Sie wird mehrere Seiten lang. Unglaublich, was wir alles für unsinnige Dinge mit uns führen. Das nächste Mal plädiere ich auch für eine Radreise, da muss man sich von Anfang an nur auf das Nötigste beschränken.

Für Jason und alle Fahrer, die später unser Auto auf das Schiff bewegen werden, erstellen wir außerdem ein Handbuch. Darin steht ebenfalls in mehreren Sprachen zu lesen, wie unser Lkw gestartet und gefahren werden kann. Bei unserer alten Mühle ist einiges ziemlich speziell. Jason instruieren wir außerdem, bereits ein paar Tage vor der tatsächlichen Auslieferung den Motor probehalber laufen zu lassen. Sicher ist sicher.

Frau Scherer springt ohne Probleme an, doch als unser Bekannter dann den Rückwärtsgang einlegt, stirbt der Motor ab. Danach lässt sich Frau Scherer einfach nicht mehr starten. Heppo ist verzweifelt und vermutet eine kaputte Kupplung.

»Auch wenn es vielleicht eine extrem dumme Frage ist, kontaktiere doch mal unseren Freund Holger Thome, den Lkw-Mechaniker von Trial Sports in Regensburg!«, schlage ich vor.

»Ach was, der lacht mich doch aus!«, seufzt mein Mann frustriert und winkt ab. Aber dann sehe ich ihn schon zum Telefon greifen.

»Holger meint, dass sich das Schaltgetriebe verhakt hat. Du kommst nie darauf, was man in diesem Fall dann machen muss!«, meint Heppo grinsend. »Man muss das Auto schütteln!«

Kaum hat Heppo diese neue Erkenntnis Jason mitgeteilt, erhalten wir wenige Sekunden später auch schon die erlösende Nachricht. Frau Scherer läuft, und alle Gänge lassen sich wieder mühelos einlegen. Schon wieder haben wir etwas dazugelernt. Wenn nichts mehr geht: »Shake the car!«

Frau Scherer steht beim Zoll und wartet auf ihre Inspektion. Ich bin etwas nervös. Wenn es dort jemand ganz genau nimmt, dann haben wir vielleicht ein Problem. Zum Beispiel haben wir eine große Medikamentenkiste an Bord, die zwar nur Harmloses enthält, doch oft unterscheiden sich die Kriterien der Legalität stark von Land zu Land. Paracetamol fiel zum Beispiel in Usbekistan bereits unter das Betäubungsmittelgesetz. Wer weiß also, welche Vorschriften in der Elfenbeinküste gelten?

Ein paar Tage später bekommen wir aber auch hier grünes Licht. Der Zoll hat seine Inspektion ohne Beanstandung abgeschlossen. Nun kann Frau Scherer am Hafen angeliefert werden. Auch dieser Schritt funktioniert reibungslos. Doch als unser Fahrzeug bereits im Verladezentrum steht, schreibt mir Adama von ECU Worldwide eine E-Mail, dass der Cargo Inspector der Reederei eventuell einige unserer mitgeführten Gegenstände beanstanden könnte, nämlich die sogenannten Dangerous Items.

Als gefährliche Güter gelten folgende Dinge:

- Waffen und Munition,
- Drogen und Medizin,
- verderbliche Waren, Pflanzen, Lebensmittel, Gewürze usw.,
- entzündbare und gefährliche Substanzen, wie z. B. Sprühdosen,
- Kraft- und Schmierstoffe,
- elektronische Geräte wie Drucker, Kameras, Computer, iPads etc.,
- Fernseher, Navigationsgeräte, DVDs (Ausnahme: fest installierte Geräte und Radios),
- Reinigungsmittel
- und Ölkanister.

Diese Nachricht stürzt uns in Verzweiflung. Waffen, Munition und Drogen sind so ziemlich die einzigen Dinge, die wir nicht an Bord haben, alles andere besitzen wir aber in rauen Mengen.

Zum Beispiel: Selbstverteidigungsspray, Medikamente, Sprühdosen aller Art, einen Fotodrucker, eine kleine Action-Kamera, zwei Mp3-Player, ein Navigationsgerät, Putzmittel, Essen, Gewürze, gesammelte Samen und Muscheln, Hundefutter, Ölkanister, mindestens 500 Liter Diesel in den Tanks und drei frisch aufgefüllte Gasflaschen à fünf Liter. So kommt Frau Scherer nie an Bord des Schiffes. Heppo plädiert für das Ignorieren dieser Mail. Ich bin mir jedoch sicher, dass das nicht funktionieren wird. Ehrlich wie ich bin, hatte ich bereits bei der Liste für den Zoll ganz genau alle unsere Gegenstände an Bord aufgelistet. Ich finde, wir sollten zumindest guten Willen zeigen. Chloe muss nun also noch mal ran, denn lieber möchte ich, dass sie unsere ganzen Sachen bekommt als sonst irgendjemand. Die Gute ist alles andere als begeistert, dass sie nun noch einmal ausrücken muss. Es ist nämlich gar nicht so einfach, sich erneut Zugang zum Hafengelände zu verschaffen, denn dabei handelt es sich bereits um eine Grenze. Wenn es aber irgendjemand schaffen wird, derartige Hindernisse zu überwinden, dann ist es auf jeden Fall diese ungewöhnliche Frau. Lautstark flucht sie auf allen Kanälen über die Unfähigkeit der Agentur, die das Pferd von hinten aufzäume. Zum ersten Mal in diesem ganzen Prozedere bin ich froh, dass wir gerade nicht vor Ort sind.

Warten in Hamburg

Juni 2020

4.400 Euro kostet die Verschiffung inklusive aller Gebühren von Abidjan nach Hamburg. Obwohl die Firma ECU Worldwide einen sehr anständigen Eindruck macht, bleiben wir bis zuletzt skeptisch. Was ist, wenn unser Lkw nur auf dem Papier transportiert wird? Außer einer digitalen Bestätigung haben wir ja nichts in der Hand. So beschließen wir, die Rechnung erst zu

In Hamburg zieht es uns zum Afrikahaus, das 1899 errichtet wurde.

begleichen, sobald wir unser Auto in Empfang nehmen können. Zeitgleich nehme ich Kontakt mit unserem Agenten in Hamburg auf. Er geht davon aus, dass Frau Scherer pünktlich am 23. Juni mit der Grande Cotonou in Hamburg ankommen wird.

Bis aber der Zoll seine Inspektionsrunde dreht, kann es stets eine Weile dauern.

Wir jedoch möchten nicht länger warten. Wenn Frau Scherer in Deutschland ankommt, wollen wir vor Ort sein. Wir finden, so viel Zuwendung sind wir unserer tapferen und mittlerweile schon sehr selbstständigen alten Dame einfach schuldig. Schnell buche ich eine einfache Zugfahrt nach Hamburg für zwei Personen. Nadine und Adrian, die beiden netten Menschen, die wir in Marokko kennengelernt und die wir später in Mauretanien wiedergetroffen hatten, bieten sich liebenswürdigerweise an, uns bei sich aufzunehmen. Wir können Nadines kleine Wohnung in Altona beziehen, während sie bei Adrian wohnen wird.

Normalerweise könnten wir unseren Aufenthalt in Hamburg in vollen Zügen genießen, doch unsere Aufmerksamkeit ist ununterbrochen bei Frau Scherer. Jeden Abend sitzen wir im Park Fiction, einem Stück Grün zwischen Altona und St. Pauli, entstanden aus einer Nachbarschaftsinitiative, und blicken auf den Hafen mit seiner Werft, den Kränen und Containerschiffen. Irgendwo dort drüben muss auch unser hellblaues Wohnmobil stehen und darauf warten, dass es schon bald von uns abgeholt wird.

Die Hiobsbotschaft

Juni 2020

Es ist bereits Freitag, als wir einen Anruf von unserem Agenten bekommen.

»Leider habe ich eine Hiobsbotschaft für Sie!«, fällt er mit der Tür ins Haus. »Die Grande Cotonou kam zwar bereits pünktlich am Dienstag in Hamburg an, aber die Ladung wurde seither nicht gelöscht. Da mehrere Besatzungsmitglieder an Corona erkrankt sind gab es einen Entladestopp. Das ganze Schiff muss in Quarantäne! Haben Sie denn eine Versicherung?«

»Eine Versicherung? Wofür? Oder, besser gesagt, wogegen?«, frage ich verwundert nach.

»Na, gegen eine Havarie-grosse. Dieser liegt der in seinen Grundzügen bis in die Antike zurückreichende Rechtsgedanke der Gefahrengemeinschaft zugrunde, bei der außergewöhnliche Aufwendungen und Opfer zur Abwendung einer allen Beteiligten einer Seereise drohenden Gefahr auch von allen gemeinsam getragen werden müssen und nicht nur vom zufällig unmittelbar Betroffenen allein. Kurz gesagt, als Ladungseigner haften Sie immer für das Schiff und alle entstehenden Kosten mit. Wussten Sie das denn nicht?«

Unser Agent scheint aufrichtig mit uns mitzufühlen.

»Das kann aber richtig teuer werden. Manchmal ist es dann sogar besser, die Ladung zur Versteigerung freizugeben. Ich versuche aber noch mehr für Sie herauszufinden, dann melde ich mich wieder bei Ihnen.«

»Was ist los?«, fragt Heppo, als er meinen verstörten Gesichtsausdruck sieht.

»Frau Scherer darf nicht von Bord!«, entgegne ich kreidebleich. Dann beginne ich zu weinen.

Auch Heppo ist ganz käsig geworden, er reagiert aber komplett anders.

»Dann sollen sie die doofe Karre behalten. Somit hat sich dieses Problem eben auch erledigt!«, schimpft er entnervt.

»Das ist doch nicht dein Ernst!«, heule ich. »Wir geben doch nicht auf dem letzten Meter unsere Frau Scherer auf. Zur Not steige ich gewaltsam in den Hafen ein und hole sie da raus!« Widerstandsgeist regt sich in mir.

Vielleicht sollten wir erst mal die genaue Faktenlage überprüfen? Die *Hamburger Morgenpost* wusste auf jeden Fall bereits seit gestern von diesem Vorfall:

»25.06.2020, KLEINER GRASBROOK

Corona-Alarm an Bord: Nachdem es mehrere Infektionen auf dem Frachter Grande Cotonou gegeben hat, hat die Hamburger Gesundheitsbehörde die Besatzung des Schiffes im Hansahafen unter Quarantäne gestellt.

Bereits vor dem Einlaufen in Hamburg meldete die Crew der Grande Cotonou den Hamburger Behörden, dass es zwei Corona-Verdachtsfälle an Bord gebe. Die gesamte Besatzung wurde daraufhin getestet (...). Das Ergebnis: Insgesamt sechs Menschen sind laut Angaben der Gesundheitsbehörde positiv auf das Coronavirus getestet worden. Die gesamte Besatzung aus 28 Seemännern wurde im Anschluss isoliert und für 14 Tage unter Quarantäne gestellt.«

Frustriert lasse ich mich zurück in Nadines graue Polstermöbel fallen, schnappe mir eine Packung Taschentücher und heule beherzt weiter. »Das Leben ist so ungerecht!«

Gerade als ich mich so richtig in unser Elend hineinsteigern möchte, klingelt noch einmal mein Telefon. Während ich geräuschvoll meine Nase putze, hebt Heppo für mich ab.

»Der Agent ist am Apparat«, flüstert er ehrfürchtig, während er das Telefon an mich weiterreicht.

Schniefend melde ich mich. Als ich die Stimme unseres Agenten vernehme, weiß ich, dass sich doch noch alles zum Guten fügen wird.

»Frau Hüttinger!«, lacht er ins Telefon. »Sie haben wirklich unverschämtes Glück. Ihr Fahrzeug ging – als eines der wenigen – noch vor dem Entladestopp von Bord! Vor dem Wochenende passiert aber trotzdem nichts mehr. Ich denke, dass der Zoll Anfang nächster Woche die Beschau durchführen wird. Erst dann können Sie Ihr Wohnmobil in Empfang nehmen.«

Was sind wir froh und erleichtert. Frau Scherer ist also zum Greifen nahe. Doch als wir gerade aufatmen wollen, erreicht uns eine E-Mail von Christel und Adama aus Abidjan.

»Bisher konnten wir noch keinen Geldeingang feststellen. Ihr Fahrzeug wird so lange eingelagert, bis das Geld auf dem Konto von ECU Worldwide in Abidjan eingegangen ist. Alle anfallenden Kosten wie Lagergebühren etc. gehen selbstverständlich zu Ihren Lasten!«

Prima, das haben wir also davon, dass wir so misstrauisch waren. Schnell versuche ich das Geld in die Elfenbeinküste zu überweisen. Doch auch das ist nicht so einfach. Eine Überweisung in das westafrikanische Land unterliegt offenbar zahlreichen Sicherheitshürden. Am späten Freitagmittag ist meine Hausbank auch nicht mehr telefonisch zu erreichen. Eine Onlinebank, bei der ich ebenfalls ein Konto habe, wirbt hingegen mit einem Rund-um-die-Uhr-Beratungsservice. Um aber tatsächlich einen reellen Menschen an die Strippe zu bekommen, benötige ich jedoch vor allem eines: Geduld. Als ich nach 20 Minuten in der Warteschleife endlich eine Mitarbeiterin am anderen Ende der Leitung habe, schickt diese mich wieder zurück auf Null. »Zuerst müssen Sie online das Tageslimit hochsetzen, bevor ich ihre Überweisung entgegennehmen kann!« Schöne, neue Welt! Angeblich ist heutzutage alles ganz einfach geworden. Warum aber fühlt es sich dann nur so unendlich kompliziert an?

Nach weiteren 20 Minuten habe ich endlich eine Mitarbeiterin der Onlinebank am Apparat. Wieder dauert es eine Weile, bis ich die komplizierte afrikanische Adresse des Empfängers durchgegeben habe. Aus Sicherheitsgründen muss ich diese sogar buchstabieren. Wieso ich nicht einfach selbst die Daten für die Auslandsüberweisung online eingeben kann, ist mir absolut schleierhaft. Schließlich möchte ich von der netten Mitarbeiterin wissen, wie lange es dauert, bis das Geld auf dem angegebenen Konto erscheinen wird.

»Bis zu einer Woche!«, ist ihre lapidare Antwort, die mich fast aus den Schuhen kippen lässt.

»Nicht Ihr Ernst, oder? Mit Computern müsste das doch in Sekundenschnelle erledigt sein!«.

»Es kommt darauf an, ob bei ihrem Geldtransfer noch sogenannte Korrespondenzbanken zwischengeschaltet sind!«, erklärt mir die auskunftsfreudige Mitarbeiterin.

Okay, das nächste Mal sind wir definitiv schlauer, wenn es ans Verschiffen und Bezahlen geht.

Hier also unsere Macht-nicht-die-gleichen-Fehler-wie-wir-Zusammenfassung für Verschiffungen, exklusiv für euch:

---

1. Bei einer Verschiffung sollte besser eine Versicherung gegen eine Havarie-grosse abgeschlossen werden.
2. Eine rechtzeitige Bezahlung ist vernünftig, also spätestens dann, wenn das Fahrzeug an Bord ist.
3. Statt eine Auslandsüberweisung über die Reisebank abzuwickeln, besser nach einer sogenannten Peer-to-Peer-Überweisung erkundigen.

Es ist bereits Nachmittag, als wir uns endlich erschöpft zurücklehnen. Vorerst können wir nichts anderes machen als zu warten und zu hoffen, dass am Ende doch alles schneller vonstattengeht als befürchtet.

Und tatsächlich, bereits am Dienstag erhalten wir die erfreuliche Nachricht: »Die Zollinspektion ist durch. Sie können Ihr Wohnmobil abholen!«

Am Zollamt darf nur Heppo in den Hafenbereich. Ich warte draußen vor dem Zaun. Nach einer halben Ewigkeit ist es endlich soweit. Schon von weitem höre ich das typische ohrenbetäubende Motorengeräusch.

Dann sehe ich inmitten schwarzer Rußwolken unser blaues Ungetüm um die Ecke biegen. Ein grinsender Heppo sitzt hinter dem Steuer.

»Da ist sie wieder!«

Auf den Tag genau drei Monate nach unserer Rückkehr ist auch Frau Scherer wieder bei uns. Ich kann mich nicht beherrschen und drücke unserer Gefährtin einen roten Lippenstiftkuss auf den Kotflügel.

»Willkommen, alte Dame! Was hast du nicht alles durchgemacht! Selbstständig bist du geworden, fährst mittlerweile schon ganz allein um die halbe Welt. Wir freuen uns so sehr, dich wiederzusehen!«

Als Belohnung für ihre Tapferkeit erhält Frau Scherer noch in Hamburg eine neue Spurstange. Max, selbst Rundhauberfahrer und Lkw-Mechaniker mit eigener Werkstatt, hat zufälligerweise eine passende parat.

»Ich habe die letzten Spurstangen auf dem Markt gekauft!«, sagt er zu uns und stolpert dabei heftig über den sogenannten spitzen Stein. Schnell ist das Teil eingebaut, und wir können die 700 Kilometer lange Fahrt nach Hause beruhigt antreten.

Frau Scherer

Frau Scherer steht nun bei uns auf dem Hof direkt neben unserem Zirkuswagen. Sie dient uns als Wohn-, Schlaf- und Gästezimmer. Manchmal denken wir darüber nach, sie zu verkaufen, denn wer weiß, ob wir so schnell wieder wegfahren können. Ob wir alle überhaupt jemals wieder so einfach verreisen werden können? Doch wahrscheinlich bleibt es bei dieser Gedankenspielerei. Könnten wir uns wirklich von unserem Wohnmobil trennen? So viel haben wir miteinander durchgemacht. Unsere größten Abenteuer haben wir zusammen mit Frau Scherer erlebt. Sie war unser Fluchtfahrzeug bei einem Steppenbrand in Kasachstan und drohte schon einmal in einem Salzsee zu versinken. Da war unsere Reise durch Zentralasien und meine erste Buchveröffentlichung *Roadtrip mit Frau Scherer. Ein Allradabenteuer von der Adria bis zum Altai.* Dann kam unsere Fahrt durch Westafrika. All das wäre ohne Frau Scherer nicht möglich gewesen. Frau Scherer ist eben deutlich mehr als nur ein altes, langsames und schwerfälliges Auto.

Sie ist ein Allrad-Mobil mit erstaunlicher Fitness und Gelenkigkeit in der Wüste. Sie war uns Wohnraum und Zuhause und unser Ticket in die Welt. Und, sagen wir es ehrlich, sie ist unsere Ego-Verlängerung. Frau Scherer ist einfach Frau Scherer: Eine zickige, alte, tapfere, gutmütige, selbstständige und liebenswerte Dame mit Charakter.

Frau Scherer vor der Elbphilharmonie in Hamburg: Was sind wir froh, unsere gute Gefährtin wieder zu haben! Willkommen in Deutschland!

Epilog

Fela Kuti – Lady

Wenn dieses Buch schon nicht mit Fela Kuti, *dem nigerianischen »Gott« des Afrobeats begonnen hat, so soll es doch zumindest mit ihm enden. Als Bandleader war er zwar durchaus umstritten, vor allem in seinem Umgang mit Frauen, seine Musik ist jedoch über jeden Zweifel erhaben.*

Und plötzlich ist es September. Fast genau ein Jahr ist es her, dass wir uns aufgemacht haben, Abenteuer in Westafrika zu suchen. Es kam anders, als wir geplant hatten. Aber ist es denn nicht immer so? Die Welt macht eben ihre eigenen Regeln, und sie hat sich verändert. Eine Pandemie, ein winziger Virus, hat vieles, was unverrückbar schien, aus den Angeln gehoben, hat einiges zum Guten und vieles zum Schlechten verändert.

Wie immer leiden die Ärmsten auf diesem Planeten am meisten unter diesem Wandel.

Was es für die Menschen in Afrika bedeutet, wenn sie nicht mehr ihren Geschäften nachgehen können oder gar krank werden, wenn sie Abstand halten und Ausgangssperren beachten müssen, können wir nur erahnen.

Wir denken an unsere Bekannten in Mali, den Musiker Alassane Samaké und Adama Sidibé von Sahel Roots, für die der Ausbruch der Corona-Pandemie vor allem auch ein finanzieller Schaden und einen tiefen Einschnitt in ihre Bandkarriere bedeutete. Ein bereits vereinbartes Konzert im renommierten Institut Français konnte jedenfalls nicht stattfinden.
Zu allem Übel kam es Ende August auch erneut zu einem Putsch in Mali. Der letzte fand 2012 statt. Alassane antwortet nicht auf unsere besorgten E-Mails. Wir hoffen sehr, dass es ihm und allen anderen gut geht.

Mit Polly und Leo, dem amerikanischen Lehrerehepaar, stehen wir noch immer in Kontakt. Die beiden sind zurück in Kalifornien. Ein halbes Jahr nach ihrer überstürzten Abreise aus Accra sind sie schon wieder im Fluchtmodus. Leo schreibt: »(...) und jetzt brennt auch noch Kalifornien. Feuer im Osten und im Westen. Aber noch sind wir in Sicherheit! Das Wetter kühlt etwas ab, und so haben wir eine Verschnaufpause. Doch die Feuersaison geht noch zwei weitere Monate. Für den Fall der Fälle halten wir eine gepackte Tasche bereit. In der Zwischenzeit tue ich alles, um unser Zuhause zu verschönern, indem ich ein leuchtendes Türkis an eine Wand in unserem Garten male (...).«

Das mitgeschickte Foto zeigt eine Neuinterpretation von Sandro Boticellis *Die Geburt der Venus*. Die Venus ist in zarten Rosa- und Türkistönen in der Mitte aufgemalt, rechts von der Göttin steht in einer tropischen Landschaft ein junges Mädchen, aus deren Schleier zwei Vögel fliegen. Doch ganz anders als im Original, wo links der Venus Zephyr, der Westwind, mit seiner Gefährtin im Arm die Muschelschale sanft an die Ufer von Kypros (Zypern) bläst, rollt in Leos Version stattdessen eine riesige Sturmflut heran. Über den Schaumkronen schweben zwei mexikanisch anmutende Totenköpfe mit Flügeln. Noch weiter links im Bild ist ein aufgerolltes Spruchband mit japanischen Schriftzeichen zu sehen. Leo liefert die Übersetzung gleich

Auch in schwierigen Zeiten sollten wir die Hoffnung nie aufgeben. Ein Wandbild kann uns an das Gute und Schöne erinnern, wie hier in Abidjan.

mit: »Nun aber bleibt Glaube, Hoffnung, Liebe, diese drei; aber die Liebe ist die größte unter ihnen.« Dieses Zitat aus der Bibel, Korinther 13.1., scheint mir ein gutes Schlusswort zu sein. In einer Welt die zunehmend aus den Fugen gerät, dürfen wir nicht aufgeben, unser Umfeld zu verschönern: Mit bunten Farben und vor allem mit Liebe!

Exkurs

Gestatten,

Steckbrief:

- **Name:** Frau Scherer (übernommen vom Vorbesitzer)
- **Mercedes Benz LA 710 (LA 323) Kurzhauber, Rundhauber**
- **Typ OM312 (Vorkammermotor)**
- **Kilometerstand bei Kauf:** 25.300 km (April 2009)
- **Baujahr:** 1964
- **Leistung:** 74 kW/101 PS,
- **Kraftstoffart:** Diesel
- **Motor:** 6 Zylinder, Hubraum: 4551 cm^3
- **Leergewicht:** 5,07 t
- **Zulässiges Gesamtgewicht:** 7,49 t
- **Umweltplakette:** 1 (keine)
- **Erstzulassung:** 5/1964
- **Ausstattung:** 4x4 Allradantrieb, Anhängerkupplung
- **Besondere Kennzeichen:** Historisches Kennzeichen

Koffer:

- **Grundfläche Kofferaufbau:** ca. 4,3 m x 2,4 m
- **Durchgehende Stehhöhe:** mind. 2 m
- **Fahrzeughöhe mit Dachständer:** 3,4 m

Sonstiges:

- **Verbrauch (Straße):** 18 bis ca. 23 l/100 km
- **Höchstgeschwindigkeit:** ca. 90 km/h
- **TÜV:** Frau Scherer wiegt mehr als 3,5 t, sie muss deswegen jedes Jahr zum TÜV

Fahrzeughistorie:

- In THW-Besitz bis 11.10.2005 als Trinkwasseraufbereitungsanlage
- Der Vorbesitzer (erster Privatbesitz) erstand Frau Scherer in Marburg im Oktober 2005 mit 16.797 km
- April 2009: Verkauf nach Regensburg

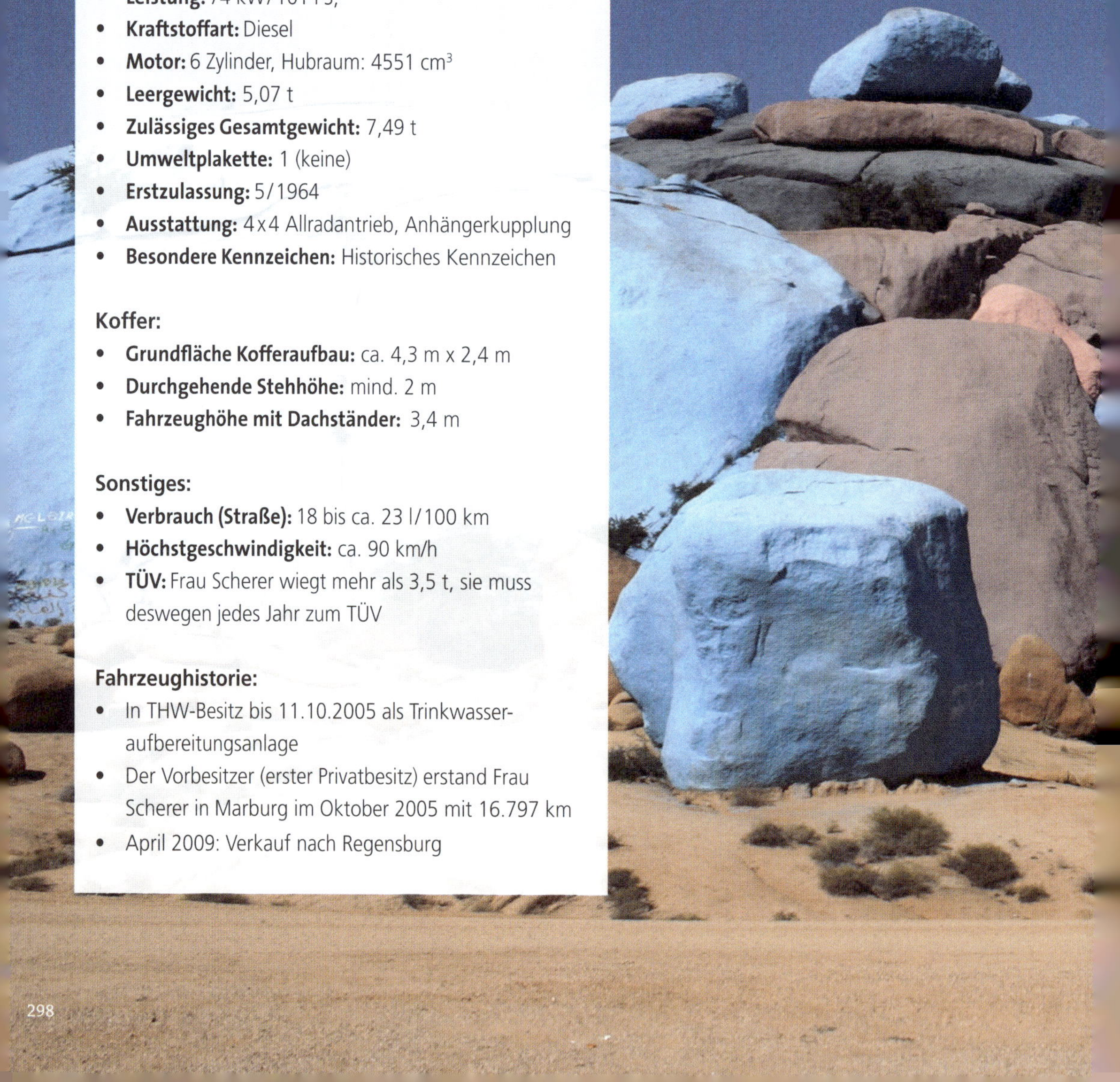

mein Name ist Frau Scherer

Vor den blauen Felsen in Tafraoute machte sich die frisch lackierte Frau Scherer ganz ausgezeichnet, heute würde man sagen »very instagramable«.

So schön sah Frau Scherer aber nicht von Anfang an aus. Seit dem Kauf 2009 haben wir unzählige Stunden in ihren Aus- und Umbau investiert.

2009 war unser Lkw noch »THW-blau«, war doppelbereift und hatte eine zwar schöne, aber äußerst unpraktische Holzterrasse als Kofferaufbau.

Der Kauf

Es muss ungefähr im Jahr 2007 oder 2008 gewesen sein, dass wir zusehends immer neidischer auf ein paar unserer Freunde blickten. Diese wohnten in selbstgebauten Zirkuswagen und reisten, so oft es ging, mit ihren zu Wohnmobilen umgebauten Lastwagen durch die Welt. Den Winter in Marokko zu verbringen war für sie fast schon normal, manche zog es aber auch weiter, nach Indien und sogar bis nach Thailand. Doch nicht nur ihr Nomadenleben faszinierte uns, sondern auch ihr Alltag in ihren mobilen Heimen. Dieser war zugegebenermaßen um einiges härter als in einer Wohnung. Jeder Liter Wasser musste mühsam in Kanistern herbeigeschafft werden, um es im Winter warm zu haben, musste Holz gehackt werden, die Toilette war eine Komposttoilette im Garten, als Dusche diente eine Konstruktion aus Eimern. Dennoch waren wir verzaubert: Hier war es, das echte und unverstellte Leben, minimalistisch, ressourcenschonend und im Einklang mit der Natur. Wir rochen den unwiderstehlichen Duft der Freiheit. Bestärkt von unseren Freunden machten wir folgende Rechnung auf: Geringere Lebenshaltungskosten (keine Miete) bedeutet weniger Lohnarbeit bedeutet mehr Zeit zum Reisen. Genau das wollten wir auch. Der »Einstieg in unseren Ausstieg« sollte der Erwerb eines Lkw sein.

Im April 2009 war es soweit: Erst erleichterten wir unser Sparschwein, dann fuhren wir nach Marburg und kauften uns dort einen dunkelblauen Kurzhauber, einen Allradlastwagen LA710 von Mercedes-Benz. Der Vorbesitzer hatte ihn nur zwei Jahre zuvor direkt vom THW übernommen und ihm den Namen »Frau Scherer« verpasst. Die alte Dame, Baujahr 1964, war bereits zu diesem Zeitpunkt offiziell ein Oldtimer und hatte das begehrte H-Kennzeichen für historische Fahrzeuge.

1964 hieß das THW noch Katastrophenschutz und hatte als Erkennungsfarbe Hellgrau statt dem heute allseits bekanntem Dunkelblau. Diese Tatsache sollte uns später immer wieder zu schaffen machen, denn das THW

So glücklich sahen wir kurz nach dem Kauf aus.

hatte aus der damals notwendigen Umlackierung eine »Zwei-Kasten-Bier-Wochenend-Hau-Ruck-Aktion« gemacht. Fenstergummis und Zierleisten wurden genauso grob überpinselt wie das komplette Rückwandfenster der Fahrerkabine. Leider platzt uns bis heute immer wieder an der ein oder anderen Stelle Lack ab. Man kann deutlich sehen, dass sich die blaue und graue Farbe nicht miteinander verbunden haben. Wahrscheinlich wurde auf das Anschleifen und Entfetten der alten Lackschicht verzichtet.
Der ursprüngliche Einsatzzweck von Frau Scherer war der Transport einer fest verbauten Wasseraufbereitungsanlage, die überall dort zum Einsatz kam, wo die Versorgung mit sauberem Trinkwasser nicht mehr gewährleistet war. Wahrscheinlich stand Frau Scherer die meiste Zeit in der Garage. Somit hatte der Lkw für sein hohes Alter nur lächerliche 17.000 Kilometer auf dem Buckel.
Als wir den Laster übernahmen, war dieser innen bereits komplett entkernt, also ohne Einbauten und ohne Innenverkleidung. Uns kam diese Tatsache sehr gelegen, denn wir wollten unseren Ausbau von Anfang bis Ende selbst gestalten.

Ein paar Dinge waren dennoch bereits verändert worden, nicht immer, wie wir fanden, war dabei sonderlich überlegt vorgegangen worden. So hatte der Vorbesitzer mit einem wasserfesten Stift den Grundriss des geplanten Innenausbaus auf das Stahlblech des Kofferbodens gezeichnet. Für Dusche und Klo war ein riesiger halbrunder Bereich vorgesehen, der fast ein Drittel des Innenraums in Anspruch genommen

Hier hatten wir bereits damit begonnen, ein paar Leisten anzubringen.

hätte. Leider war auch die Öffnung zum Entleeren des Campingklos bereits in die Außenwand geschnitten worden. Als Krönung thronte auf dem Kofferdach eine viel zu schwere hölzerne Plattform, die als Terrasse dienen sollte. Diese weckte zwar sofort Safari-Assoziationen, erwies sich aber im Laufe der Zeit als schrecklich unpraktisch.

Der Zahn der Zeit hatte natürlich auch bei Frau Scherer nicht halt gemacht. Wir kauften den Lkw dennoch, trotz seiner unübersehbarer Rostwunden. Im Fahrerhaus faulten unter der Fußmatte zwei faustgroße Löcher vor sich hin. Beim Fahren konnten wir den Asphalt unter uns vorbeiziehen sehen. Auch an der Vorderseite unten war der Koffer sehr stark durchgerostet. Dies bereitete uns anfänglich die meisten Sorgen, denn der nur acht Zentimeter breite Spalt zur Fahrerkabine machte das Schweißen am Blech ohne Kabinen- oder Koffermontage fast unmöglich. Öl schwitzte und tropfte durch sämtliche Dichtungen an Motor, Getrieben und Achsen. Im Kabinendach war eine riesengroße Delle, die Reifen waren uralt und rissig. Obwohl vor uns viel Arbeit und noch mehr Investitionen lagen, fuhren wir in unserer Fantasie bereits neuen Abenteuern und fernen Ländern entgegen. Wir waren frisch verliebt in unsere neue, alte Freundin!

Mai 2009 – Start Innenausbau

Nun waren wir also stolze Besitzer von zehn Quadratmetern mobilem Eigenheim auf Rädern. Die erste Herausforderung: Wie sollten wir den Grundriss des Koffers aufteilen, sodass alle unsere Wünsche und Bedürfnisse berücksichtigt würden? Der knapp bemessene Platz sollte so effektiv wie möglich genutzt werden. Wir wollten bequem schlafen, kochen und gemütlich mit Gästen an einem Tisch sitzen können. Außerdem wäre ein kleines Separee für Dusche und Klo nicht schlecht. Auch genügend Stauraum für all die tausend Sachen, die man auf Reisen so braucht, sollte vorhanden sein. Ein Holzofen durfte natürlich auch nicht fehlen. Gar nicht so einfach, das alles unter ein Blechdach zu bringen.

Hübsch war die Holzterrasse schon, ...

... aber leider auch ein echtes Sicherheitsrisiko.

Wir träumten von Freiheit, Reisen und mobilem Wohnen.

Vielleicht ein paar grundsätzliche Worte vorab: Wohnmobilausbauten sind so individuell wie ihre Besitzer. Was für den einen nur »gut und billig« ist, geht für den anderen gar nicht. Dies wurde uns spätestens beim Besuch des DÄRR-Treffens 2009 bewusst. Während manche mit Fahrzeugen unterwegs waren, die so viel wie ein luxuriöses Eigenheim kosteten, gab es zeitgleich die Hippie- und Freakfraktionen, die sich mit wenig Geld ein solides Fahrzeug und gemütliches Zuhause erbastelten. Auf dem Allrad-Treffen standen sich sogar noch extremere Typen im Direktvergleich gegenüber. Hier die Gruppe mit den schusssicheren Scheiben, den kompletten Einbauküchen, den Wasserfilteranlagen, die ganze Dörfer mit Frischwasser versorgen können, dort die anderen, denen ein minimalistischer Ausbau mit Feldbett, Einflammencampingkocher und Klappspaten vollauf genügten. Wir selbst verorteten uns irgendwo dazwischen. Gemütlich sollte es sein, aber unser Grundsatz, Ausstattung und Technik betreffend, war und ist bis heute: So wenig wie möglich und so viel wie nötig.

Stauraum ist wichtig, nicht nur für Bier.

Wohnmobile sind so individuell wie ihre Bewohner. Wir haben uns für einen schlichten und geräumigen Innenausbau mit viel Holz und Naturmaterialien entschieden.

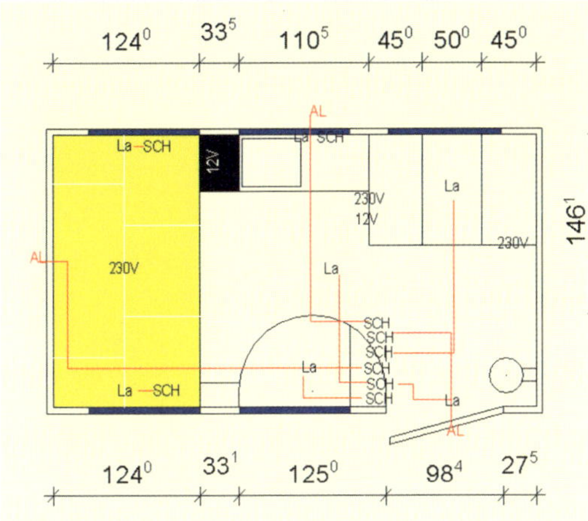

Hier eine Skizze des Innenausbaus. Auf der Zeichnung fehlt zwischen Ofen und Duschkabine aber noch der Einbauschrank.

Solarpaneele auf dem Dach liefern uns unterwegs den Strom.

September 2009 – Dämmung und Elektronik

Da das Gerippe unseres Koffers aus Vierkant-Stahlrohrprofilen besteht, wurden diese von uns seitlich mit einer fünf Zentimeter tiefen Holzlatte, die einen Zentimeter über die Profile hinaussteht, aufgedoppelt. Dies hatte mehrere Gründe:

1. Es wurde so eine Dämmstärke von immerhin 5 cm erreicht, denn die Rohre haben nur 4 x 2 cm.
2. Die Rohre müssen viel weniger angebohrt werden, um Innenverkleidung und Möbel daran befestigen zu können.
3. Die Befestigungsschrauben der Innenverkleidung bilden keine Kältebrücke mit den kalten Stahlrohren, wodurch die Kondenswasserbildung an den Schraubköpfen deutlich minimiert wird.

Die Auswahl des richtigen Dämmstoffes ist gar nicht so einfach, wenn folgende Anforderungen gestellt werden:

1. Der Dämmstoff soll einen niedrigen Wärmedurchgangskoeffizienten (U-Wert) haben. Man hat beim Kofferausbau wenig Dämmstärke zu Verfügung, die es effektiv zu nutzen gilt.
2. Das Material sollte möglichst ökologisch sein, damit keine Schadstoffe verdampfen, wenn die Sonne den Blechkoffer erhitzt.
3. Das Material sollte sich nicht mit Wasser vollsaugen können. Da die Blechhaut des Koffers nicht diffusionsoffen ist, besteht zumindest im Winter die Gefahr der Kondenswasserbildung.
4. Das Ganze sollte natürlich bezahlbar sein. Die bekannten Hochleistungsdämmstoffe speziell für Wohnmobile waren für uns zu teuer.

Zwar hatte uns der Vorbesitzer eine große Menge an Holzfaserdämmmatten mitgegeben, doch wegen der schon erwähnten Bedenken bezüglich der Kondenswasserbildung, wollten wir die Platten nicht in unserem Wohnmobil verbauen. Sie kamen später beim Neuaufbau unseres Zirkuswagens zum Einsatz.
In die engere Auswahl kamen sogenannte Styrodurplatten. Diese fallen aber nicht in die Gruppe der ökologischen Materialien. Wir fürchteten, dass bei starker Hitze im Sommer Giftstoffe entstehen würden. Eine Internetrecherche hat uns letztendlich ein wenig beruhigt. Angeblich soll Styrodur, solange es nicht brennt, unbedenklich sein, sogar Lebensmittel werden

Nach einiger Bedenkzeit entschieden wir uns schließlich für Styrodur als Dämmstoff.

darin verpackt. Auch unsere Freunde hatten ihre Lkw mit diesem Material gedämmt. Bei einem von ihnen konnten wir im Zuge einer Koffererhöhung sehen, wie die Platten nach mehreren Jahren zwischen Blech und Innenverkleidung wieder ans Tageslicht kamen. Sie sahen immer noch aus wie frisch verbaut. Wir entschieden uns also für Styrodur.

Die Platten genau in die Zwischenräume der Metallständer einzupassen, nahm einige Zeit in Anspruch. Bei der Elektrifizierung stand uns Matthias, ein guter Freund und Elektrikermeister, zur Seite. Genau wie beim Hausbau muss auch beim Ausbau eines Wohnmobils alles vorher wohlüberlegt sein. Wo machen Lampen, Steckdosen und Schalter Sinn? An welchem Punkt soll die ganze Elektronik zusammenlaufen? Wo sind Batterien, Wechselrichter, Laderegler, Ladegerät und Sicherungskasten am besten untergebracht? Wie so vieles ist auch dies eine Wissenschaft für sich.

Schon bald zeigte sich ein weiter Vorteil der seitlichen Ständer-Aufdopplung. Den einen Zentimeter breiten Überstand der Latten ins Kofferinnere konnten wir nun prima als »Installationsebene« für die Verkabelung der Elektrik nutzen. Holz lässt sich eben doch leichter bearbeiten als Stahlrohre. Außerdem wird so die Kofferstatik nicht beeinträchtigt.

Der nächste Schritt war das Verlegen der Dampfbremsfolie. Alle Anschlüsse an Fenster und Türen sowie alle Kabeldurchführungen und Fugen mussten sorgfältig verklebt und abgedichtet werden.

Fahrerkabine – Löcher, Rost und Schweißnähte

Als wir uns der Fahrerkabine zuwandten, waren bereits unzählige Stunden in den Kofferausbau geflossen. Der Boden im Beifahrerbereich hatte, wie zuvor beschrieben, unübersehbare Löcher. Mithilfe von Heppos Bruder und eines mit uns befreundeten Kunstschmieds wurden Frau Scherer neue Blecheinlagen verpasst. Dies verlangte kompetente und kreative Spenglerei- und Schweißarbeiten, denn die Löcher

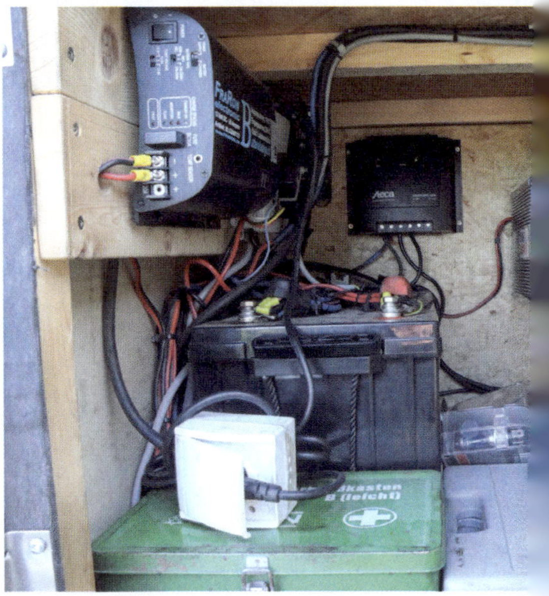

Im Stauraum unterm Bett finden Batterie, Laderegler und Wechselrichter Platz.

gingen teilweise in den Radkasten und den Batteriekasten (unter der Sitzbank) über. Nachdem der komplette Innenraum hellgrau lackiert wurde, konnte sich das Ergebnis wirklich sehen lassen. Nun brauchte man auch keine Angst mehr haben, unterwegs plötzlich den Beifahrer oder die Beifahrerin zu verlieren.
Mit einer neuen Fußmatte, für die kurzerhand ein Stück altes Förderband zweckentfremdet wurde und mit einem neuen (alten) gefederten Fahrersitz aus den 1960er-Jahren sowie einer sehr gut erhaltenen gebrauchten Beifahrersitzbank erstrahlte die Fahrerkabine bald in neuem Glanz. Zu guter Letzt wurden die alten Türverkleidungen durch schwarz lasierte Sperrholzplatten aus Birke ersetzt. Freude am Fahren pur!

Oktober 2009 – Ofenrohrdurchführung und Wandverkleidung

Bevor es nun mit dem eigentlichen Ausbau des Wohnkoffers weitergehen konnte, musste noch eine Lösung für die Ofenrohrdurchführung gefunden werden. Auch hier konnten wir wieder auf das Know-how und die Hilfe des Kunstschmieds zurückgreifen. Um das heiße Ofenrohr sicher durch die Kofferwand zuführen, wurde eine Metallbox von ca. 50 x 50 cm geschweißt. In die Mitte kam ein Loch für die Durchführung. Dies ist umlaufend einen Zentimeter größer als das eigentliche Ofenrohr. Nach der Montage berührt das Rohr an keiner Stelle die Box. Ein Schamottstein im Inneren sorgt für den nötigen Hitzeschutz rundherum. Der Bereich in der Wand rund um die Kiste wurde großzügig mit Steinwolle isoliert.
Als Innenverkleidung verbauten wir sechs Millimeter starke Birken-Sperrholzplatten. Birke ist mit 650 Kilogramm pro Kubikmeter leichter als Buche und schwerer als Pappel, dafür aber auch stabiler und härter. Die Optik spielte natürlich auch eine gewisse Rolle. An der Decke, wo der Übergang von Wand zu Dach in einer sehr engen Biegung erfolgt, verwendeten wir Ceiba, ein spezielles Biegesperrholz. Jede andere Sperrholzplatte würde hier brechen. Biegesperrholz ist so weich, dass es eher an Pappkarton und weniger an Holz erinnert.
Alle Platten verschraubten wir mit kleinen Beilagscheiben. Diese sehen nämlich nicht nur schick aus, sondern sorgen auch dafür, dass die Schrauben bei der Montage nicht durchs Holz gezogen werden. Alle nach dem Möbeleinbau noch sichtbaren Plattenstöße wurden ebenfalls aus Optikgründen mit einem drei Millimeter dünnen Streifen aus Pappelsperrholz abgedeckt. Zum Schluss wurden mehrere LED-Einbaustrahler in die Decke versenkt. Die erste Etappe im Kofferausbau war somit erreicht. Wir konnten es kaum erwarten einzuziehen.

Der kleine Ofen sollte sich im Lkw als sehr effizient herausstellen.

November 2009 – Fußboden und Holzofen

Im Vergleich zu den Wänden ging der Einbau des Fußbodens relativ schnell. Als Belag haben wir OSB-Platten gewählt. Heute würden wir Vollholzdielen den Vorzug geben. Die Platten nutzen sich relativ schnell ab und sehen leider bald unschön aus. Man muss allerdings erwähnen, dass unser Boden nun schon seit über zwölf Jahren seinen Dienst tut. Auf so engem Raum wird natürlich alles viel stärker beansprucht.
Auf den Stahlboden des Koffers montierten wir im Abstand von 40 cm Aufleger aus Holzlatten. Diese wurden

nicht mit dem Koffer verschraubt. Dazwischen kamen als Dämmung vier Zentimeter dicke Styrodurplatten. Auch hier wurde eine Dampfbremse benötigt. Die OSB-Platten wurden zum Schluss mit den Latten verschraubt. Für den Fall, dass sich die Platten bei höherer Luftfeuchte ausdehnen, ist es wichtig, rundherum zur Wand einen Zentimeter Abstand einzuhalten. Andernfalls würde es die Platten früher oder später werfen. Der Boden wurde, genau wie die Wände, nach dem Schleifen eingeölt.

Ein Holzofen im Wohnmobil bringt nicht nur kuschelige Wärme im Winter und eine gasunabhängige Kochmöglichkeit, er steigert nebenbei auch noch ungemein den »Freakfaktor«. Um einen Ofen sicher betreiben zu können, mussten allerdings alle brennbaren Bauteile drumherum vor Hitze geschützt werden. Da der Ofen bei uns in einer Ecke direkt neben dem Eingang seinen Platz fand, wurde direkt an die zwei angrenzenden Wände eine Lage Blech geschraubt. Eine zweite Lage Blech mit einen Abstand von etwa zwei Zentimetern wurde darüber angebracht. Der Abstand zwischen beiden dient als Hinterlüftung. Der Ofen kam auf eine Stahlblechplatte und wurde fest mit dem Boden verschraubt. Das System hat sich über Stock, Stein und Wellblechpisten durchweg bewährt. Aber: Unterwegs an Brennstoff zu gelangen, ist oft nicht so einfach. In Wüsten, Steppen und Bergregionen, wo die wenigen Bäume und Sträucher nur sehr langsam wachsen, findet man kaum Totholz. Besser man sorgt bei Zeiten vor und sammelt bei jeder Gelegenheit.

Januar 2010 – Umstellen von Zwillings- auf Einzelbereifung

Frau Scherer kam zu uns mit einer sogenannten Zwillingsbereifung (8.25 R20). Mehrere Gründe sprachen jedoch für die Umstellung auf eine größere (11.00 R20) Einzelbereifung:

1. Die Reifen waren ohnehin zu alt.
2. Für Fahrten im Gelände wird im Allgemeinen von Zwillingsbereifung abgeraten. Es können sich Steine, Geröll oder Äste dazwischen verfangen und die Reifen aufscheuern. Wird ein Stein wieder herausgeschleudert, kann dies großen Schaden anrichten. Auf Sand hat Zwillingsbereifung den Nachteil, dass eine Reduzierung des Luftdrucks kaum möglich ist, da sonst beide Flanken aneinander walken. Die Tragkraft der Reifen auf der Hinterachse ist für vier Räder ausgelegt. Wird bei einer Fahrt z. B. über grobes Geröll oder bei einem stark gerundeten Weg einer der beiden Reifen stärker belastet, kann dies unter Umständen problematisch werden.
3. Ein 11.00 R20-Reifen hat mehr Abrollumfang als ein 8.25 R20. Dies machte in unserem Fall eine deutliche Steigerung der Endgeschwindigkeit aus. War vorher bei 80 km/h Schluss, konnten wir nun mit fast 90 km/h über die Autobahn »brettern«.

Auf diesem Bild sieht man noch deutlich die originale Zwillingsbereifung.

Ein größerer Abrollumfang hat allerdings zur Folge, dass der Tachometer nicht mehr stimmt. Das Winkelgetriebe – es wird vom Verteilergetriebe angetrieben – gibt die Umdrehung über eine Drahtwelle an den Tacho weiter und musste deswegen ausgetauscht werden. Die passende Übersetzung hat die Firma GHT errechnet. Wir mussten auch vorn die Radkästen etwas ausschneiden, um beim Einlenken Platz für die größeren Reifen zu machen. Da die Gewindelänge

der hinteren Radbolzen auf zwei Felgen ausgelegt ist, wurde ein Distanzring zwischen Bremstrommel und Felge benötigt. Diesen haben wir einfach aus einer alten Felge geflext.
Auf all unseren Reisen hat sich der Reifen von Barum mit dem Profil NR 55 M+S sehr bewährt. Wir hatten bisher nur eine einzige Reifenpanne. Im Nachhinein würden wir aber eher zur Reifengröße 12.00 R20 raten. Diese Größe scheint zumindest in Westafrika wesentlich gängiger zu sein.

Februar 2010 – Bettkasten

Endlich konnte der eigentliche Innenausbau mit den Möbeln beginnen. Unser Koffer, der zum Glück bereits von Anfang an Stehhöhe hatte, hat hinten eine große, zweiflügelige Tür, die über die ganze Höhe und Breite des Hecks zu öffnen ist. Der Bettkasten wurde quer dazu eingebaut. So ist der Stauraum unter dem Bett von außen zu erreichen, und mit geöffneten Türen lässt es sich wunderbar »open air« schlafen. Vom Prinzip her haben wir ein 50 cm hohes, 140 cm tiefes und über die ganze Kofferbreite großes Podest gebaut. Ein Drittel des Stauraums darunter ist von innen erreichbar, der Rest von außen. Rechts ist die Elektrik verbaut, links ist der luftdichte Gaskasten untergebracht. Dazwischen liegt eines der beiden Reserveräder. Campingtisch und Stühle, Ersatzschläuche und ein Teil des Werkzeugs haben dort ebenfalls Platz gefunden. Ein klappbarer Lattenrost auf dem Podest bietet die Möglichkeit, durch das Hochklappen der vorderen Hälfte das Bett samt Futon verschwinden zu lassen. So entsteht mit nur wenigen Handgriffen eine lange Sitzbank mit Lehne, auf der mehr als zwei Personen bequem Platz finden.

Das klappbare Bett haben wir vor der hinteren Flügeltür verbaut. Bei günstiger Witterung können wir so ganz wunderbar »open air« schlafen.

Küche

Zu Beginn war der Gasherd sogar noch fest verbaut, was sich für uns aber bald als unpraktisch herausstellte.

Wir entschieden uns für eine Küche, die nur aus einem einfachen Küchenblock besteht. Weder Waschbecken noch Gasplatten sind fest verbaut. Das hört sich erst mal nach Komfortverzicht an, stimmt aber nur teilweise. An einer Gasleitung, die durch die Arbeitsplatte geführt ist, können wir über einen Gasschnellverschluss einen mobilen Zweiflammenkocher betreiben. Dies hat den Vorteil, dass der Kocher, wenn er nicht gebraucht wird, in einem Fach im Küchenblock verschwindet und somit die Arbeitsfläche die meiste Zeit frei bleibt. Außerdem kann der Kocher problemlos für die Außenküche verwendet werden, indem er über einen herkömmlichen orangefarbenen Schlauch plus Druckminderer direkt an eine Gasflasche angeschlossen wird. Statt eines Waschbeckens haben wir eine mobile, große Schüssel. Es gibt also auch keinen Wasserhahn mit Pumpe. Unser Trink- und Brauchwasser befindet sich in 14 stapelbaren Kanistern zu je zehn Litern, die in der Dusche verstaut werden.

April 2010 – Autarke Stromversorgung

Um unterwegs unsere Stromversorgung sicherzustellen, verbauten wir folgende Komponenten:

- **Solarpaneel:** 1 x 250 W
- **Bordbatterie:** AMG 12 V, 214 Ah
- **Laderegler:** Steca Solarmix MPPT 2010 12 V
- **Batterieladegerät:** Franon BLG 20M 12 V (für das Laden der Batterie über Stromnetz)
- **Ladegerät für das Laden über Lichtmaschine:** Waeco DC 20
- **Inverter:** Intelligent 600 W
- **Außensteckdose** für Anschluss ans Stromnetz

November 2010 – Duschkabine

Für die Dusche stand uns noch eine Fläche von 100 x 60 cm zu Verfügung. Wir ließen uns in dieser Größe eine 30 cm hohe Edelstahlwanne mit Abfluss anfertigen. Zwei Wände aus Sperrholz kamen drumherum sowie eine Tür plus Vorhang, fertig war unsere multifunktionale Nasszelle. Innen wurde die Kabine komplett mit Teichfolie ausgekleidet und mit einer wasserdichten Lampe und einer 12-Volt-Steckdose ausgestattet. Über letztere kann man eine Campingdusche mit Tauchpumpe betreiben. Zum Duschen können wir nun einfach zehn Liter Wasser erhitzen, dieses in einen Eimer füllen, die Pumpe anstecken und schon steht dem Duschvergnügen nichts mehr im Wege.

Diese Kabine ist Dusche und Stauraum zugleich. Hier sieht man sie noch im unfertigen Zustand, also ohne ihre wasserdichte Auskleidung mit Teichfolie.

Auf der Suche nach dem perfekten Dachständer – Teil I

Wie im Kapitel »Der Kauf« schon erwähnt, hatte unser Laster eine massive Holzplattform auf dem Kofferdach montiert. Die Konstruktion war als Dachständer definitiv viel zu schwer. Außerdem war das Reserverad noch obendrauf befestigt, was es sehr schwer macht unterwegs das Rad runter- beziehungsweise raufzuhieven. Mit den noch schwereren 11.00 R20-Reifen war dies ohne Krankonstruktion undenkbar. Außerdem sollte die Gewichtsverteilung der Ladung immer dem Grundsatz folgen, das größte Gewicht so tief wie möglich unterzubringen. Was mit einem Reserverad, das nur auf Holzbrettern montiert auf dem Dach aufliegt, bei einer Vollbremsung passiert, will man sich erst gar nicht vorstellen. Letztendlich befreiten wir Frau Scherer von ihrer schweren Last. Das Reserverad fand im Stauraum unterm Bett einen neuen Platz.

Die schwere Holzplattform am Koffer war hier bereits durch einen leichten und kleineren Ständer auf der Fahrerkabine ersetzt worden. Leider sollte sich auch dieser bald als unpraktisch herausstellen.

Als stolze Expeditionsmobil-Besitzer verbrachten wir die Wintermonate 2010 und 2011 damit, kreuz und quer durch Marokko zu fahren. Noch zwei Tage vor Reiseantritt tauschten wir im Schneesturm den Original-100-Liter-Tank durch zwei Tanks à 200 Liter aus.

Der erste Winter im Lkw war ziemlich hart.

Auch montierten wir einen kleinen Dachständer auf die Fahrerkabine. Der Ständer wurde von uns mit einem gängigen Klammersystem an der Dachreling befestigt. Leider bewährte sich das System aber nicht. Bei Fahrten im Gelände verwanden sich Fahrerhaus und Koffer dermaßen gegeneinander, dass der Dachständer den Koffer berührte und sogar ein paarmal aus seiner Befestigung gedrückt wurde. Wir benötigten also eine professionellere Lösung, dazu später mehr. Diese Reise mit Frau Scherer führte uns bis in die Westsahara, wo unser künftiger Sicherheitsbeauftrager zu uns stieß. Sidi, ein hilfsbedürftiger Welpe, sollte von nun an unser treuester Freund und Begleiter sein.

Juni 2011 – von Dunkel- auf Hellblau

Wieder zu Hause stellten wir uns der – wie wir schon ahnten – unangenehmen Aufgabe, den Koffer zu lackieren. Wir kauften Rostumwandler, Rostschutzgrundierung und Nutzfahrzeuglack, Schleifpapier, Zopfbürsten und Fächerscheiben für die Flex, Silikonentferner, Verdünnung, Spachtelmasse, Pinsel und Roller. Mehrere Wochen belagerten wir die Halle eines befreundeten Bootsbauers. Zuerst wurden am Dach alle Abdeckleisten, die vier kleinen Lüftungsluken und die zwei Dachrinnen entfernt. Alle Türdichtungen mussten ebenfalls raus. Darunter befanden sich überall hartnäckige Silikon- und Kleberreste. Zunächst ging es dem losen Rost mit Spachtel und Zopfbürste an den Kragen. Leider kamen dabei mehr Löcher im Blech zu Tage als anfangs ersichtlich. Wir mussten höllisch aufpassen; denn beim Arbeiten mit der Zopfbürste besteht die Gefahr, dass durch die starke Reibungshitze der Rost schmilzt. Es entsteht eine silbrig-schwarze Schicht, die man schlecht von einer rostfreien Oberfläche unterscheiden kann. Festsitzenden Rost entfernten wir, so gut wie möglich, mit Fächerscheibe und Schleifpapier. Den Rest vertrauten wir dem Rostumwandler an. Wir versuchten stets nur so viel wie nötig aber so wenig wie möglich Lack wegzuschleifen. Der intakte Original-Lackaufbau soll

Entrosten und Lackieren gehört nun wirklich nicht zu unseren Lieblingsbeschäftigungen.

nämlich immer noch besser und dichter sein als ein neuer Anstrich. Wir schufteten an jedem Wochenende und sahen abends schlimmer aus als Bergwerksarbeiter. Was für eine fürchterliche und scheinbar nicht enden wollende Arbeit. Nachdem alle gröberen Unebenheiten und Vertiefungen gespachtelt waren, wurde der komplette Koffer einmal mit Rostschutzgrundierung und zweimal mit hellblauem Nutzfahrzeuglack gerollt.Im September wiederholten wir die ganze Prozedur an der Fahrerkabine. Naiv wie wir waren, dachten wir zu Beginn, weniger Fläche bedeute weniger Arbeit. Doch wie so oft wurden wir schnell eines Besseren belehrt. Türen, Kühlergrill, Stoßstange, Radkästen, Spiegel, Scheinwerfer, Blinker, die Windschutzscheibe und die Motorhaube mussten ausgebaut werden. Wir waren am Verzweifeln. Schon wieder schien die Arbeit kein Ende zu nehmen. Unzählige Stunden steckten wir im Rost und Schleifstaub und hatten den Dreck tief in allen Poren. Warum hatten wir nicht mehr Geld investiert und uns einen besseren Lkw gekauft? Doch als alles wieder zusammengebaut war und Frau Scherer endlich aus der Halle rollte, waren wir beide stolz wie »Harry Hirsch«. Wir waren uns einig: What a beauty!

Zur Belohnung ging es auch in jenem Jahr wieder von Dezember bis März nach Marokko. Frau Scherer fügte sich mit ihrem hellblauen Kleid in Tafraoute perfekt in die Szenerie der bemalten Felsen. Was für ein Bild! Was für ein Leben! All die mühsame Arbeit war vergessen. Endlich waren wir wieder »on the road«!

Reisevorbereitung Zentralasien – Dachständer Teil II

Als nächstes große Ziel war für 2014/15 ein Jahr Zentralasien-Reise geplant. Eine schier endlose Liste galt es hierfür abzuarbeiten. Zuerst musste aber das Problem mit dem Dachständer gelöst werden. Florian Zeitler, Künstler und Kunstschmied, entwarf und schweißte uns einen Dachständer, der über die komplette Länge des Fahrzeugs ging. Ein Teil wurde mithilfe von Einpressmuttern auf das Kofferdach geschraubt. An diesem wurde, wie ein Ausleger, eine Plattform gehängt, die zehn Zentimeter über dem Fahrerhaus schwebte. Fortan konnten sich Koffer und Kabine frei verwinden. Auf dem Koffer sollte ein Dachzelt, ein PV-Paneel und die Sandbleche Platz finden. Einen kleinen Teil belegten wir mit dünnen Brettern als Einstieg fürs Dachzelt.

Welche Farbe sollte Frau Scherer bekommen? Wir entschieden uns schließlich für ein freundliches Hellblau.

Auf diesem Bild ist der eigens für uns konstruierte Dachständer besonders gut zu erkennen. (l.) Auch für die Konstruktion der Reserveradhalterung tüftelte unser Freund der Kunstschmied Florian Zeitler eine maßgeschneiderte Lösung für uns aus. (r.)

Über der Kabine fanden drei Aluboxen mit jeweils 90 Liter Volumen ihren Platz, wertvoller Stauraum.
Für die Fahrt über den berüchtigten Pamir-Highway in Tadschikistan benötigten wir unbedingt ein zweites Reserverad. Hierfür entwickelte uns Florian eine Klappkonstruktion, die hinten am Rahmen befestigt wurde. Die Anhängerkupplung musste dafür allerdings weichen. Mithilfe einer kleinen Seilwinde, die hinten am Dachständer befestigt wurde, konnte das Rad rauf- und runtergeklappt werden. Genial!

Im Zuge der Reisevorbereitungen mussten wir überdies folgendes erledigen:

- Überholung aller Bremszylinder, Erneuerung der Bremsleitungen und Beläge,
- Austausch Wasserpumpe,
- Einbau Dieselfilter mit Wasserabscheider,
- Montage der Zusatzscheinwerfer für Geländefahrten,
- Überholen des Bremskraftverstärkers,
- Montage von drei Staukästen auf Rahmenhöhe
- und neue Reifen vorn.

Auf dieser Reise wurde im Iran das Lenkgetriebe überholt, außerdem ließen wir uns dort einen 300-Liter-Zusatztank bauen. Mit einem Tankvolumen von fast 700 Litern hatten wir nun eine ordentliche Reichweite. Dies ist bei billigen Dieselpreisen (damals 0,12 Euro im Iran im Vergleich zu 1,60 Euro in der Türkei!) ein nicht zu unterschätzender Vorteil.

2018 – Reisevorbereitung für Westafrika

Die geplante Reise durch Westafrika (2019/2020) stellte Frau Scherer und uns vor komplett neue Anforderungen. Hitze- und Moskitoschutz waren die größten Themen. Lange überlegten wir, ob wir eine Klimaanlage einbauen sollten. Das größte Problem war dabei die Energieversorgung. Unsere Bordelektrik würde dies nicht leisten können. Wäre es also möglich, die Klimaanlage über einen Generator mit Strom zu versorgen? Aber stopp! Bald merkten wir, dass hier nur ein Problem zum nächsten führen würde. Wo sollten wir den Generator und das dafür benötigte Benzin lagern? Welches Gerät würde mit der Hitze in Afrika zurechtkommen? Wie und wo sollte es verbaut werden? Macht es wirklich Spaß im Lkw zu sitzen, wenn draußen das Aggregat dröhnt? Wie sollten wir den Generator vor Diebstahl schützen? So entschieden wir uns wieder einmal für eine »einfache« Maßnahme ohne viel Technik. An die Fenster kamen Hitzeschutzrollos mit Moskitonetzen, und in die Dachluken wurden zwei PC-Lüfter eingebaut, um die warme Luft nach draußen zu saugen. Zwei große 12-Volt-Ventilatoren sollten Sidi und uns etwas Kühlung verschaffen. Außerdem installierten wir außen eine Markise an den Dachständer. Wir wissen nicht, wie es uns ohne all diese Maßnahmen ergangen wäre, aber letztendlich haben wir immer noch sehr unter der afrikanischen Dauerhitze gelitten.

Um den Motor besser kühl zu halten, haben wir vor der Reise auf ein sogenanntes Tropenthermostat umgerüstet. Dies öffnet schon bei 71 statt bei 83 Grad Celsius den Kühlwasserkreislauf zum Kühler. Außerdem wurde der Frostschutzanteil im Kühlwasser stark reduziert.

Warum überhaupt einen Rundhauber?

Sich einen Rundhauber Baujahr 1964 zu kaufen, bringt auf den ersten Blick einige Nachteile mit sich. Man muss im Vergleich zu einem neueren Fahrzeug mit vielen Nachteilen leben:

- keine Servolenkung,
- geringe Geschwindigkeit,
- erhöhter Arbeitsaufwand bei der Restauration,
- meist hohe Lautstärke
- und wenig Komfort.

Vor einer großen Reise

Definitiv ein Stück Freiheit ist es, mit seinem mobilen Zuhause an den schönsten und aufregendsten Orten der Welt stehen zu können, wie hier links in Kirgisien und rechts am »Door-to-Hell« in Turkmenistan.

Beim Einsatz als Reisemobil ergeben sich aber auch viele Vorteile:

- einfache, überschaubare Technik, die fast in jeder Werkstatt weltweit repariert werden kann, da keine Elektronik verbaut ist,
- Steuervergünstigung mit historischem Kennzeichen,
- Sympathieträger – mit einem derart »knuffigen« Oldtimer fällt man immer (positiv) auf,
- die verbauten Teile sind qualitativ hochwertig und langlebig
- und der Wagen verfügt über eine relativ gute Geländegängigkeit.

Fazit:

Frau Scherer hat uns zwar schon oft geärgert, aber unterm Strich doch auch viel Freude bereitet. Was wir uns mit ihrem Kauf erhofften, ist wahr geworden: Freiheit, Reisen und bewusstes Wohnen, all das haben wir durch die alte Dame erleben dürfen.

ibt es unendlich viel zu tun.

Die Beschattung durch eine Markise half uns im tropischen Afrika aber leider nur wenig gegen die Hitze.

Epilog Kurzbiografien

Frau Scherer

Mercedes Benz LA710 Kurzhauber

Frau Scherer hieß schon so, als Berit und Heppo sie im Jahr 2009 erwarben. Nach dem »Warum?« fragten sie nicht. Mittlerweile wissen die beiden jedoch: Die alte Dame macht manchmal gern Scherereien, fährt aber dann doch immer wieder brav weiter.

Baujahr: 1964; Besonderheiten: H-Kennzeichen, Wohnmobil-Eintrag, Stehhöhe Koffer, 700 Liter Dieseltank.

Verantwortlich für Transport und Wohnen.

Berit

Grafik-Designerin und Autorin

Es war Berits Idee nach Westafrika zu fahren, denn die Musik von dort, insbesondere aus Mali, faszinierte sie schon lange.

Veröffentlichungen: *Roadtrip mit Frau Scherer*, Delius Klasing Verlag 2018, sowie div. Reise-Fachartikel, u.a. *Matsch & Piste, Allradler, Clever Campen*; spricht Englisch, Spanisch, Französisch und Russisch.

Verantwortlich für Kommunikation, Reiseplanung, Navigation und Dokumentation.

Heppo

Zimmerermeister, Werklehrer und Musiker

Heppos »Partyriecher« ist Gold wert. In Bamako lud er sich kurzerhand selbst in eine Villa ein, als von einer Dachterrasse die Klänge einer Mali-Blues-Band wehten. Aus der forschen Aktion wurde eine Session — und ein paar Tage später sogar ein Auftritt als Schlagzeuger vor Publikum ...

Spricht Englisch, etwas Französisch, sowie etwas Russisch.

Verantwortlich für praktische Dinge wie zum Beispiel Reparaturen, Einkauf und Kommunikation.

Sidi

Marokkanischer Wachhund

2011 fanden Berit und Heppo in der Westsahara einen Welpen in einer Tonne. Schnell wurde aus dem Kleinen ein stattlicher Hund. Dass sich der große Kerl im Dunkeln fürchtet, muss ja niemand erfahren, oder?

Verantwortlich für die Sicherheit unterwegs; Sonstiges: treuer Freund.

02 | 2021
outdoor
REISE-SPECIAL
MAGIC PLACES
60 Outdoor-Touren abseits des Trubels
PLUS:
ÜBER 100
TREKKING-CAMPS
IN DEUTSCHLAND
DEUTSCHLAND
Geheimtipps fürs Mittelgebirge
ALPEN
Wo die Berge noch einsam sind
SKANDINAVIEN
Traumtreks in großer Landschaft
WANDER-INSELN
Sonnige Pfade auf Korsika, Mallorca & Co.

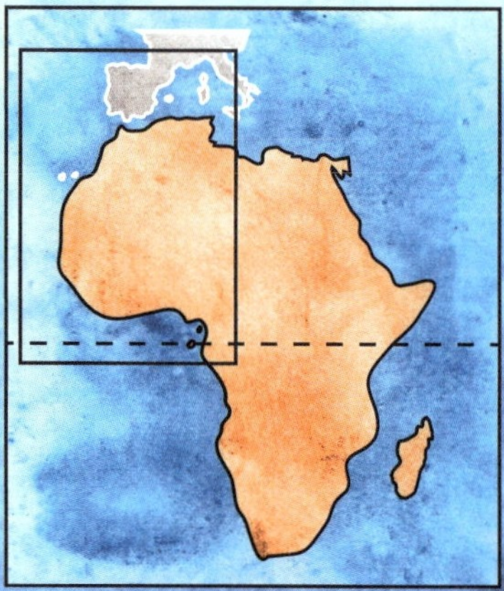

LEGENDE

(durchgezogene rote Linie)	Reise Landweg	◉	Hauptstadt
(gestrichelte rote Linie)	Reise See- oder Luftweg	○	Größerer Ort
(Oval)	Nationalpark	∘	Kleiner Ort